行政管理体制
机制构建与优化路径研究

蒋硕亮　徐龙顺　著

上海财经大学出版社

图书在版编目(CIP)数据

行政管理体制机制构建与优化路径研究 / 蒋硕亮，徐龙顺著. -- 上海：上海财经大学出版社, 2024. 9.
ISBN 978-7-5642-4443-9

Ⅰ.D63

中国国家版本馆 CIP 数据核字第 20242TF434 号

□ 策划编辑　杨　闯
□ 责任编辑　杨　闯
□ 封面设计　张克瑶

行政管理体制机制构建与优化路径研究

蒋硕亮　徐龙顺　著

上海财经大学出版社出版发行
（上海市中山北一路 369 号　邮编 200083）
网　　址:http://www.sufep.com
电子邮箱:webmaster@sufep.com
全国新华书店经销
上海新文印刷厂有限公司印刷装订
2024 年 9 月第 1 版　2024 年 9 月第 1 次印刷

710mm×1000mm　1/16　15.5 印张(插页:2)　213 千字
定价:78.00 元

前　言

行政管理体制机制是行政责任与权力划分、行政组织机构、行政制度与方式以及行政运行机制的总和。行政管理体制机制并非总是适应社会发展的需要，因此要进行改革。行政管理体制机制改革是对构成行政体制的各要素以及它们之间关系的革新，主要包括政府职能转变、政府机构调整、行政权力变革、行政管理制度及行政手段方式创新等。无论是发达国家还是发展中国家均会进行多阶段式的行政管理体制机制改革，以此调整行政组织结构，优化行政管理体制，提高行政管理效率。

改革开放以来，我国分别在1982年、1988年、1993年、1998年、2003年、2008年、2013年、2018年和2023年进行了9次较大规模的行政管理体制机制改革，在管理理念、职能体系、行政方式、治理能力等方面取得了突出成效，实现了由计划经济下的政府机构运作向市场经济下的政府机构协调的历史性飞跃，建立了与市场经济相适应的行政管理体制机制。总体而言，新中国成立70多年来的行政管理体制机制机制改革走过了一条从表层到深层、从较为容易到较为艰难的道路。新中国成立以来，中国的行政管理体制机制实现了从政府机构精简到政府职能转变，从全能政府到有限政府，从经验决策到科学民主决策，从因人设事到因事择人，从依权力行政到依法律行政，从政府管制到政府服务，从封闭行政到透明行政，从手工型行政到信息化行政的转变，并逐步走出了"精简—膨胀""合并—分开""上收—下放"循环往复的怪圈。行政管理体制机制改革是一个由表及里、逐步深入的改革过程,改革只有进行时,没有完成时,行政管理体制机制改革不会一蹴而就,也不会一劳永逸,未来行政管理体制机制改革还有一段很长的路要走。

目前,我国行政管理体制机制改革已经进入攻坚期和深水区,改革正在逐步深入。但是2020年新冠疫情对我国行政管理体制机制提出了严峻考验,使得新时代行政管理体制机制在突发公共安全事件大考中得以再审视:一方面,得益于党中央的高度重视、中国特色社会主义制度优势、雄厚的综合国力及科技支撑,行政管理体制机制在危机决策、灾害处置、风险评估中发挥了重要作用;另一方面,我国行政管理体制机制尚存在可以提升之处。随着社会风险、自然风险积聚,流动性风险、冲突性风险、系统性风险叠加共生,显性风险趋于隐性化,隐性风险趋于复杂化,危机事件突发、多发、易发、并发成为现实问题,我国行政管理体制机制在突发公共安全事件防控中还存在一些问题。当前,我们需要将行政管理体制机制建设同国家治理体系和治理能力现代化相结合,在国家治理体系框架下推进行政管理体制机制改革,逐步建立适应中国特色社会主义市场经济的行政管理体制机制。

自20世纪80年代我国恢复建立公共行政学科以来,行政管理体制机制的研究得到了学术界的高度重视。公共行政学领域的专家学者进行了大量的研究,研究成果斐然。进入21世纪后,随着我国社会主义市场经济的发展和民主政治建设的日益完善,政府迫切需要提高自身行政管理能力,推进国家治理体系和治理能力现代化,这对行政管理体制机制的研究提出了更高要求。因此,研究新时代行政体制机制改革的相关内容,对于实现国家治理体系与治理能力现代化,推进中国特色社会主义伟大事业具有重要意义。

总体来说,本书总结了行政管理体制机制改革的内容和经验。作为编著者,我们在编写此书时有以下两点指导思想:

第一,考虑新时代的社会发展特征,尽可能准确、完整地介绍行政管理学的学科内涵、原则、特征、作用、现实挑战和改革路径。从这一立场出发,本书基于突发公共安全事件的现实场景和考验,主要总结了行政决策体制、行政执行体制、行政指挥体制、行政协调体制、行政监督体制、政府信息公开机制、群防群控机制、政企合作机制、国际合作机制等内容。

第二,在力所能及的情况下,注意结合中国的实际。行政管理学是一门从国外引进的学科,1982年夏书章在《人民日报》上发表《把行政学的研究提上日程是时候了》一文,该文对行政管理学发展起到了关键作用。本书在编写中,一方面积极吸收国外行政管理实践和理论成就;另一方面,行政管理学作为一门社会学科,与国家的政治制度、经济发展密不可分,因此本书充分考虑了我国的具体国情。

本书在写作过程中参考了大量中外文献,吸收和借鉴了许多中外学者关于行政管理学的相关研究成果,在此表示感谢!由于时间和水平所限,书中难免有不当或疏漏之处,诚请各位专家、读者批评指正!

蒋硕亮　徐龙顺
2024年8月

目 录

第一章　行政决策体制/001

　　第一节　行政决策体制的内涵/002

　　第二节　行政决策体制的运行/004

　　第三节　行政决策体制的组织系统/014

　　第四节　行政决策体制的运行模式/016

　　第五节　行政决策体制的改革创新/024

第二章　行政执行体制/029

　　第一节　行政执行体制的内涵/030

　　第二节　行政执行体制的运行/033

　　第三节　行政执行体制的现实挑战/040

　　第四节　行政执行体制的改革创新/042

第三章　行政指挥体制/046

　　第一节　行政指挥体制的内涵/047

　　第二节　行政指挥体制的运行/049

　　第三节　行政指挥体制的组织结构与系统/052

　　第四节　行政指挥体制的现实挑战/057

第五节　行政指挥体制的改革创新/060

第四章　行政协调体制/063
第一节　行政协调体制的内涵/064
第二节　行政协调体制的运行/067
第三节　行政协调体制的现实挑战/072
第四节　行政协调体制的改革创新/074

第五章　行政监督体制/078
第一节　行政监督体制的内涵/079
第二节　行政监督体制的运行/081
第三节　行政监督体制的现实挑战/088
第四节　行政监督体制的改革创新/092

第六章　政府信息公开机制/097
第一节　政府信息公开机制概述/098
第二节　政府信息公开机制的运行/101
第三节　政府信息公开机制的现实挑战/107
第四节　政府信息公开机制的改革创新/109

第七章　群防群控机制/115
第一节　群防群控机制概述/116
第二节　群防群控机制的运行/123
第三节　群防群控机制的基础逻辑/128
第四节　群防群控机制的改革创新/133

第八章 政企合作机制/137

第一节 政企合作机制概述/138

第二节 政企合作机制的理论基础/144

第三节 政企合作机制的运行模式——以信息合作为例/154

第四节 政企合作机制的现实挑战/161

第五节 政企合作机制的改革创新/166

第九章 国际合作机制/170

第一节 国际合作机制概述/171

第二节 国际合作机制的运行/176

第三节 国际合作机制的组织活动/181

第四节 国际合作机制的现实挑战/185

第五节 国际合作机制的改革创新/188

第十章 新时期行政管理体制机制改革创新/191

第一节 行政管理体制机制改革的内涵/192

第二节 行政管理体制机制改革的外延/197

第三节 行政管理体制机制改革的机遇与挑战/205

第四节 行政管理体制机制改革的基本思路/209

第五节 行政管理体制机制改革路径/215

参考文献/226

后记/238

第一章　行政决策体制

十一届三中全会以来,伴随着经济体制改革和政治体制改革的步伐,我国的领导体制和行政体制改革持续展开,这为我国行政决策体制的改革提供了可靠保障,促进了决策科学化的进程。党的十六届四中全会通过的《中共中央关于加强党的执政能力建设的决定》明确提出要改革和完善决策机制,推进决策的科学化、民主化。党的十八大指出,必须坚持科学决策、民主决策和依法决策,进一步建立健全行政决策机制和程序,在决策制定和实施过程中广泛听取人民群众的意见和建议,扩大群众参与的范围,拓宽群众参与的渠道,有效增强行政决策的透明度,积极推进政府信息公开。十八大后,我们在决策科学化建设方面取得了新进展,其成效可概括为三点:一是科学决策的观念逐渐为人们所接受;二是逐步建立了各级政府的行政决策系统,初步完善了决策体制;三是科学决策在实践中得到了初步探索和运用。随着政务公开的逐步推行以及机构改革的进一步深化,以科学决策与民主决策为目标的决策制度建设逐步趋向完善。

2020年是全面建成小康社会、实现第一个百年奋斗目标具有里程碑意义的一年,是"十三五"规划收官之年和两个一百年的交汇年。行政决策体制充分显示了中国的制度优势以及行政决策体制优越性,当然行政决策体制也存在一些不容忽视的问题,机遇与挑战并存,行政决策体制的改革与创新可以为新时代或未来突发公共安全事件提供宝贵经验。

第一节　行政决策体制的内涵

一、行政决策的内涵

行政决策是决策的一种,是指行政主体为履行行政职能所做的行为设计和抉择过程,它是公共组织,特别是国家行政机关及其工作人员在处理国家政务和社会公共事务过程中所做出的决定。[①] 公共组织针对社会生活中存在的或正在发生的问题做出决策,将其转化成相关的公共项目,并通过调动各种组织机构,调配各种社会资源,运用各种功能手段,达到问题的解决、政治的稳定和经济的发展的目标。行政决策不同于其他决策的特点主要有:行政决策主体是特定的,只有具有行政权的组织和个人才能成为决策主体;由于行政管理的范围和内容极其广泛,行政决策的客体也是广泛的;既定的行政决策不仅对行政组织成员,而且对各级行政组织的管辖范围内的企业、事业单位、社会团体和个人都有约束力,表现出行政决策的权威性。行政决策是政府的一项经常性工作,贯穿于行政实践的整个过程,有政府必有行政决策。

为了健全科学、民主、依法决策机制,规范重大行政决策程序,提高决策质量和效率,明确决策责任,根据宪法、地方各级人民代表大会和地方各级人民政府组织法等规定,中华人民共和国国务院于2019年4月20日发布了《重大行政决策程序暂行条例》(以下简称《条例》)。该《条例》表明,党中央、国务院高度重视科学民主依法决策。规范重大行政决策程序,是建设法治国家、法治政府

[①] 谭宇斌. 大数据时代行政决策机制优化研究[D]. 湘潭:湘潭大学,2017:10.

的必然要求,也是完善中国特色社会主义法治体系、推进国家治理体系和治理能力现代化的重要举措。为进一步推进行政决策科学化、民主化、法治化,提高重大行政决策的质量和效率,《条例》坚持将党的领导贯彻到重大行政决策全过程,对重大行政决策事项范围、重大行政决策的做出和调整程序、重大行政决策责任追究等方面做出了具体规定,主要内容包括:

一是明确了重大行政决策事项范围。《条例》明确了制定重大公共政策措施、实施重大公共建设项目等五方面重大行政决策事项范围,允许决策机关结合职责权限和本地实际确定决策事项目录、标准,经同级党委同意后向社会公布,并根据实际情况调整。

二是细化了重大行政决策的程序。《条例》明确了公众参与、专家论证、风险评估程序的适用情形及具体要求,如规定除依法不予公开的决策事项外,应当充分听取公众意见;专业性、技术性较强的决策事项应当组织专家论证;决策实施可能对社会稳定、公共安全等方面造成不利影响的,应当组织风险评估。《条例》明确合法性审查、集体讨论决定为必经程序,还对重大行政决策的启动、公布等做了具体规定。

三是规范了重大行政决策的调整程序。《条例》规定,依法做出的重大行政决策,未经法定程序不得随意变更或者停止执行,需要做出重大调整的,应当履行相关法定程序。

四是完善了重大行政决策责任追究制度。《条例》规定决策机关应当建立重大行政决策过程记录和材料归档制度,对决策机关违反规定造成决策严重失误,或者依法应当及时做出决策而久拖不决,造成重大损失、恶劣影响的,倒查责任并实行终身责任追究。

二、行政决策体制的内涵

行政决策体制是行政决策体系的重要组成部分,也是行政管理学科研究的核心领域之一。对于行政管理学科而言,"体制"是一个外来词汇,将其引入行政决策研究时间并不久远,国内外学界也尚未形成统一的认知和定义。从大部分学者对行政决策体制的研究来看,行政决策体制就是保障和实现行政决策优良性的具体机制,是行政决策主体、步骤、内容、结构、资源等多维关系的统一体,是决策权力在决策主体之间分配所形成的权力格局和决策主体在决策过程中的活动程序的总体制度体系。[①] 综合已有研究,我们认为,行政决策体制是贯穿于整个行政决策体系的一种工作运转模式,是作为行政权力主体的各级政府根据决策工作需要并通过制度化形式所确立的,以规制行政决策主体权力、提高行政决策科学民主化水平、提升社会公共福祉为目标,以行政决策权力配置、行政决策程序开展、行政决策规则制定等为内容的一种政府决策运作模式。行政决策体制是一个涵盖多个要素和子机制的体系,一般包括以下几种子机制:信息收集机制、诉求表达机制、决策咨询机制、公众参与机制和监督预警机制等。

行政决策体制有两个构成要件:一是决策权力。决策权力可以被定义为一种法定权力,它或者是在一系列可能行动中做出选择的权力,或者是影响决策者、推动他去选择自己所偏好的某一行动的权力。二是决策主体。决策者与决策参与者共同构成决策主体。决策权力会从各个角度分化,如纵向分化和横向分化,向决策者和决策参与者分化等,由此形成不同的决策体制。

第二节 行政决策体制的运行

一、行政决策体制的运行原则

行政决策体制的运行原则是指在基本的行政决策活动中遵循一定的规则和程序总结出来的行政决策固有的规律,该规律对于行政决策活动的开展具有

[①] 于志善.行政决策体制改革:必要、挑战与应对[J].学术交流,2014(5):40—44.

准则性和依据性作用。因此,在行政管理活动中,行政决策必须遵循一定的原则,这是做好行政决策的基础。随着网络信息技术的发展,在"互联网+"的时代背景下,行政决策体制的运行需要遵循以下基本原则:

(一)系统性分析原则

客观事物都是相互联系、相互作用并处于一定的系统之中的,尤其是在信息化时代,事物之间的联系越发紧密,对事物的了解更加需要系统性分析的思维方式。在行政管理活动中,运用系统分析的理论与方法进行决策活动是现代行政决策的客观要求,所以必须运用系统分析的理论与方法把决策对象、问题与决策者自身都放其所处的大系统中观察,认清整体与局部、整体与层次、内部与外部、当前利益与长远利益等各要素之间的互动关系,使决策达到整体化、综合化的要求。[①] 行政决策体制的运行需要遵循系统性分析原则:一是系统地分析各要素之间的利益关系,比如行政决策预案、行政决策程序、行政决策组织、行政决策计划等各要素之间要做好程序的衔接和利益的合理分配;二是系统地分析各主体之间的利益关系,比如行政决策的上级机关、行政决策的下级机关、行政决策的横向部门之间、行政决策的内外机构之间、行政决策者之间要做好统筹和协调,避免行政决策过程中的矛盾和冲突,协调好各主体之间的利益关系;三是系统地分析行政决策客体之间的利益关系,行政决策客体是指行政决策的具体对象,行政决策过程中需要进一步协调好客体之间的利益关系,比如行政决策对象的内部与外部、整体与局部之间的关系。系统性分析原则要求在行政决策活动中综合统筹和协调好各要素之间的关系,将各要素置于整体性的分析框架之下,系统地分析不同要素之间的关系和联系。

---

① 系统分析方法来源于系统科学。系统科学是20世纪40年代以后迅速发展起来的一个横跨各个学科的新的科学部门,其提倡从系统的着眼点或角度考察和研究整个客观世界。系统科学为人类认识和改造世界提供了科学的理论和方法,它的产生和发展标志着人类的科学思维由以"实物为中心"逐渐过渡到以"系统为中心",是科学思维的一个划时代突破。系统分析方法要求把要解决的问题作为一个系统并对系统要素进行综合分析,找出解决问题的可行方案。兰德公司认为,系统分析是一种研究方略,能在不确定的情况下,确定问题的本质和起因,明确咨询目标,找出各种可行方案,并通过一定标准对这些方案进行比较,帮助决策者在复杂的问题和环境中做出科学抉择。

(二)信息化原则

信息是行政决策的依据,信息是组织开展工作和决策的主要资源,没有信息的世界是无声的,没有信息的决策是无源的,我们每天都生活在充斥着包罗万象的信息的世界之中,这些信息也是我们日常行为决策的基础。信息社会中,信息是人类活动的原材料,大多数发达国家在竞相制定信息技术发展的战略和计划,在此背景下,计算机的出现和普及成为一种迫切需求。信息技术,尤其是计算机与网络技术,可以通过降低成本来帮助各种组织进行积极决策,这为组织寻找各种来源(内部和外部)开辟了视野。当前,行政决策体制的运行较之以往更加依靠信息,我们急需打造完善的行政决策"信息技术工具箱",以重塑行政决策的技术设计、技术应用和技术评价机制。在大数据的基础上,以大数据信息技术为依托,我们才能推动信息创造巨大的经济价值和社会价值,从而把数据转化为新的生产力要素和新型社会资本,进一步推进行政决策的科学化、民主化和法制化。

(三)预测性原则

行政决策是规划未来的行政目标和行动,因此必须预测未来的动态。行政决策主要目标有两个:一是推进行政事务的执行;二是预测行政事务的变化,并及时做出改变。行政决策者必须采用科学的方法,依据可靠信息,对决策问题的未来发展、将出现的环境变化及决策方案实施的结果等做出正确的预估,并准备预防对策,以便对新出现的情况进行及时修正,减少和避免决策失误。行政决策体制的运行必须遵循预测性原则,因此行政决策并非一成不变的,而是应根据事态发展或者客观事物的变化及时调整,并在此过程中有效预测未来事务的发展趋势。

(四)可行性原则

行政决策体制的运行需要遵循可行性原则,这是行政决策目标能够顺利实现的基础和前提,这也决定了行政决策并非"拍脑袋"决策,而是需要遵循一定的客观依据,并要量力而行,否则行政决策就会成为无源之水、无本之木。行政决策的可行性原则主要体现在以下几个方面：一是政治可行性原则。政治可行性要求行政决策必须根据特定的历史环境作出，并与一定时期内的政治形势、政治纲领、政治路线等相适应。比如十八届三中全会之前，我国制定和执行"社会管理体制"，遵循的是政府主导性原则，十八届三中全会之后，我国制定和执行"社会治理体制"，强调政府机制、市场机制和社会机制的协调合作，进一步发挥社会和市场的作用。政治可行性原则是行政决策必须遵循的基本原则，这决定了决策可执行或可操作的政治基础。二是经济可行性原则。行政决策的最终目标是推进行政决策的执行，并顺利实现决策的预期目标，但是行政决策的执行是系统性的环境中各项要素、各行为主体联合行动的结果，行政决策的执行也需要依托一定的经济支持，政府的行政决策往往涉及较大数额的财政支出，"财为庶政之母"，没有财力，什么事都办不成。三是技术可行性原则。行政决策也需要依托一定的技术，尤其是在信息化时代，大数据、区块链、云计算、互联网+、物联网、5G等信息技术为行政决策提供了技术遵循和指导。四是现实可行性原则。决策不仅要制定出来，还要考虑社会承受力，如某些收费项目的出台、社会变革方案等都需要考虑社会的承受能力，如果社会承受能力较弱，可以考虑方案暂缓出台或采取补救措施。

（五）择优性原则

行政决策一般是在几个方案中做出选择，即选择那些能够最大限度实现决策目标的方案。有限理性决策模式认为，首先，行政决策时要遵循严格的程序，即发现问题—提出目标—设计方案—预测后果—分析比较—选择最优方案六个步骤。其次，决策时要运用科学的方法。科学方法的主要内容是在决策分析方法上的数学化和模型化，在决策分析手段上的计算机化。有限理性决策模式把决策看成一个理性分析的过程并认为作为决策者的人始终是理性的，他的每一步活动都是一种理性活动，不存在非理性的成分，因此能够制定和选择最满意的决策方案。

(六)动态性原则

行政决策只是针对目标事物发展的状态做出的临时性决策,随着外部环境的变化,行政决策也应做出相应调整,因此行政决策需要遵循动态性原则。任何事物都是发展变化的,一项决策的制定和实施是一个动态过程。为此,决策者必须富有远见,留有余地,认真准备应变措施,以适应随时可能发生的重大变化的形势,保证决策具有可调性。同时,在决策实施过程中,一旦发现决策同形势变化不相适应就应及时修改调整。[①]

(七)人本性原则

行政决策需要遵循"以人为本"的原则。从目标导向来看,行政决策的根本目的是实现社会治理目标,提高社会治理效能,满足公众的多样化需求,实现公共利益最大化。因此行政决策必须摆脱传统的强烈行政化倾向,克服政府主导的"内卷化",坚持"以人为本"的价值取向,树立"为人"及"人为"的价值理念,让人民群众享有更高水平的幸福感和获得感,实现行政决策的人本主义目标。"以人为本"的原则包括三个方面:一是行政决策的以民为本原则,指的是决策主体在制定和实施决策时必须立足于民,以民为立国之本。"民惟邦本",以民为邦本是一个国家的立国之基、治国之本、富国之道。二是行政决策的以民为主原则。邓小平同志强调我们的行政决策要"充分发扬人民民主,保证全体人民真正享有通过各种有效形式管理国家、特别是管理基层地方政权和各项企业事业的权力,享有各项公民权利"。[②] 所以行政决策中的以民为主原则指的是人民群众才是国家根本性政策的决策主体,而各级政府领导则是具体行政事务的决策主体。三是行政决策的予民以利原则,即予民以实实在在的实惠,切实关心人民的切身利益,尤其是人民的长远利益、最大整体利益。共产党人的根本宗旨就是为人民群众谋利益。中国共产党继承了马克思的人道主义观念,十分

[①] 于永富.行政决策的基本原则及其应用[J].理论观察,2004(1):46—47.
[②] 邓小平.邓小平文选(第2卷)[M]北京:人民出版社,1995:322。

重视人的利益,并且高度评价了人的利益在社会生活中的作用。①

二、行政决策体制的运行特征

由于科学技术的迅速发展,并渗透到社会生活的各个方面,社会化的大生产已成为一种必然趋势,行政决策的理论、程序、方法都有了很大变化,现代行政决策的机构和人员及其相互关系也发生了显著变化。在经济新常态背景下,大数据时代的行政决策体制呈现出了很多新的特点:第一,行政决策体制已成为各级政府发挥行政职能不可缺少的组织系统。第二,行政决策体制中各组织系统在决策过程中的分工明确化。第三,现代行政决策体制的运行不断向科学化、技术化发展。第四,现代行政决策体制呈现决策事务量增大、人员增多的趋势。在新时代面临各种风险与挑战时,尤其是在应急管理过程中,行政决策体制呈现出了一些非常规的特征。

(一)行政决策体制的非程序化

新时代有关决策问题的时间、信息、备选方案、人力资源等都是极其有限的,决策者对仅有的信息和备选方案的认识也是局部理性的,这就要求决策者在不损害决策合理性的前提下适当简化决策程序,在一定程度上依靠自身的经验判断来做出决策。例如,危机决策是一种典型的非程序决策,公共危机状态下,控制局势、稳定人心、协调救治行动都需要有权威机构、权威人物的及时介入和权威信息的及时发布、权威决策的及时出台,绝不能在请示、报告、等待甚至公文旅行中贻误战机。2020年席卷全球的新冠疫情爆发,这是中国乃至世界在21世纪面对的最严峻考验之一,党中央高瞻远瞩、当机立断,迅速决策并采取有效措施,有效抑制了病毒的传播,保护了人民的生命安全。在面对突发公共卫生事件时,行政决策应该尽量简化决策步骤,抓住关键步骤和步骤中的关键环节,因势而定,靠权威人物自身的经验、洞察力和直觉,果断做出决定,在分

---

① 邓泽球,肖行.论以人为本的行政决策之三大原则[J].福建工程学院学报,2006(2):103−106.

析和处理非程序化决策时要大胆、要敢于创新。

(二)行政决策体制的信息不对称性

行政决策体制的信息不对称是指由于公共危机事件的潜在突发特性,反映事件的信息以模糊、散乱、混沌、"雾状"(故称"信息雾")的形态存在,使决策主体所掌握的信息与真实的信息之间往往存在着质与量的严重"不对称"。行政决策信息不对称主要表现在三个方面:一是信息不完全。信息不完全的主要原因是突发事件显露出来的信息是发展变化的,很难完全掌握,人的"有限理性"也决定了人不可能完全掌握危机事件显露出来的信息。二是信息不及时。信息不及时主要指信息的采集、加工、传递、提取不及时,因此在信息运动的过程中要尽可能缩小时间滞后差。三是信息不准确。在行政决策的信息由输入到输出的过程中,要经过发现问题、确定目标、选择评价标准、拟订方案、评估方案以及最后的方案实施等步骤,信息在传递和反馈的过程中可能会造成失真,难以保证信息的准确性和有效性。

(三)行政决策体制的高风险性

随着全球化进程的加快,人与自然、人与社会的矛盾加剧,突发事件的日益增多,这使当代社会正逐渐进入风险社会。行政决策所要承担的风险比一般公共决策要大得多。因为可能要在非常有限的时间内、在缺乏相关知识经验的条件下做出决策以防止公共安全问题进一步恶化和扩大,行政决策更多依赖决策者的经验,因此可能会导致决策的准确性较差,潜伏着较大的风险。不同的决策条件伴随着不同的决策风险,不确定性越大,则风险越大,不确定性越小,则风险越小。在时间和空间要求相对苛刻的条件下,不确定性往往较大,而在时间和空间相对和缓的情况下不确定性往往较小。在尽可能降低决策风险的同时,决策者必须做好承担风险的思想准备和物质准备,将各种损失减到最低限度。

(四)行政决策资源的有限性

行政决策资源的有限性主要是指时间资源、信息资源和物质资源的有限性。一是时间资源有限。危机事件的突发性、严峻性和高破坏性使决策者难以有足够的时间和条件充分征求各方面的意见,一味坚持按程序处置可能贻误战机而导致更加严重甚至灾难性的后果,如果人为拖延时间,造成的危害更大。二是信息资源限制。危机的产生、发展及影响都具有高度的不确定性,不确定性在很大程度上又是与人们缺乏相关的知识和经验相关联的,由于相关知识和经验的不足及信息的缺乏,当危机来临时,往往让人感到措手不及。三是物质资源限制。在行政决策过程中,决策者在受制于时间和信息资源外,往往还会受人力、物力和财力资源的限制。在突发事件的处理过程中,决策者需要调动各方面的人力、物力和财力资源,并使它们协调一致,最大限度地发挥其作用,但在时间紧急的情况下调配足够的资源来应对事件通常是一个艰巨复杂的过程,即使在预先有准备的条件下也会出现一些意想不到的特定资源需求。

(五)行政决策体制的科学化和技术化

随着信息技术的迅速发展,大数据、AI、5G、区块链等现代信息技术成为行政决策的重要工具。2016年颁布的《国家信息化发展战略纲要》提出了建设"数字中国"的战略构想,要求提高社会治理能力;2017年十九大明确提出要逐步提高社会治理智能化、专业化,推动智慧政府、智慧城市建设;2019年十九届四中全会强调要提高社会治理的科技支撑力,首次增列了"数据"这一生产要素,把数据、科技放在同土地、金融等生产要素同等重要的位置,并进一步构建了关键核心技术攻关的新型举国体制。国家所制定的行动纲要和指导方针为技术在社会治理中提供了支持和保障,科学技术的广泛应用使行政决策体制在危机管理中更加科学化。

三、行政决策体制的运行作用

在探讨行政决策体制的运行作用之前,有必要先分析行政决策的作用。行政决策贯穿于行政管理过程的始终。美国经济学家赫伯特·西蒙(Herbert Simon)认为,组织就是作为决策的个人所组成的系统,决策贯彻于管理的全过程,管理就是决策。这个观点说明了管理的重点就是决策,因为决策是组织或个人做事情的第一步,先要决定做什么,然后才是怎么做。决策是组织或个人最费力,同时也是最具有风险性的核心管理工作。管理者的行为是要掌握全部的管理技能,在适当的场合加以应用,并把注意力倾注在需要思考的新问题上。决策者要在熟练运用程序化决策的前提下,运用直觉、判断和创造性提高自己非程序化决策的能力。西蒙指出:决策是管理的心脏,管理是由一系列决策组成的,决策正确,组织或个人的生产经营活动才能顺利发展;决策失误,组织或个人的生产经营活动就会遇到挫折,甚至失败。因此,基于传统的行政管理活动,行政决策的作用主要体现在以下几个方面:

第一,行政决策在行政管理过程中具有决定性作用,处于核心地位。行政管理涉及决策、组织、指挥、执行、协调和监督等环节,而决策处于行政管理活动的首要环节和关键性地位。此外,在组织、指挥、执行、协调和监督等环节中也含有决策活动,行政管理活动的每个环节都是为了解决特定的问题而进行的,也是为了实现既定的决策目标,因此解决问题的过程就是做行政决策的过程,是关系到行政管理成败的关键因素。整个行政管理活动都是围绕着行政决策开展的,都是为了落实行政决策的目标而进行的,因此管理就是决策,整个行政管理活动就是"决策—再决策"的过程。行政决策是公共行政的起点,如果没有行政决策,公共行政就无法进行,组织、指挥、执行、协调和监督等管理环节就没有根据和标准。因此,行政决策在公共管理活动中起决定性作用,处于核心地位。

第二,行政决策不仅是行政管理活动的先导,而且贯穿于行政管理的全过程,从而也主导着行政管理的全过程。行政决策渗透在各种行政功能的运作中,但其他的行政管理功能并没有消失,这些行政管理的功能依然具有独立性。

第三,行政决策是行政管理成功与失败的决定因素。"一言兴邦,一言丧邦",一项行政决策可以使国家兴旺发达,也可以使国家衰败灭亡。行政决策正确与否,直接关系到行政管理的目标能否实现;行政决策水平如何,直接影响着行政管理工作的生机和活力;行政决策质量的高低决定着行政管理成效的高低。因此,行政决策的科学化、民主化和法制化是行政决策正确的关键性保障,这也使得行政决策要更加符合国家和公众目标,尽可能做到具有可行性和可操作性。

第四,行政决策是贯彻执行国家意志和加强政府合法性的必要途径。政府的执政理念、执政策略和执政方针需要通过行政决策贯彻和执行,政府只有把国家的政治决策转换为行政决策才能真正将其落实。因此,行政决策是贯彻执行国家意志的重要途径,是推进国家治理的重要工具,推进国家治理体系和治理能力现代化是行政决策的重要目标,也是国家意志的主要推进方向。此外,行政决策也是加强政府合法性的必要途径,政府通过行政决策体现国家的统治地位、强化政府与公民之间的联系、获得公民的支持和认可。

行政决策体制是用制度加以固定的承担行政决策任务的机构和人员的职权、结构和相互关系的总称。行政决策体制的作用可以总结为以下几个方面:

第一,在决策职能科学分解的基础上分工合作、集思广益,有助于克服官僚主义,减少决策失误。

第二,有助于根据职能来合理设置决策机构,形成合理的组织结构,提高决策的速度和质量,保证决策的科学化、民主化和法制化。

第三,有助于造就更多优秀的行政决策人才。行政决策体制使得行政决策者在规范的行政决策程序中合理使用行政决策权力、规范行政决策过程、遵循行政决策规则、接受行政决策监督。行政决策体制的制度化和规范化,有助于行政决策者在结构化的决策环境和学习型组织中提高自身决策能力。

第四,有利于社会主义民主政治建设的发展。行政决策的制度化和规范化,保证了行政决策的科学化、民主化和法制化,使得行政决策在正确的轨道上运行。行政决策贯穿于行政管理活动的始终,行政决策正确与否对于社会主义民主政治建设至关重要,所以行政决策体制的科学、合理和有效运行,有利于社会主义民主政治建设的发展,有利于推进国家的有效治理,使得社会主义的制度优势进一步转化为治理效能。

第三节 行政决策体制的组织系统

行政决策体制主要由行政决策信息系统、行政决策咨询系统、行政决策中枢系统和行政决策监控系统组成。

一、行政决策信息系统

行政决策信息系统是指为行政决策咨询系统和中枢系统收集、加工、传输和存储行政信息的组织机构。[1] 行政决策信息系统处于行政决策的基础端,信息是行政管理和行政决策的基础,是决定决策以及行动的方向标与催化剂。行政决策信息系统的主要任务是全方位搜集和加工处理各种信息。在大数据时代,行政决策者需要借助大数据、区块链、云计算、物联网、5G等信息技术对搜集到的所有信息进行相关性处理和加工,分析数据背后的隐藏信息,从而更好地为决策中枢系统和咨询系统服务。行政决策必须准确和及时掌握较为全面的信息。因此,行政决策信息系统被称为"神经系统",其需要具备发达的神经末梢系统,随时随地感知事态变化。因而,建立健全行政决策信息收集机制必须掌握足够多的信息资源,不断扩宽信息收集的渠道,加强信息收集和处理机构的能力建设,完善相关配套制度。行政决策信息系统的主要任务包括以下四个方面:一是及时准确地收集信息;二是提供决策方案制定的依据;三是对各类决策方案进行分析评价;四是搜集决策执行的反馈信息。

二、行政决策咨询系统

行政决策咨询系统是指为决策服务的研究咨询机构,是通过广泛的智力开

---

[1] 彭国甫.中国行政管理新探[M].长沙:湖南人民出版社,2008:70—71.

发协助中枢系统决策的组织形式。行政决策咨询系统就是让与行政决策相关的专家学者参与到决策过程、由专业人士协助政府部门开展对决策方案制定考核和论证的机制。具体而言,目前常见的行政决策咨询系统参与方式有以下几种:专家学者通过自己的调研论证向政府决策主体做出专业的分析报告;根据自身的知识结构和学术见解公开发表学术言论,进而影响政府的行政决策制定方案;政府决策部门通过公开公正的程序,委托相应的学术机构或专业团体对决策方案展开论证;政府内部的智囊团为决策主体提供相应的咨询论证服务。党的十八届四中全会提出,要进一步完善重大行政决策专家咨询论证机制,积极引入外部公民参与,提高行政决策的科学化和民主化水平。行政决策咨询系统的职责主要有以下四个方面:第一,协助决策者预测;第二,制定决策参考方案;第三,为决策者反馈信息;第四,发表不同的意见。

三、行政决策中枢系统

中枢系统也称"行政决策中心"和"政府首脑机关"。行政决策中枢系统是决策体制的核心,由拥有决策权的领导机构或领导者以及协助领导者决策的工作机构组成。行政决策中枢系统的主要任务是领导、协调和控制整个决策过程,确认行政决策目标,并对行政决策方案进行评估选优,最终拍板定案。在我国,当前党政职能的构成为:由党的领导机关制定路线、方针、政策和确定目标;由人民代表大会及其常务委员会依法制定法律、法规,做出决议、决定;由政府行政机关设计、初选方案,提出议案并负责执行。这三者在重大问题的决策上有机配合。

四、行政决策监控系统

行政决策监控系统是指由行政决策中枢系统之上或之外的权力机构依法有效监督控制的组织体系。当前我国具有综合性监控职能的组织系统主要有:(1)全国和县级以上地方各级人大常委会,如全国人大常委会有权撤销国务院制定的同宪法、法律相抵触的行政法规、决定和命令；县级以上地方各级人大常委会有权撤销本级人民政府的不适当的决定和命令等。(2)中央和地方各级国家行政机关。如国务院有权改变或者撤销各部委发布的不适当的命令、指示和规章，有权改变或者撤销地方各级国家行政机关不适当的决定和命令；县级以上的地方各级人民政府有权改变或者撤销所属各工作部门和下级人民政府的不适当决定。

行政决策信息系统、行政决策咨询系统、行政决策中枢系统、行政决策监控系统的流程结构如图1-1所示。

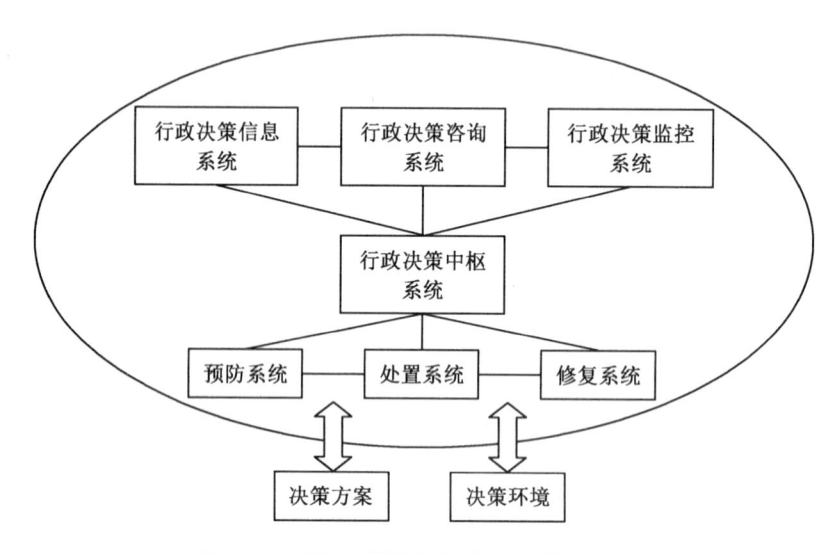

图1-1 行政决策体制构成要素的流程结构

第四节 行政决策体制的运行模式

我国政府的决策体制不同于西方国家，具有本国的特殊性。我国政治制度与政党制度的特殊性决定了我国行政决策体制的特殊性与复杂性。从我国政府行政实践来看，行政决策权力的分配在政治系统内部呈横向与纵向分布态势，在我国政府的决策过程中表现为横向的党政结构与纵向的中央地方结构两种决策模式。

一、党政结构决策模式

党政结构决策模式即对于重大的政府决策(特别是中央一级的政府决策)由执政党承担决策的实际启动权,而同级政府在实践中承担行政决策的次级启动主体与实际执行主体双重角色。[1] 在我国特殊的政治制度下,党是领导一切的,中国共产党领导是中国特色社会主义最本质的特征,中国共产党是国家最高政治领导力量,是实现中华民族伟大复兴的根本保证,全国各民主党派、各团体、各民族、各阶层、各界人士要紧密团结在党中央周围。尤其是在国家重大事务面前,中国共产党处于决策核心地位,拥有决策的绝对启动权。党是广大人民群众忠实利益的代表,也是工人阶级的先锋队,党的决策直接反映公民意志,维护公民权利,实现民主正义。一般在行政决策过程中,我党负责对相关管理事务提出问题、建议与顶层设计规划,之后将其上升为国家意志,将该项事务的具体决策和执行授予不同政府监管部门,这是我国行政决策体制不同于西方国家的一个特点。

二、中央地方决策模式

中央地方决策模式是指形成央地之间的协同运作机制。这一运作机制是由我国垂直行政管理体制决定的,中央与地方是一种领导与被领导的关系,但这种领导并不是说中央可以压迫地方,地方的国家机关是中央国家机关的附属机构,与中央国家机关一样,其目标都是促进社会的发展、为人民做贡献。我国是一个人民民主专政的社会主义国家,在法律上,中央与地方平等,但在政治地位上,中央高于地方,地方服从中央。在行政决策中,中央政府处于核心地位,与地方政府相比,其决策权力较大,而地方政府则主要负责决策方案的执行。

---

[1] 王鹏,邝倩.我国行政决策体制的两种模式分析[J].江西行政学院学报,2004(2):12—14.

中央政府负责统筹协调和顶层设计,省、自治区、直辖市政府负责执行中央政府决议,这样避免了政出多门,形成了中央到地方的垂直统一领导。从中央政府与地方政府在决策权力分配的关系上来看,二者属于宪政体制内的纵向分权关系;从政府决策的实践来看,中央政府掌握了较大的重新分配政治资源的能力,特别是对于涉及全局性的决策问题。在这种决策模式下,中央政府有关部门根据党的方针政策,首先提出政策性文件草案,然后与相关部门沟通协商后达成共识,并根据该项政策的重要程度和成熟程度,分别交由全国人大通过颁布或由政府首脑签发,最后授权地方各级政府执行和落实(当然,突发事件中的有关决策程序会有所减少,非程序化是危机决策的一大特征,这样节省了时间,有些政令并没有经过人大讨论)。因此在决策中,中央政府负责统一领导、指挥决策,地方政府坚持"属地管理为主"的原则,分门别类管理本地事务。

以应急管理体系为例。在应对突发事件过程中应急管理部发挥了重要作用,我国应急管理部内设机构的运转遵循分级负责的原则,应急管理部代表中央政府统筹规划,地方政府负责管理一般性灾害;当发生重大、特大灾害时,应急管理部作为指挥部,协助中央政府指定的专职人员进行应急决策、应急执行和应急评估等工作,在此过程中要保证政令畅通、协调一致、指挥有效。因此,应急管理部的防灾工作符合"条块结合"特性,由地方政府具体负责,上级政府监督和指导;应急管理部的救灾工作符合"垂直管理"的特征,中央政府统一指挥、协调调派。因此,中央地方决策模式形成了一种"上"与"下"的关系结构,"上"是中央政府,"下"是地方政府。在明确"上"与"下"政府的职能和关系的基础上,上级政府应做好全局性部署,下级政府应落实上级政府的统一部署,执行上级政府的决策命令,防止出现职能交叉、权责不明的情况。

三、行政决策模式的进一步思考

党政结构决策模式和中央地方决策模式并非独立存在的,两者相辅相成,共同支撑着我国行政决策的运行,这是由我国纵向和横向的组织结构所决定的。这两种模式纵向上表现为中央政府和地方政府、上级政府和下级政府之间的领导与被领导关系,横向上表现为党政结构之间、同级部门之间的权责分配与协同合作关系。在国家重大行政决策面前,党政结构决策结构模式和中央地方决策模式共同发挥作用,很多时候两者并没有清晰的界限。

2019年9月1日,我国颁布了《重大行政决策程序暂行条例》(以下简称《条例》),该《条例》遵循了行政决策的一般流程,分为总则、决策草案的形成、合法性审查和集体讨论决定、决策执行和调整等。《条例》第一条指出,为了健全科学、民主、依法决策机制,规范重大行政决策程序,提高决策质量和效率,明确决策责任,根据宪法、地方各级人民代表大会和地方各级人民政府组织法等的规定,制定本条例。第二条指出,县级以上地方人民政府(以下简称决策机关)重大行政决策的作出和调整程序,适用本条例。第三条指出,本条例所称重大行政决策事项(以下简称决策事项)包括:(1)制定有关公共服务、市场监管、社会管理、环境保护等方面的重大公共政策和措施;(2)制定经济和社会发展等方面的重要规划;(3)制定开发利用、保护重要自然资源和文化资源的重大公共政策和措施;(4)决定在本行政区域实施的重大公共建设项目;(5)决定对经济社会发展有重大影响、涉及重大公共利益或者社会公众切身利益的其他重大事项。法律、行政法规对本条第一款规定事项的决策程序另有规定的,依照其规定。财政政策、货币政策等宏观调控决策,政府立法决策以及突发事件应急处置决策不适用本条例。决策机关可以根据本条第一款的规定,结合职责权限和本地实际,确定决策事项目录、标准,经同级党委同意后向社会公布,并根据实际情况调整。重大行政决策必须坚持和加强党的全面领导,全面贯彻党的路线方针政策和决策部署,发挥党的领导核心作用,把党的领导贯彻到重大行政决策全过程。做出重大行政决策应当遵循科学决策原则,贯彻创新、协调、绿色、开放、共享的发展理念,坚持从实际出发,运用科学技术和方法,尊重客观规律,适应经济社会发展和全面深化改革要求。做出重大行政决策应当遵循民主决策原则,充分听取各方面意见,保障人民群众通过多种途径和形式参与决策。做出重大行政决策应当遵循依法决策原则，严格遵守法定权限，依法履行法定程序，保证决策内容符合法律、法规和规章等的规定。重大行政决策依法接受本级人民代表大会及其常务委员会的监督，根据法律、法规规定属于本级人民代表大会及其常务委员会讨论决定的重大事项范围或者应当在出台前向本级人民代表大会常务委员会报告的，按照有关规定办理。上级行政机关应当加强对下级行政机关重大行政决策的监督。审计机关按照规定对重大行政决策进行监督。重大行政决策情况应当作为考核评价决策机关及其领导人员的重要内容。

决策草案的形成主要包括以下四个环节：

第一，决策启动环节。对各方面提出的决策事项建议，按照下列规定研究论证后，报请决策机关决定是否启动决策程序：(1)决策机关领导人员提出决策事项建议的，交有关单位研究论证；(2)决策机关所属部门或者下一级人民政府提出决策事项建议的，应当论证拟解决的主要问题、建议理由和依据、解决问题的初步方案及其必要性、可行性等；(3)人大代表、政协委员等通过建议、提案等方式提出决策事项建议，以及公民、法人或者其他组织提出书面决策事项建议的，交有关单位研究论证。决策机关决定启动决策程序的，应当明确决策事项的承办单位（以下简称决策承办单位），由决策承办单位负责重大行政决策草案的拟订等工作。决策事项需要两个以上单位承办的，应当明确牵头的决策承办单位。决策承办单位应当在广泛深入开展调查研究、全面准确掌握有关信息、充分协商协调的基础上拟订决策草案。决策承办单位应当全面梳理与决策事项有关的法律、法规、规章和政策，使决策草案合法合规并与有关政策相衔接。决策承办单位根据需要对决策事项涉及的人财物投入、资源消耗、环境影响等成本和经济、社会、环境效益进行分析预测。有关方面对决策事项存在较大分歧的，决策承办单位可以提出两个以上方案。决策事项涉及决策机关所属部门、下一级人民政府等单位的职责，或者与其关系紧密的，决策承办单位应当与其充分协商；不能取得一致意见的，应当向决策机关说明争议的主要问题，有关单位的意见，决策承办单位的意见、理由和依据。

第二，公众参与环节。决策承办单位应当采取便于社会公众参与的方式充分听取意见，依法不予公开的决策事项除外。听取意见可以采取座谈会、听证会、实地走访、书面征求意见、向社会公开征求意见、问卷调查、民意调查等多种方式。决策事项涉及特定群体利益的，决策承办单位应当与相关人民团体、社会组织以及群众代表沟通协商，充分听取相关群体的意见建议。决策事项向社会公开征求意见的，决策承办单位应当通过政府网站、政务新媒体以及报刊、广播、电视等便于社会公众知晓的途径公布决策草案及其说明等材料，明确提出意见的方式和期限。公开征求意见的期限一般不少于 30 日；因情况紧急等原因需要缩短期限的，公开征求意见时应当予以说明。对社会公众普遍关心或者专业性、技术性较强的问题，决策承办单位可以通过专家访谈等方式解释说明。决策事项直接涉及公民、法人、其他组织切身利益或者存在较大分歧的，可以召开听证会。法律、法规、规章对召开听证会另有规定的，依照其规定。决策承办单位或者组织听证会的其他单位应当提前公布决策草案及其说明等材料，明确听证时间、地点等信息。需要遴选听证参加人的，决策承办单位或者组织听证会的其他单位应当提前公布听证参加人遴选办法，公平公开组织遴选，保证相关各方都有代表参加听证会。听证参加人名单应当提前向社会公布。听证会材料应当于召开听证会 7 日前送达听证参加人。听证会应当按照下列程序公开举行：(1)决策承办单位介绍决策草案、依据和有关情况；(2)听证参加人陈述意见，进行询问、质证和辩论，必要时可以由决策承办单位或者有关专家解释说明；(3)听证参加人确认听证会记录并签字。决策承办单位应当对社会各方面提出的意见进行归纳整理、研究论证，充分采纳合理意见，完善决策草案。

第三，专家论证环节。对专业性、技术性较强的决策事项，决策承办单位应当组织专家、专业机构论证其必要性、可行性、科学性等，并提供必要保障。专家、专业机构应当独立开展论证工作，客观、公正、科学地提出论证意见，并对所知悉的国家秘密、商业秘密、个人隐私依法履行保密义务；提供书面论证意见的，应当署名、盖章。决策承办单位组织专家论证，可以采取论证会、书面咨询、委托咨询论证等方式。选择专家、专业机构参与论证,应当坚持专业性、代表性和中立性,注重选择持不同意见的专家、专业机构,不得选择与决策事项有直接利害关系的专家、专业机构。省、自治区、直辖市人民政府应当建立决策咨询论证专家库,规范专家库运行管理制度,健全专家诚信考核和退出机制。市、县级人民政府可以根据需要建立决策咨询论证专家库。决策机关没有建立决策咨询论证专家库的,可以使用上级行政机关的专家库。

第四,风险评估环节。重大行政决策的实施可能对社会稳定、公共安全等方面造成不利影响的,决策承办单位或者负责风险评估工作的其他单位应当组织评估决策草案的风险可控性。按照有关规定已对有关风险进行评价、评估的,不做重复评估。开展风险评估,可以通过舆情跟踪、重点走访、会商分析等方式,运用定性分析与定量分析等方法,对决策实施的风险进行科学预测、综合研判。开展风险评估,应当听取有关部门的意见,形成风险评估报告,明确风险点,提出风险防范措施和处置预案。开展风险评估,可以委托专业机构、社会组织等第三方进行。风险评估结果应当作为重大行政决策的重要依据。决策机关认为风险可控的,可以做出决策;认为风险不可控的,在采取调整决策草案等措施确保风险可控后,可以做出决策。

决策草案形成后,需要进行合法性审查和集体讨论决定,在合法性审查环节中,决策草案提交决策机关讨论前,应当由负责合法性审查的部门进行合法性审查。不得以征求意见等方式代替合法性审查。决策草案未经合法性审查或者经审查不合法的,不得提交决策机关讨论。对国家尚无明确规定的探索性改革决策事项,可以明示法律风险,提交决策机关讨论。送请合法性审查,应当提供决策草案及相关材料,包括有关法律、法规、规章等依据和履行决策法定程序的说明等。提供的材料不符合要求的,负责合法性审查的部门可以退回,或者要求补充。送请合法性审查,应当保证必要的审查时间,一般不少于7个工作日。合法性审查的内容包括:(1)决策事项是否符合法定权限;(2)决策草案的形成是否履行相关法定程序;(3)决策草案内容是否符合有关法律、法规、规章和国家政策的规定。负责合法性审查的部门应当及时提出合法性审查意见并对合法性审查意见负责。在合法性审查过程中,应当组织法律顾问、公职律师提出法律意见。决策承办单位根据合法性审查意见进行必要的调整或者补充。

在集体讨论决定和决策公布环节中,决策承办单位提交决策机关讨论决策草案,应当报送下列材料:(1)决策草案及相关材料,决策草案涉及市场主体经济活动的,应当包含公平竞争审查的有关情况;(2)履行公众参与程序的,同时报送社会公众提出的主要意见的研究采纳情况;(3)履行专家论证程序的,同时报送专家论证意见的研究采纳情况;(4)履行风险评估程序的,同时报送风险评估报告等有关材料;(5)合法性审查意见;(6)需要报送的其他材料。决策草案应当经决策机关常务会议或者全体会议讨论。决策机关行政首长在集体讨论的基础上做出决定。讨论决策草案,会议组成人员应当充分发表意见,行政首长最后发表意见。行政首长拟做出的决定与会议组成人员多数人的意见不一致的,应当在会上说明理由。集体讨论决定情况应当如实记录,不同意见应当如实载明。重大行政决策出台前应当按照规定向同级党委请示报告。决策机关应当通过本级人民政府公报和政府网站以及在本行政区域内发行的报纸等途径及时公布重大行政决策。对社会公众普遍关心或者专业性、技术性较强的重大行政决策,应当说明公众意见、专家论证意见的采纳情况,通过新闻发布会、接受访谈等方式宣传解读,依法不予公开的除外。决策机关应当建立重大行政决策过程记录和材料归档制度,由有关单位将履行决策程序形成的记录、材料及时完整归档。

行政决策是整个行政活动的起点,在行政管理过程中,整个过程都是围绕着行政决策方案进行的,行政执行是检验行政决策正确与否的唯一标准和实现行政决策目标的唯一途径。在行政执行的过程中,决策机关应当明确负责重大行政决策执行工作的单位(以下简称决策执行单位),并对决策执行情况进行督促检查。决策执行单位应当依法全面、及时、正确执行重大行政决策,并向决策机关报告决策执行情况。决策执行单位发现重大行政决策存在问题、客观情况发生重大变化,或者决策执行中发生不可抗力等严重影响决策目标实现的,应当及时向决策机关报告。公民、法人或者其他组织认为重大行政决策及其实施存在问题的,可以通过信件、电话、电子邮件等方式向决策机关或者决策执行单位提出意见建议。有下列情形之一的,决策机关可以组织决策后评估,并确定承担评估具体工作的单位:(1)重大行政决策实施后明显未达到预期效果;(2)公民、法人或者其他组织提出较多意见;③决策机关认为有必要。开展决策后评估,可以委托专业机构、社会组织等第三方进行,决策做出前承担主要论证评估工作的单位除外。开展决策后评估,应当注重听取社会公众的意见,吸收人大代表、政协委员、人民团体、基层组织、社会组织参与评估。决策后评估结果应当作为调整重大行政决策的重要依据。依法做出的重大行政决策,未经法定程序不得随意变更或者停止执行;执行中出现规定的情形、情况紧急的,决策机关行政首长可以先决定中止执行;需要做出重大调整的,应当依照本条例履行相关法定程序。

第五节　行政决策体制的改革创新

一、行政决策体制改革创新目标

早在1980年,邓小平在《党和国家领导制度的改革》一文中就一针见血地指出:"我们过去发生的各种错误,固然与某些领导人的思想、作风有关,但是组织制度、工作制度方面的问题更重要。"[1]因此,"必须使民主制度化、法律化,使这种制度和法律不因领导人的改变而改变,不因领导人的看法和注意力的改变而改变"。[2] 邓小平的讲话虽不仅限于行政决策体制改革,但表明了制度建设对

---

[1]　邓小平.邓小平文选(第2卷)[M].北京:人民出版社,1994:333.
[2]　邓小平.邓小平文选(第2卷)[M].北京:人民出版社,1994:146.

行政决策科学化、民主化、法制化的重要性。

因此，我们认为，行政决策体制改革的总体目标是"实现行政决策的科学化、民主化、法制化"。要实现决策科学化、民主化、法制化，关键在于建立完善的组织体系、制度体系和回应机制。由此可见，行政决策体制改革总目标是一个多层次的目标体系，首先，决策科学化需要充分发挥信息咨询系统的作用，行政决策前搜集整理大量相关信息，大胆设想，小心求证，发挥专家学者"智库"作用；其次，决策民主化需要建立专业化决策程序，提高民众的政治参与热情和积极性，广泛发扬民主，畅通民主参与渠道，完善民主参与机制和信息反馈机制，把静态的典型研究和动态的系统分析结合起来，把定性分析和定量分析结合起来，确保行政决策的民主化；再次，决策法制化需要完善决策的法律法规，加强多行政决策的法制建设以及民众参与的普法宣传，实现依法决策、依法行政。总体来看，科学化、民主化、法制化的行政决策体制可以实现行政信息系统、行政决断系统、行政咨询系统和行政决策监督系统的良性循环（见图1-2）。

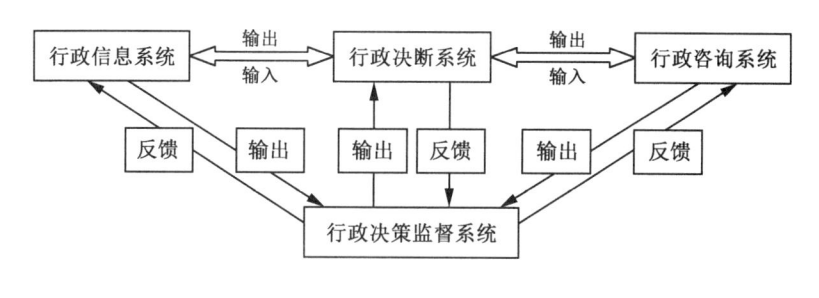

图1-2 行政决策体制

二、行政决策体制改革创新路径

（一）保障行政决策的科学化，完善决策科学机制

第一，完善行政决策程序，遵循问题界定—目标确定—方案设计—方案比较与选择—方案确定的行政决策流程，对于国家重大社会问题或行政决策坚持提交人大讨论，建立审议制度。各级人民代表大会不仅是国家权力机关，而且

是社情民意表达机关。因此,各级政府应切实按照宪政要求,重大问题的决策必须提交同级人民代表大会及其常务委员会认真讨论和审议,并且形成一以贯之的制度。应建立重大活动、重大项目的财政支出必须经过人大审批的制度,各级人大对政府财政预算的审核,要由程序审核变为实体审定。[①] 第二,完善行政决策信息搜集机制。要充分利用大数据、区块链、互联网+、云计算、5G等现代信息技术推进电子政府建设,充分搜集相关决策信息,在完备信息的基础上做出最为满意的决策,从而保证决策的科学化,实现决策效果的帕累托最优。第三,健全公开办事制度,尽最大可能公开与民众生产、生活相关的办事程序。第四,完善社会听证制度,邀请多方主体参加,实现与社会各阶层的对话交流,以便了解民情、听取民意、集中民智,使决策真正建立在科学合理、切实可行的基础上。第五,实行行政决策论证制度,现代行政决策事项往往超越了领导个人和集体的知识、经验和能力,为了最大限度地实现正确行政决策,必须实行行政决策论证制度。凡经科学论证不可行的方案,领导班子不得再议。凡经论证可行的行政决策议案和建议,可酌情加以充实、调整,但领导班子必须给出令人信服的理由并由班子成员分别签字,若有失误,必须承担责任。[②]

(二)保障行政决策的民主化,完善决策民主机制

第一,建立民意反应机制,我国实行的是民主集中制,人民是国家的主人,在行政决策的过程中要充分吸纳民意,听取人民呼声和要求,尊重人民意愿。在此过程中,要充分保证干部与人民群众的密切联系,坚持从群众中来到群众中去,一切为了群众,一切依靠群众,充分尊重人民群众的国家主体地位,建立完善的民主回应机制以及信息反馈机制。

第二,严格遵守"集体领导、民主集中、个别酝酿、会议决定"的议事和行政决策制度。民主集中制一定程度上可以避免领导的个人意志,避免行政决策的

---

① 梁仲明,王建军.论中国行政决策机制的改革和完善[J].西北大学学报:哲学社会科学版,2003(3):90-95.
② 张维平.论中国行政战略体系下行政决策机制的改革与完善[J].中国行政管理,2008(3):110-113.

一家之言,保证行政决策的科学性,保证每一个决策成员拥有相同的发言权、决策权,有利于建立完善的投票表决机制,完善投票表决程序。

第三,完善专家咨询制度。专家学者对某项行政问题进行过相应的理论研究和社会调研,一定程度上可以运用国内外相关理论支持实践的发展,充分发挥专家学者的"智库"作用,使其真正成为为各级党委和政府行政决策服务的智囊库。

第四,建立行政决策评价监督机制。首先,完善评估指标体系,评估指标体系要充分涵盖行政决策过程中的每项事务,包括对行政决策领导评估、行政决策领导机构评估、行政决策过程评估、行政决策结果评估等;其次,强化行政决策监督机制,在行政决策过程中实现决策全过程监督,充分利用现代技术手段,全天候监督行政决策的各个环节,防止行政决策的混乱以及行政权力的滥用;再次,行政决策评估监督主体多元化,可以引用第三方评估主体,实现第三方评估,保证行政决策评估不受政府权力以及外界环境的影响,保证评估结果的科学性,同时充分发挥社会公众、社会企业、大众传播媒介的监督作用,保证行政决策的透明化。

(三)保障行政决策的法制化,完善决策法制机制

依法决策要求按照法治思维和方式决策,是法治国家、法治政府建设的必然要求。《重大行政决策程序暂行条例》第七条明确规定:做出重大行政决策应当遵循依法决策原则,严格遵守法定权限,依法履行法定程序,保证决策内容符合法律、法规和规章等规定。制定的重大方针则要坚持科学民主依法决策,将科学民主依法决策的要求贯穿于形成决策草案、审查决定、决策执行与调整等决策全过程,通过规范决策过程来提高决策质量和效率。

第一,确定合法性审查为行政决策的必经程序,规定决策草案未经合法性审查或者经审查不合法的,不得提交决策机关讨论;明确送请审查需要的材料、时间和合法性审查的内容;要求负责合法性审查的部门及时提出合法性审查意见并对意见负责,决策承办单位根据意见进行必要调整或者补充。

第二,确定集体讨论决定为行政决策的必经程序,规定决策草案应当经决策机关常务会议或者全体会议讨论;在坚持行政首长负责制的同时,要求行政首长末位发言,拟做决定与多数人意见不一致时应当说明理由;集体讨论决定情况应当如实记录并与责任追究挂钩。

第三,明确法律责任,决策机关违反行政决策正当性的,由上一级行政机关责令改正,对决策机关行政首长、负有责任的其他领导人员和直接责任人员依法追究责任。决策机关违反决策正当性并造成决策严重失误,或者依法应当及时做出决策而久拖不决,造成重大损失、恶劣影响的,应当倒查责任,实行终身责任追究,对决策机关行政首长、负有责任的其他领导人员和直接责任人员依法追究责任。决策机关集体讨论决策草案时,有关人员对严重失误的决策表示不同意见的,按照规定减免责任。

第四,决策承办单位或者承担决策有关工作的单位未按照本规定履行决策程序或者履行决策程序时失职渎职、弄虚作假的,由决策机关责令改正,对负有责任的领导人员和直接责任人员依法追究责任。

第五,承担论证评估工作的专家、专业机构、社会组织等违反职业道德或行政决策正当性的,予以通报批评、责令限期整改;造成严重后果的,取消评估资格、承担相应责任。

第二章　行政执行体制

在行政管理活动中,行政执行是解决实际问题、发挥政策实效的关键,行政执行贯穿于问题认定、政策规划及其合法化、政策执行、政策评估等行政管理的各个过程环节中。因此,无论是中央政府还是地方政府,都特别重视政策执行工作,尤其是地方政府,通常会在中央政府的统筹规划和顶层设计下,因地制宜地采取适宜地方发展的执行策略和执行方案,但在此过程中也不可避免地会出现执行脱节、执行乏力或变通性执行的问题,即产生政策执行偏差。在行政管理过程中,行政执行连接了政策规划和政策评估,是将政策落地的关键过程,是实现公共政策目标的最终阶段。只有保证公共政策执行的每个环节顺利进行,才能使整个政策执行阶段顺利完成,政策方案才能取得预期的政策效果。政策执行主体或政策执行环境出现偏差,会引发政策执行的偏差行为,进而导致政策实施结果偏离预期目标,同时产生不良的社会影响和资源浪费。

近年来,随着我国民主法制制度的日益完善,行政执行环境更加清正廉明,行政执行过程更加透明、规范,行政执行主体的素质日益提高,行政执行更加高效,行政执行在注重速度、深度、广度、力度的同时,也逐渐开始注重温度,行政执行的"硬规范"逐渐转向"软规范",行政执行的"粗糙执行"逐渐转向"精准执行"。无论是在行政执行环境上,还是在行政执行手段上,我国都取得了显著成效,这也进一步提高了政府的公信力和美誉度。但不可否认的是,在特定的行政执行领域或者行政执行过程中仍存在一些特定的久而不决的问题。因此,本章立足于行政执行的现实实践,剖析行政执行体制运行过程中存在的现实问题,并提出未来的改革建议。

第一节　行政执行体制的内涵

一、行政执行的内涵

执行作为一个法律术语,原意是指贯彻施行、实际履行等,在法律上是指将法院已经生效的判决、裁定以及调解书所确定的内容付诸实现。在行政管理理论研究和社会实践中,行政管理的过程主要包括行政决策、行政执行、行政监控和行政改进四个阶段,其中行政执行是检验行政决策效果的唯一途径,也是将决策理论转化为决策实践的唯一途径,对于行政管理的全过程具有举足轻重的作用。

在行政管理活动中,行政执行是公共行政组织或国家行政机关的基本活动,各种公共政策和法律法规都是通过行政执行活动完成的。完成行政管理的基本任务就是实现了行政执行职能,因此行政执行是国家行政机关最基本的职能,是行政权的集中表现。为了更好地促进政府治理体系的改进和政府治理能力的提升,党的十九届四中全会审议通过的《中共中央关于坚持和完善中国特色社会主义制度　推进国家治理体系和治理能力现代化若干重大问题的决定》(以下简称《决定》)要求"以推进国家机构职能优化协同高效为着力点,优化行政决策、行政执行、行政组织、行政监督体制"。《决定》对完善国家行政体制、机制、制度诸多方面进一步提出了相应的要求,特别是在行政执法方面,强调完善以下四个方面制度和机制的要求:一是最大限度减少不必要的行政执法事项;

二是进一步整合行政执法队伍,继续探索跨领域跨部门综合执法,推动执法重心下移,提高行政执法水平;三是落实行政执法责任制和责任追究制度;四是创新行政管理和服务方式,加快推进全国一体化政务服务平台建设,健全强有力的行政执法系统,提高政府执行力和公信力。

总之,行政执行是行政管理体制改革的重要环节,是国家行政机关及其公务人员依据宪法、法律、法规、规章,充分调动政府资源,通过一定运作机制,逐级贯彻国家权力机关和上级的政策、决策,推行国家政务和执行行政决定,以落实公共事务管理和公共服务供给等事务的全部活动过程。

二、行政执行体制的内涵

行政执行体制是规范行政执行主体,指导行政执行实践,推进行政管理活动顺利实施的重要保障。行政执行发生在行政决策之后,因此行政执行体制是保障行政决策有效执行的规则、制度等。结合相关学者的研究,本书认为行政执行体制是有效执行行政决策、推动行政管理活动顺利实施的管理机制,运用管理机制管理行政执行主体、过程和层次等的机构,以及保证管理机制和管理机构发挥作用的管理制度的三方面的统一体。

行政执行体制是一个涵盖多个要素和子机制的体系,一般包括以下三种子机制:准备机制、实施机制和监控机制。行政执行的准备机制包括计划的准备、法规的准备、组织的准备、物资的准备和技术的准备。所谓"计划的准备",是指为了保证行政执行全过程的顺利进行,必须事先制定一个明确的、具有可行性的执行计划,以便执行过程能有条不紊地推进;所谓"法规的准备",是指行政机关的一切活动都必须依照法律、法规的要求进行,行政执行也不例外,应该在实施执行任务前做好充分的法规准备,使行政执行有法理上的依据;所谓"组织的准备",是指为执行上级的决策、政策,根据任务的要求,在机关内集合相关人员组成一定的执行小组,作为具体实施行政执行任务的主体;所谓"物资的准备",是指行政执行的顺利实施还需要准备相关的物质条件和适当的资金资源,以满足行政执行的要求;所谓"技术的准备",是指现代行政既是专业行政,又是技术行政,应该预先为行政执行任务配备适当的技术人员,以便迅速有效地完成行政执行任务。

行政执行的实施机制包括执行的动员、执行的沟通和执行的协调。执行的动员指领导机关和领导者、组织者在组织内部,就上级决策、政策的内容和意义,对组织成员进行宣传动员,使之理解执行的重要价值;执行的沟通是指系统为获得期望的执行效果,在内部各部门和人员之间以及系统与外部环境之间,凭借一定方式交流相关执行信息,以谋求执行体系和谐有效运转与执行过程顺利进行;执行的协调是指行政领导者通过一定方式在组织与外部环境之间、组织内部各单位之间、组织的成员之间建立分工合作、协同一致的和谐关系,以实现行政执行目标。

行政执行的监控机制分为内部监控和外部监控两类。内部监控是指组织内部由领导人或者负责督导的人员、机构实行的监控,主要目的在于控制、调整行政执行的具体过程;外部监控是指由上级机关或其他监督部门实施的监控,其目的在于防止行政执行偏离决策、政策的方向。行政执行监控一般包含三个环节:第一个环节是明确执行标准,只有使执行标准更为明确、更具可操作性,才能对执行过程实施有效的监控;第二个环节是用执行标准衡量执行绩效,以确定执行质量偏差及其性质;第三个环节是采取相应措施,纠正执行的主观方面或者客观方面的偏差。行政执行的监控主要针对以下因素进行:人员素质及其行为、预算和财务状况、执行工作进程及其质量、信息质量、行政执行计划与目标、组织整体绩效。

我国行政执行机关包括中央行政执行机关和地方行政执行机关两级。中央行政执行机关有国务院、国务院组成部门(包括各部、各委员会、中国人民银行和审计署)、国务院直属机构(如海关、税务、环保总局等)等组成。地方行政执行机关包括地方各级人民政府、县级以上人民政府组成部门(如民政局、人保局、审计局等)、县级以上人民政府的直属机构和特设机构(如质量监督、环保、药监局等)以及各级人民政府的派出机构(包括区公署、区公所、街道办事处等)。公安局的地位比较特殊,其既是一级行政机关,又是准司法机关,具体情况应根据其行使的实际职能确定。

行政执行制度是推进行政执行活动的规则、规范等,主要包括结构性制度、运行性制度和赋能性制度。结构性制度是关于行政权力配置的制度性规范,运行性制度是关于行政权力运行的制度性规范,赋能性制度是赋予其他制度以能量和能力的一种新类型。

第二节 行政执行体制的运行

一、行政执行体制的运行原则

行政执行是贯彻行政决策目标的过程,也是保证行政决策目标实现的关键,行政执行的过程影响着行政决策的成败。行政执行并非无章可循,而是依据一定的规范、程序进行的,新时期的行政执行体制的运行需要遵循一定的原则,这些原则主要有以下五个方面:

(一)坚持执行有效原则

在执行效度上,必须见得实效,切实防止"政策空转"的现象。在具体实践中,不能以汇报代替执行,以表格代替执行,以上级满意代替执行,而应以降低损失、提升政府公信力、提高人民群众满意度为目标。各项政策必须行之有效,否则政策就会成为"稻草人"。[①] 因此,行政执行过程中应该始终坚持执行有效原则,始终以是否有利于行政决策目标实现为判断依据,以依法依据执行为准绳,保证行政决策结果的有效实现。

(二)坚持社会绩效、经济绩效和政治绩效协同性原则

绩效原则要求行政执行的全过程(包括准备阶段、实施阶段和监控阶段)的

---

① 马彦涛.基层应急执行力的特点及提升路径[J].中国领导科学,2020(3):104-107.

所有行为首先将人民的生命安全放在第一位,将人民的生产生活放在重要位置,提高人民群众的生活满意度和幸福感,注重社会绩效的提高。政府作为公共服务机构,应以服务公众社会为目标,以为人民服务为宗旨,这就要求政府的行政执行行为并非只注重经济绩效,还要注重社会绩效,实现经济绩效和社会绩效的有效协同。此外,还要考虑行政执行的政治绩效,比如,中国共产党仍然坚持了人民生命安全大于一切的行政决策。

(三)坚持执行有"度"原则

所谓"度",就是做任何事情都要保持一种平衡,包括自己的工作、生活。"张弛有度"才是事物发展的最佳状态。行政执行也要坚持执行有"度"的原则,这种"度"主要体现在以下五个方面:一是执行速度上,要坚持快速高效,执行的速度越快,就越有利于问题的解决,越有利于保护人民群众的生命财产安全。二是执行深度上,不但要注重各种政策安排的执行,而且要注重各种后续保障措施的执行。三是执行广度上,不但要充分发挥基层组织的主动性、积极性、创造性,还要调动各种社会力量,把社会组织、志愿者、人民群众有效组织起来,共同推进工作的落地,最大限度地发挥各种社会力量的作用,使他们成为政府力量的有效补充。四是在执行力度上,不但要动员人民群众积极参与,还要保障人民群众生活所需要的各项物资的供给,更要保证正常的社会生产。五是执行温度上,要获得人民群众的满意和好评。

(四)坚持符合决策与灵活变通协同性原则

符合决策原则指所有的行政执行计划、组织、指挥、沟通、协调的方向都必须符合所执行的政策和决策的精神,不能自行其是,更不能歪曲执行。必须在法定的程序下依据一定的原则执行行政决策,在行政执行的过程中保证执行的合理化、合法化和规范化,不能急功近利,也不能消极怠慢。值得注意的是,由于现实环境因素的复杂性和多变性,行政执行必须具有灵活变通的特性,要适应执行环境的变化,及时调整执行计划,以保证原有决策、政策的圆满实施。这就决定了行政执行并非完全按照预期的路径去实施,而是需要根据外界环境的变化或者行政决策的变化及时做出相应的调整。但是,无论行政执行如何灵活变通,都必须符合决策程序,符合法定规范。

(五)坚持民主集中制原则

民主集中制是马克思主义政党的根本组织原则,是民主基础上的集中和集中指导下的民主的结合。民主集中制既是我们党的根本组织原则和领导制度,也是群众路线在党的生活中的运用。行政执行的过程是一个不断收集意见、不断调整执行方案的过程,尤其是在应急管理活动中,公共卫生事件的突发性以及传播的快速性,使得在公共卫生防控过程中各种突发紧急情况层出不穷,此时应该坚持民主集中制的原则,既能集思广益,又能通过适当的集中保证行政决策的科学性和合理性,从而进一步保证行政执行过程有效开展。

二、行政执行体制的运行特征

行政执行体制的运行是行政执行在行政过程中的具体体现。行政执行体制运行的基本特征主要体现为以下几个方面。

(一)行政执行具有特定的主体结构

从行政执行的本意来看,执行决策的主体必须是具有行政权力的机构,因此只有行政管理机构才具有行政执行的法定权力。随着我国社会主义市场经济的发展和民主基础的日益完善,行政执行主体的外延得以扩展,行政执行主体范围更加广泛,除了行政管理机构具有行政执行的法定权力外,有时候非行政管理机构的社会团体和个人也可能参与行政执行,但前提是得到行政管理机构的授权或得到行政管理机构的允许。因此,行政执行主体也包括行政管理机构和一些特定的非政府组织。

(二)行政执行主体的行政执行行为具有权力和职责边界

行政管理机构的权力并不是无限扩张的,由于部门之间的职能分工,行政管理机构权责更加明确,职责更加清晰,行政管理机构依据有限的权力在自己的职责范围内执行特定的行政决策。虽然行政管理机构具有行政执行的权力,但并不是所有的行政管理机构对任何行政决策都具有行政执行的权力。由于行政管理机构存在着行政职能上的分工,因此,每一特定的行政管理机构的权力与职责都是有限的,都有其特定的范围,只有在这个特定的范围内行使行政执行的权力才是合法和有效的。

(三)行政执行需遵循行政决策的指导

行政决策是行政执行的先导,行政执行是行政决策的后续,有了决策才会产生执行任务,因此行政执行需遵循行政决策的指导。行政执行活动的目的是实现行政决策目标,其全部工作内容是围绕着实施行政决策的方案进行的。因此,行政执行的全部活动必须在行政决策的指导下进行。行政执行的目标不能违背行政决策的目标,行政执行的具体措施是行政决策方案内容的落实。

(四)行政执行过程主要涉及人、财、物的有机组合

如果说在行政决策过程中,行政管理行为还停留于主观的思考和论证阶段,那么在行政执行过程中,行政管理就已进入实质性的操作阶段,已从理论论证走上了现实操作,已涉及客观的和具体的人、财、物。在任何一个行政执行过程中,都离不开人、财、物这三个基本要素。行政管理机构围绕着行政决策目标对人、财、物进行有机组合,构成了行政执行过程的基本内容。

(五)行政执行具有经常性

行政执行是政府执行其政治方略的重要工具,也是体现国家意志的过程。行政部门不仅要贯彻执行某种特定的决策,还要执行大批的例行性决策和程序性决策,各种行政机构日常所做的繁杂的具体工作都在行政实施之列。

(六)行政执行具有连续性

在行政工作中,"决策—执行—反馈—再决策—再执行—再反馈"是一条不断循环反复的锁链,不可将其割裂开来。行政决策和行政执行具有循环往复的连续性。行政执行要根据行政决策进行不断的调整和适应,并在"决策—执行"的循环中保证了连续性和不可间断性。

(七)行政执行具有层次性

中央与地方不同政府层级之间、同一政府的不同权力机构之间的行政执行存在层次性。同时,不同权力机构之间行政任务的层次性和决策目标的层次性也决定了行政执行的层次性。一般来说,中央的行政执行侧重于指挥工作,基层的活动则主要是行政执行的具体操作工作。

应急管理过程中的行政执行是行政执行的一种特殊状态。应急管理是指政府及其他公共机构在突发事件的事前预防、事发应对、事中处置和事后恢复过程中,通过建立必要的应对机制,采取一系列必要措施,应用各种手段保障公众生命财产安全、促进社会和谐健康发展的相关活动。这给应急管理行政执行体制的主要特征既具有一般的行政执行体制的基本特征,又具有应急管理的特殊性。

一是应急管理行政执行具有很强的时效性。突发公共安全事件的突发性与危害性决定了突发公共安全事件的防控时间极其有限,救治机会稍纵即逝,这给应急政策执行提出了新问题——如何在有效时间内最大限度地完成政策执行的各种环节？时间的紧迫性是应急管理中政策执行的最大特征。因此,与一般的行政执行活动过程相比,应急管理行政执行必须做到迅速、果断,其时效性比较强。高效、及时地实现行政决策的目标是对行政实施的基本要求。

二是应急管理行政执行任务的艰巨性。突发公共安全事件发生的时间、地点,没有人能确切预测,也难以确切预知它可能带来的后果,其可能在没有任何先兆的情况下发生,有时候一件小事也可能导致重大的突发性事件。更为艰巨的是,重大突发公共安全事件涉及社会民生、政治、经济、军事、外交等各个方面,每一类都有自身的特点。同时,重大突发公共安全事件产生的原因也相对复杂,既有天灾,也有人祸,还有的是由人祸引起的天灾。这种复杂性致使政策的执行不可能有一般原则作直接依据,只能以创新思维和行动应对突发事件,因势利导,随机应变。①

---

① 郭钟辉,杨芳.应急管理中公共政策的有效执行[J].理论导刊,2010(11):13—14.

三是应急管理行政执行资源的短缺性。充足的资源是行政执行的基础和保障,特别是面对突发公共安全事件,更需及时向事故地提供充足的应急资源。但在突发公共安全事件发生初期,往往存在应急物资储备供应、调配运输、质量监管不足的情况,"巧妇难为无米之炊",应急管理行政执行资源的短缺使得行政执行过程存在力不从心的局面。

四是应急管理行政执行更加强调灵活性。与一般的行政执行过程相比,应急管理行政执行过程往往会面临各种突发情况,因此,必须做到具体问题具体分析,切忌"一刀切",要将决策目标具体化,因时制宜、因地制宜。在此过程中,地方政府需要被赋予更多的自主权,以提高基层政府执行的积极性。

五是应急管理行政执行更加注重信息公开性。应急管理行政执行过程与人民群众生命安全息息相关,因此,与一般的行政执行过程相比,应急管理行政执行过程的社会关注度更高。信息的及时有效公开,成为衡量应急管理行政执行质量的重要评判标准。根据国家相关法律法规,突发公共安全事件发生后,各地应按照《中华人民共和国传染病防治法》和《突发公共卫生事件应急条例》等的规定,严格执行疫情报告等制度,实行日报告、零报告,严禁瞒报、谎报、缓报,通过多种媒体渠道,及时公布突发公共安全事件相关信息和防控工作情况。

三、行政执行体制的运行方式

行政执行体制运行手段主要有行政手段、法律手段、经济手段和教育手段。

(一)行政手段

行政手段是指依靠行政机关内部层级节制的机制,通过命令、指挥、控制、规定、指令等实施政策执行的方法。行政手段的优点在于它具有强制性,并且能够依托行政体制内的各种行政资源,迅速有力地推动行政执行的实施。行政执行的行政手段能够保证政策的快速高效执行,在处理具有特殊性和紧迫性的重大突发公共安全事件时,行政手段的运用有利于扭转政策执行中的不利局势,保证政策的顺利落实。

(二)法律手段

法律手段是指行政机关通过制定行政法律、法规、法令,对行政执行的实施过程进行规范的方法。法律手段是行政执行中的外在约束因素,对行政执行的内外部关系均具有强制性、权威性和普遍性的规范作用,相关法律法规包括《突发公共卫生事件应急条例》《中华人民共和国传染病防治法》《中华人民共和国职业病防治法》等。《中华人民共和国突发事件应对法》明确指出,发生突发事件,严重影响国民经济正常运行时,国务院或者国务院授权的有关主管部门可以采取保障、控制等必要的应急措施,保障人民群众的基本生活需要,最大限度地减轻突发事件的影响。

(三)经济手段

在社会主义市场经济活动中,经济手段是行政执行的关键性手段之一。经济手段是指行政机关运用包括税收、罚款、政府开支、政府合同、利息在内的各种经济杠杆,在尊重经济规律的前提下,通过调节经济变量的关系达到行政执行目的的方法。如中国人民银行、财政部、(原)银保监会、证监会、外汇局联合印发《关于进一步强化金融支持防控新型冠状病毒感染肺炎疫情的通知》,为打赢新冠疫情防控阻击战、维护经济稳定大局提供了有力支持。

(四)教育手段

教育手段是指行政机关通过宣传、动员、感化、鼓舞等沟通方式,将政策理念输入人们脑海之中,使之理解政策的内容和意义,自觉地为行政执行服务。随着现代科学技术的发展,现代教育技术在教育领域得到了广泛运用,教育手段也不断丰富和发展,教育方法和组织形式发生了革命性变化。行政执行的教育手段在教育活动中表现为教与学的关系。教包括两层含义,即传授知识、传递思想,启发诱导、感化影响;学也包含着两层含义,即学习掌握政策的内容和意义,学会学习的方法。行政执行的教育手段正是通过"教"与"学"两种方式达成行政决策的有效执行。

四、行政执行体制的运行作用

行政执行体制的运行在行政过程中的地位与作用主要体现在以下两方面：

第一，行政执行决定行政决策的实现程度，行政执行效果是检验、修正和完善行政决策的途径。行政执行本身就是行政决策目标的实现手段，因此，行政执行过程的效率是行政决策目标实现程度的重要决定因素。

第二，行政执行是实现政府为公众提供公共服务、保障人民群众生命财产安全等职能的必要形式，是衡量公共组织及其运行状况的重要标志。此外，政府公共服务职能的实现必须依靠行政执行的实施，公共组织的运行状况与其行政执行的效率、效果密切相关。

第三节　行政执行体制的现实挑战

虽然我国的行政执行体制越发完善、行政执行主体素质日益提高、行政执行机构权责更加明确，但是行政执行过程中，尤其是当面临突发公共安全事件时，仍面临较多现实挑战。

一、"信息不足"挑战

信息化使得大众能够更加迅速便捷地接收信息。比如在2020年新冠疫情中，我们即使居家隔离依旧能够迅速了解疫情发生在什么地方，有多少人感染新冠，这都得益于信息技术的发展进步。但是，由于我国在公共卫生信息系统建设方面有待完善，该行业的相关设计和管理要依靠工作人员。在行政执行体制的运行中，计算机及大数据技术没有充分发挥作用，一定程度上会延误公共卫生事件的最佳处置时机；另外，计算机设备在我国基层没有被广泛使用，管理过程中不少基层社区的基础情况数据统计不全，没有完全实现动态化更新和信息共享，这些都会降低工作效率。由此可见，只有将计算机更好地融入公共卫生事业,才能高效应对突发的公共卫生事件。

二、"法治意识"挑战

在面对突发性公共卫生事件时,部分公民在公共卫生管理方面的法治意识不够。比如,《中华人民共和国传染病防治法》对传染病传播区域内的污水、污物、场所与物品的处理以及公民个人的卫生要求都是有具体要求的,如果公众的法治意识淡薄,就会阻碍规章制度的顺利执行,为阻断传染源增加难度。

因此,公共卫生事件发生之后,政府要具有较强的法治意识,从起点开始追溯,控制传染源,防止病情的扩散;同时也需要基层工作人员能够认真按照政府制定的制度完成疾病防控工作。

三、"协同程度"挑战

行政执行作为一项复杂的系统工程,既需要"决策—执行—监督"各流程的协同,也需要上下级政府间的纵向协同和同级政府间的横向协同。将决策、执行、监督分开,一方面可以把政府的主要精力集中在计划和规划上;另一方面可以使执行的目标明确,减少执行过程中多目标的加入,从而使得决策目标更符合预期设计。除此以外,还可以使得政府监督更加公平公正,减少外界因素的干扰。但是,当前行政执行的"决策—执行—监督"的协同机制还有待完善,一定程度上存在着信息不对称、政策"打架"的情况,这使得决策在执行中存在较多问题。因此行政执行体制中上下级政府之间、同级政府的不同部门之间需要加强协同合作。

四、"扭曲性执行"挑战

当前行政执行的"扭曲性执行"主要体现在以下四个方面:一是象征性执行。即对于中央和政府的要求重视表面文章和形象包装,没有真正落到基层、下到一线,而是表格落实,如"到点""打卡""拍照留存",忽视基层真实情况。二是选择性执行。一些基层组织和个人在执行决策的过程中不从工作的全局出发，只考虑自己的私利。三是附加性执行。部分社区在推进工作过程中，竟然搞捆绑销售、附加服务，提供一些人民群众根本不需要的"服务"，不但没有有效解决人民群众面临的问题，反而增加了人民群众的困难。四是机械性执行。一些基层没有从具体的实际出发具体问题具体分析，而是机械式传达，照本宣科式落实，对于在具体执行中遇到的新问题、新特点充耳不闻、视而不见。①

第四节　行政执行体制的改革创新

一、强化行政执行的信息管理

信息是行政决策的基础，更是行政执行的前提，明确、有效的信息可以使执行主体有更为清晰的行政执行方向和策略。因此，在行政执行过程中需要强化信息管理。

一是充分利用大数据、人工智能、5G、区块链等新兴技术加强信息交流，促进信息的有效传播，汇聚信息流，消除信息的不对称。二是完善行政执行的信息发布机制。首先，完善行政执行的发言人制度，发挥政府的权威作用，减轻社会公众的恐慌，稳定社会发展。有条件的政府应该设立和完善专职新闻发言人制度，没有条件的基层政府，应当指定专人负责对外发布信息。其次，完善信息通报与共享机制，促进信息在上下级政府之间、不同部门之间的有效传播和共享，保障信息畅通无阻。最后，构建信息资源共享平台，通过信息资源共享平台发布相关信息，社会组织和公众可以通过平台了解相关信息，增强政府对社会的回应性，强化社会对政府的信息反馈。当前，信息传递平台种类和数量多，为保障向公众第一时间传递政府信息并正确引导舆论，可以构建多渠道信息发布

---

① 马彦涛.基层应急执行力的特点及提升路径[J].中国领导科学,2020(3):104-107.

平台体系,如政府官网、新闻广播、电机节目以及一些新媒体、自媒体等。三是完善行政执行舆情管理机制。行政执行的内容之一是要加强舆情管理,有关部门及时依法调查并严厉处置造谣者,及时发布正面信息,积极引导社会舆论。

二、推进行政执行的法治宣传

传染病防治法等相关法律法规的普及宣传离不开基层政府组织开展的相关专项法治宣传活动。要严格落实"谁执法谁普法"责任制,压实社会普法责任;综合运用全媒体普法,坚守疫情防控阵地;充分发挥法律专业人员特长。各部门各单位要提高政治站位,注重宣传实效,强化正向引导,把开展专项法治宣传活动作为重要的普法任务抓紧抓好。通过开展专项法治宣传活动,引导全社会依法行动、依法行事,为相关工作提供有力法治保障和良好舆论环境。重点宣传党中央关于传染病防控的决策部署,在法治轨道上统筹推进各项防控工作的有力举措,深入宣传传染病防治法、突发事件应对法、野生动物保护法、突发公共卫生事件应急条例,以及刑法、治安管理处罚法等法律法规。

政府公务人员,尤其是领导干部,首先要加强学习宣传,努力营造依法开展防控突发事件的法治氛围,如把《中华人民共和国传染病防治法》《突发公共卫生事件应急条例》《医疗废物管理条例》等法律法规列入党组理论学习中心组学习计划。二是强化教育引导,进一步提高干部职工依法防控、用法维权的自觉性。三是注重宣传实效,切实增强普法宣传的针对性,最大限度地利用新媒体,开展"电子化、网络化"的宣传。

三、加强行政执行专业队伍建设

加强干部专业队伍建设,已成为推进国家治理体系与治理能力现代化的重要组成部分和急迫实践要求。重大公共突发事件给干部专业队伍建设提出了重大挑战,但也提供了重要契机,加强干部专业队伍建设,增强各级干部专业人员应急管理与危机治理的综合能力,是应对公共突发事件的重要组织保证。

危机应对有着很强的专业性,发生全国性突发危机,需要很强的专业指导,这也对行政执行队伍建设提出了更高要求:一是加强提升行政执行能力的基础培训。应特别注重对各级干部系统思维、前瞻思维、专业思维和法治思维的教育培训。二是加强对行政执行能力的专题培训。举办相关专题的研讨班与培训班,大力开展案例教学与情境模拟教学,切实提高各级干部危机治理、科学决策、社会动员、媒体沟通的实战能力与相关技能。

四、推进行政执行协同机制改革

一是推进行政执行的决策—执行—监督协同机制改革。决策、执行和监督是一以贯之的行政管理过程,但是在具体的实践操作中,仍然存在着决策、执行和监督分离的情况,导致决策不接地气和不具备可操作性。因此,需要加强行政执行中决策、执行与监督的协同联动,决策要基于客观的执行能力,执行必须是对决策的贯彻落实,同时加强对行政执行的监督,注重评估和监督机制的设计,建立各类突发事件应急预案、应急处置评价指标体系,明确监督指导主体及其职权。

二是推进行政执行的政府间的协同机制改革。政府之间关系运作的模式有三种:(1)竞争型模式,指上下级之间因层级不同对应着不同的功能与权力范畴,在此权责关系下,上下级间必然存在利益冲突和权力竞争关系,形成零和博弈的局面;(2)互赖型模式,该模式认为不同层级政府间,政府的任务和权力运作并不是定型化的契约关系,彼此间无丝毫弹性调整的空间,强调上下层政府间的权力分享与责任担当;(3)功能型模式,该模式认为不同层级间的功能型专业官僚拥有各自的专业知识、训练、目标及价值体系,在政策执行过程中,这些官僚是政策的主要推动者,他们通过垂直合作关系进行规则性的接触、互动与协调,进而促进政策的运作。[1] 在行政执行过程中,上下级政府之间更多的应该

---

[1] Nice D C. The Intergovernmental Setting of State-Local Relations[M]. Boulder(CO): Westview Press, 1998:17-36.

是一种互赖型模式和功能型模式,彼此之间承担不同的责任。在具体的实践中,需要加强同级政府之间的行政执行协同,比如应急管理部、卫健委、交通运输部等在行政执行的过程中应统一部署、统一标准、强化合作、联合行动。

五、推进行政执行规范化建设

一是重视行政执行能力转化和行政执行手段应用的法治化和规范化。在启动和执行应急机制时,做到快速反应、协同应对,关注应急状态下必要的行政行为法治化、规范化程度,准确划分职责权限,合理运用行政手段,准确使用行政指导、一般行政措施、行政强制措施、行政强制执行,明确不同行政行为的法律适用、范围边界和程序等问题。各地方各部门在启动应急机制后,要吸纳法律专业人士参加,以最高效便捷的路径就各种具体措施征求法律意见,确保不违法。

二是从理论和立法上进一步界定行政执行的相关行政行为。从理论和立法实践上界定和规范突发事件应对中的一些具体行政行为,如明确规范和细化行政征用、停产停业措施、隔离措施等应急相关行政行为的属性界定、边界划分、适用条件、主体职权和执行程序等。在立法层面,设立在突发事件应对应急管理和处置中行政行为的必要性判定、类型冲突处理、执行的统筹协调等制度。

第三章 行政指挥体制

行政指挥是国家行政活动的重要内容。当突发公共安全事件发生时,行政指挥对于突发公共安全事件的防控和应对至关重要。随着自然灾害频发、社会风险积聚,行政指挥在应急管理中的作用日益凸显。行政指挥已成为减少突发公共安全事件造成的损失,降低突发公共安全事件风险的主要环节。突发公共安全事件应急管理活动涉及大量的人力、物力、财力的投入。首先,应急管理指挥活动是人、财、物等资源的有效整合和集中调配、使用的过程。加强应急管理的行政指挥研究,提高行政指挥科学性,不但可以减少应急管理的投入、降低应急管理的成本、提高应急管理的效率,而且可以有效防范突发公共安全事件风险,促进应急管理目标的实现。应急管理工作是人、财、物以及工程技术、信息资源的有效整合和综合运用的系统工程,只有有效指挥,才能使应急管理工作目标得以实现。其次,在应急管理目标已经确立,责、权、利都已划定的情况下,只有行政指挥,才能把应急管理工作从静态推向动态,从观念变为行动,使行政活动沿着既定的方向和轨道前进。最后,有效的指挥不但可以使各种突发公共安全事件防控资源(尤其是人力资源)得以充分利用,还可以激发人们的士气,发掘潜在的积极性、主动性和创造性,使突发公共安全事件防控工作达到事半功倍的效果。

此外,行政实施过程就是检验行政决策正确与否的过程,应急管理活动中的行政决策是否正确都必须依赖于行政指挥实施结果的检验,因此,行政指挥是应急管理决策通向目标的桥梁和纽带。随着国家治理体系和治理能力逐步走向现代化,国家行政指挥体制逐渐健全,国家行政指挥能力逐步提升,行政指挥在国家应急管理活动中发挥了越来越突出的作用。

第一节 行政指挥体制的内涵

一、行政指挥的内涵

"指挥"一词最早是"批状指挥"的简称,是宋代的一种法律形式。它是尚书省、枢密院等中央官署就具体公事发给下级官署的指令,主要用以指导下级官署的行政管理和司法审判。南宋秦桧专权,滥用指挥,指挥的法律地位提高,甚至与敕令并立。早期的指挥一般是指军队组织指挥,是军队指挥员及其机关对所属部队的作战和其他军事行动进行的特殊的组织领导活动。现在的指挥概念已广泛应用于社会生活或管理的各个层面,指上级对下级的各种组织领导活动。行政指挥是指行政领导者按照既定的目标和计划,指导所属下级的行政活动,行政指挥是行政执行实施阶段的主要环节,是行政领导的重要职能。

如从国家治理的角度看,指挥是为了整个国家的利益,针对自然灾害、事故灾害、公共卫生事件和社会安全事件的行政指挥可以减少突发事件的威胁,保障人民群众的生命、财产安全,实现社会效益的最大化。对于任何一个单位、一个团体、一个国家来说,指挥者的角色都是非常重要的。在行政决策已经做出,计划、方案已确立,责、权、利均已划定的情况下,只有行政指挥才能把行政管理从静态推向动态、从观念变为行动。因而行政指挥可以被看作行政实施的发动机,其可以使各种行政管理资源得到充分的开发和利用。

二、行政指挥体制的内涵

行政指挥体制是行政指挥体系的重要组成部分,也是行政管理学科研究的核心领域之一。行政指挥体制是行政领导者指挥活动的机构设置、职能划分和相互关系的制度,是行政指挥职能结构、权责结构、组织结构、人事行政制度和各种运行机制等多种要素构成的一个有机整体。一般而言,行政指挥体制是"体(行政主体)"与"制(行政制度)"的组合,是规范化、结构化、制度化的行政指挥关系与相关政治关系的体现,也是国家行政体制的重要组成部分。应急响应是行政指挥体制的重要内容之一,在应急响应中成立行政指挥领导小组统一指挥和领导部署,可以形成应急指挥的强大合力。在我国,根据突发事件的严重程度及对应急事件的等级和预警级别,可以将应急响应机制由高到低划分为Ⅰ级响应(特别重大)、Ⅱ级响应(重大)、Ⅲ级响应(较大)、Ⅳ级响应(一般)4个级别(见图3—1)。

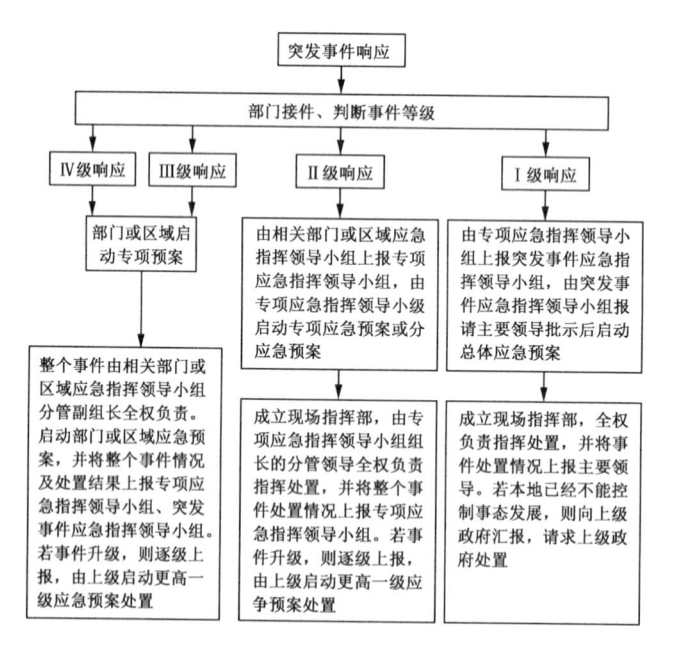

图3—1 突发事件应急响应

第二节　行政指挥体制的运行

一、运行原则

中国政府将公共卫生事件防控上升到国家层面,做出制度性安排,果断启动联防联控机制,加大防控力度,成立了由国家卫生健康委牵头、32个部门组成的联防联控工作机制,落实部门责任。联防联控机制以疫情防控为中心,打破部门职责的界限,形成有效的指挥协调合力,实现危机防范应对工作的立体化、全覆盖和高效协同。依据《国家突发公共事件总体应急预案》的要求,在应急管理过程中,行政指挥体制的运行需要遵循以下原则:

（一）以人为本,减少危害

政府应切实履行社会管理和公共服务职能,把保障公众健康和生命财产安全作为首要任务,最大限度地减少突发公共事件及其造成的人员伤亡和危害。

（二）居安思危,预防为主

高度重视公共安全工作,常抓不懈,防患于未然。增强忧患意识,坚持预防与应急相结合,常态与非常态相结合,做好应对突发公共事件的各项准备工作。

（三）统一领导,分级负责

在党中央、国务院的统一领导下,建立健全分类管理、分级负责、条块结合、属地管理为主的应急管理体制,在各级党委领导下,实行行政领导责任制,充分发挥专业应急指挥机构的作用。

（四）依法规范,加强管理

依据有关法律和行政法规,加强应急管理,维护公众的合法权益,使应对突发公共事件的工作规范化、制度化、法制化。

(五)快速反应,协同应对。

加强以属地管理为主的应急处置队伍建设,建立联动协调制度,充分动员和发挥乡镇、社区、企事业单位、社会团体和志愿者队伍的作用,依靠公众力量,形成统一指挥、反应灵敏、功能齐全、协调有序、运转高效的应急指挥机制。

(六)依靠科技,提高素质。

加强公共安全科学研究和技术开发,采用先进的监测、预测、预警、预防和应急处置技术及设施,充分发挥专家队伍和专业人员的作用,提高应对突发公共事件的科技水平和指挥能力,避免发生次生、衍生事件;加强宣传和培训教育工作,提高公众自救、互救和应对各类突发公共事件的综合素质。

二、运行方式

(一)口头指挥

这种指挥方式简单、明了、及时、方便,故而最常用。运用口头指挥方式,要注意语言艺术。对不同对象,指挥语言表达方式及语气都要有所区别,以利于对方接受。随着科学技术的发展与管理手段的进步,口头指挥已不局限于现场发出指示,电话及其他指挥方式也占有重要位置。

(二)书面指挥

书面指挥就是利用各种行政公文进行指挥。在指挥层次较多,时间、地域等条件受到限制,不便口头指挥时适宜于采用书面指挥的方式。书面指挥可以使责任明确、指挥信息准确并能保留较长时间,也便于以后核查。运用书面指挥要注意规范性和严肃性,防止滥发文件的文牍主义现象。

(三)会议指挥

会议是保证指挥统一的有效手段,因而成为一种经常采用的指挥方式。行政实施前的动员工作,实施过程中的协调工作、调研工作,实施结束后的准备工作等,都可以采用会议指挥的方式。运用会议指挥,必须注意会议的类型、会议的准备、会议的组织技巧、会议效率及对会议主持人的要求等问题。运用会议指挥还要特别注意提高会议质量,防止会议过多、过长。

(四)通信指挥

即运用现代信息网络系统传达上级意图、下达工作任务。指挥者要根据不同的情况,运用各种不同的指挥方式,不论采取何种方式,都要鼓励下属发挥创新精神,同时多作具体指导。

三、运行作用

行政指挥是保证行政执行活动协调一致的重要手段,是高效地执行行政决策的根本保证,是高质量地达成行政决策目标的根本保证,是保证各种行政资源得以充分利用的必要条件,是衡量行政领导者政策水平和组织与领导能力的重要标准。在特殊时期,行政指挥体制可以发挥重要功能,其作用主要体现在以下几个方面:

第一,行政指挥是保证行政执行活动协调一致的重要手段。行政指挥体制能在应急管理过程中协调各部门、各地区和各工作人员之间的关系,整合工作目标,避免和化解各种冲突和矛盾,保证行政执行的一致性。保持高度统一的行政指挥,可以使各部门之间、各地区之间和各工作人员之间实现有效结合,并在行政管理活动中向共同的目标前进,保证了行政主体之间的协调统一性。

第二,行政指挥是高效地贯彻行政决策的根本保证。行政指挥在执行系统中起着导向的核心作用,行政指挥的角色扮演得如何决定了行政执行的效率和质量,行政指挥的组织结构是否合理影响着行政决策目标的实现程度,行政指挥的体制机制是否健全影响着行政执行的绩效和效果。

第三,行政指挥是高质量地达成行政决策目标的根本保证。行政指挥是推进行政决策目标从理想转变为现实的关键步骤,是实现行政决策目标的重要环节。行政指挥必须了解实施行政决策的客观环境和工作环境,充分认识执行决策的限制条件,要结合实际情况,在坚持决策标准的前提下,灵活地执行决策目标,不能以任何借口降低决策标准,更不能修改和篡改行政目标。

第四,行政指挥是保证各种行政资源得以充分利用的必要条件。行政指挥是统筹规划和配置人、财、物等资源的过程,目的是使人、财、物最大限度地实现有机配合,进而提高行政管理效率。行政指挥可以极大地统一下属的思想和认识,激发下属的士气,增强其责任感,从而最大限度地发掘和调动他们的积极性、主动性和创造性,为行政执行工作增添活力和动力。

第五,行政指挥是衡量行政领导者的政策水平和组织与领导能力的重要标准。政策制定之后,负责执行的行政领导者是决定因素。行政指挥的过程就是把行政决策具体化的过程,行政决策具体化的过程需要行政领导者组建行政指挥机构,制定具体的指挥举措,采取行政指挥策略,这对行政指挥者的智慧和政策水平以及领导能力是一种考验。

第三节 行政指挥体制的组织结构与系统

一、行政指挥体制的组织构成

总体来看,行政指挥体制的组织构成主要包括人和事两大主体。

(一)行政指挥体制的主体

1. 总指挥官

总指挥官是指在公共管理活动中对各项工作的部署全权负责的人,其职责包括官员的任命、各项政策方针的顶层设计和统筹规划、建立并维持一个合理的组织编制、指派各个部门的主要工作任务等。总指挥官需要根据各级人员汇报的信息综合评估,制定本次救援的目标、优先次序和工作方案;救援开始后,则在各部门之间及与外部协调沟通,不断调整方案,确保救援活动的安全和有效。

2. 指挥人员

总指挥官主要起到全权把握和部署、总揽全局的作用,但具体性的各项事务还需指派给各专业部门负责。根据行政活动的规模和情况,总指挥官的一些工作可以委派给专门的成员负责处置,他们通常被称为"指挥人员"。每一项工作一般只有一个官员,没有副官,但可以根据需要设立一个或若干个助理人员,这些指挥人员主要由安全官、联络官和信息官组成。[1] 安全官负责所有人员的安全,包括生理安全和心理安全。心理安全需从认知、情绪、躯体、行为四个方面评估,全方位的心理支持对于人民群众的工作、生活具有积极意义。[2] 联络官主要负责与其他机构和部门的联络和协调。信息官主要是与媒体和公众沟通,对外发布官方的相关消息,避免信息的误传和谣言的产生。[3]

3. 指挥参与人

指挥参与人是作业组、计划组、后勤组和财务组成员,每组的领导者称为"组长"。比如,在处理公共卫生事件的相关事务时,每个组除组长外,可以有一个或多个副组长。此外每个组还可以根据工作需要,配备一定的普通工作人员,以执行组长或副组长的命令。[4] 作业组为应急救援队的核心力量,即在一线工作直接接触患者的医务人员,也可以称为治疗组,他们大部分由感染、传染、呼吸、重症医学、中西医结合等专业的医护人员组成。根据公共卫生事件的特点,可以将救援队伍中的计划和财务(管理)组合并,由于患者的各项费用由保险和国家负担,故该组人员主要的工作是为救援做好计划和人事管理,其又称为"管理组"。后勤组主要为本次救援提供物资保障和基础设备设施的支持。后勤组首先应充分评估前线的情况,如生活物资保障、医疗物资保障、基础建设保障等。

总指挥官、指挥人员和指挥参与人共同构成了行政指挥体制的主体,具体见图3—2。

---

[1] 马奔,王郅强.突发事件应急现场指挥系统研究[J].山东社会科学,2011,189(5):48—52.
[2] 李彤,杨伟锐,郑夏兵,等.突发事件中医疗救援队伍的全方位心理支持措施[J].中山大学学报:医学科学版,2020,41(2):174—179.
[3] 李璘倩,方怡,刘迅,等.突发事件应急指挥系统在新型冠状病毒肺炎应急救援中的应用[J].职业卫生与应急救援,2021,39(1):110—113.
[4] 马奔,王郅强.突发事件应急现场指挥系统研究[J].山东社会科学,2011,189(5):48—52.

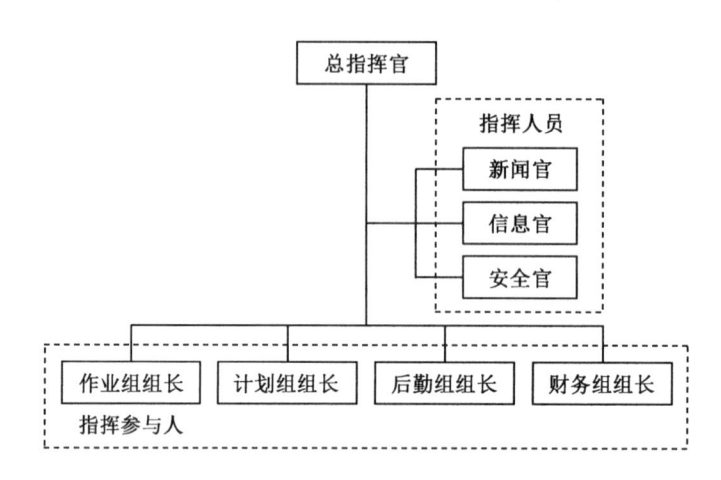

图 3-2　行政指挥主体的基本组成结构

(二)行政指挥体制的客体

行政指挥是对某一些个体、团体、组织或某一项及某一些事件进行指挥,这些人或事组成了行政指挥的客体。因此,行政指挥体制的客体包括事项和人员。

1.事项

公共事务是行政指挥体制的主要客体,整个行政指挥活动都是围绕着与公共事务有关的事项开展的,包括联防联控、行政决策、行政指挥和协调、行政执行与评估、行政控制与监督和国际合作等。

2.人员

参与人员具有双重身份,他们既是行政指挥体制的主体,也是行政指挥体制的客体。除了总指挥官,其他指挥官或指挥参与人员共同构成了领导与被领导的关系,这种领导与被领导的关系即为主体和客体的关系。

二、行政指挥组织系统

(一)行政指挥组织系统的来源和框架

以应急指挥为例,随着 2006 年 1 月 8 日国务院发布的《国家突发公共事件总体应急预案》出台,我国应急预案框架体系初步形成。为贯彻落实党中央和国务院关于加强突发公共安全事件应急体系和能力建设的有关精神,提高社会应急响应速度和决策指挥能力,有效预防、及时控制和消除突发公共安全事件的危害,保障公众生命与财产安全,维护正常的社会秩序,我国建设了突发公共安全事件应急指挥系统。应急指挥系统是指政府及其他公共机构在突发事件的事前预防、事发应对、事中处置和善后管理过程中建立的必要的应对机制系统。应急指挥系统的设置目的是采取一系列必要措施,保障公众生命财产安全,促进社会和谐健康发展。应急指挥系统可以提供现场图像、声音、位置等具体信息。目前,我国已建成 HDS 应急指挥系统,HDS 应急指挥系统的建设是一个复杂的系统工程,涉及公共安全、监控管理、报警联动、计算机、通信等多个专业领域。为了把应急指挥中心按时、优质地规划好、建设好,必须构建指挥统一、功能齐全、反应灵敏、运转高效的突发公共事件应急机制,以切实提高地方处置突发公共安全事件的能力。

突发事件应急指挥系统最早起源于美国的应急管理思想,应急指挥系统的主要作用是为不同的救援力量[如消防、医疗、军队、非政府机构(non-governmental organizations,NGO)、慈善机构等]提供相同的语言,以简化机构间的沟通,有效合作。该系统有 5 个主要组成部分:突发事件总指挥官(incident commander,IC)、操作组(operations section)、计划组(planning section)、后勤组(logistics section)、财务/管理组(finance/administration section)。其中,总指挥官由三类人员辅助,即联络官(liaison officer)、公众信息官(public information officer)和安全官(safety officer),以便于信息整合、下达工作指令和对外发布信息,并通过操作组、计划组、后勤组、财务/管理组之间通力协作,共同完成灾害救援工作。突发事件应急指挥系统的优势在于:其作为一个模块化的系统,可以根据具体灾害事件的不同特点组织和调试,以应对各类灾害事件。[1] 突发事件应急指挥系统作为一套成熟的系统,可用于提高各类灾害的应急救援的

---

[1] SusaN M,Briggs. The ABCs of Disaster Medical Response:Manual for Providers [A]. Cambridge:International Trauma and Disaster Institute,2006.

效率,其灵活性也适于迎接应急救援过程中的各类挑战。①

(二)行政指挥组织系统的构成要素

行政指挥活动开展需要发挥应急指挥系统的作用。本书参考刘志东等学者的研究②,认为行政指挥组织系统主要包括信息采集系统、评估决策系统、通信指挥系统、公众沟通系统、现场指挥系统和应急指挥调度系统。

1.信息采集系统

行政管理的过程包括计划、决策、指挥、协调、控制、监督等环节,这些环节是互动共存的,行政指挥过程中同样需要行政决策、行政协调等系统的辅助。因此在行政管理过程中的各个环节均需要发挥信息采集系统的作用,因为信息是做出行政决策、行政指挥等活动的依据。信息采集是行政指挥的基础,信息采集系统在该过程中处于初始段,围绕信息采集系统需要建立突发事件信息采集平台,自动或人工接收、处理、存储相关部门和各地与突发事件相关的各种资料和技术检测数据,并根据预先制定的预案汇总、比对和预测,达到早预警、早通报的要求。信息采集系统包括数据上报、资源管理、统计分析报表、风险源管理和综合查询子系统。

2.评估决策系统

要进行科学的评估决策需建立统一多媒体知识库,汇集预案、案例、资源数据、文件法规、电子地图等资料,并建立专家资料库。在此基础上,以视频会议系统和政务网络为基础,实现静态知识与动态智力有机集成,可以全面提高对突发事件态势评估和决策水平。评估决策系统包括领导应急终端、地理信息、预案管理、大屏显示、视频会议与会商子系统等。

3.通信指挥系统

行政指挥必须建立多层次应急通信保障体系,以公众有线网、无线网为基

---

① 李璘倩,方怡,刘迅,等.突发事件应急指挥系统在新型冠状病毒肺炎应急救援中的应用[J].职业卫生与应急救援,2021,39(1):110-113.
② 刘志东,马龙.应急指挥信息系统设计[M].北京:电子工业出版社,2009:95.

础,发挥各部门专有的无线常群系统作用,构建综合通信调度系统。必须有效解决各种系统互联互通问题,保证即使出现极端情况,也至少有一种可用的通信手段。通信指挥系统包括有线通信、无线通信、计算机网络通信、指挥调度和应急指挥综合数据接口子系统。

4. 公众沟通系统

要让公众及时了解相关信息,必须及时制作各种安全警示、提示、解释、宣传、教育等资料,供广播、电视、报纸、网络、街头大屏幕等每天快速发布。公众沟通系统包括信息发布子系统和应急信息网站等。另外,鉴于行政指挥的特殊性,还应在行政指挥现场配置能够提供信息采集、评估、决策和通信指挥的现场指挥系统,以提高现场处置突发事件的能力。

5. 现场指挥系统

要充分发挥现场指挥的作用,需要配置指挥车,采集和传输现场声、像实况,保障指挥中心对事发现场的监控和指挥,有效地延伸应急指挥信息系统的通信、监控、反应能力。现场指挥可作为整个应急指挥信息系统的地面备份系统,以便独立完成现场指挥任务。该系统主要包括应急指挥车子系统。

6. 应急指挥调度系统

应急指挥调度系统指挥中心是在城市应急指挥系统上整合并利用城市现有资源,采用现代信息等先进技术,建立的集通信、指挥和调度于一体的高度智能化的城市应急系统。构建一个平战结合、预防为主的应急指挥平台,实现公共安全从被动应付型向主动保障型、从传统经验型向现代高科技型的战略转变。

第四节 行政指挥体制的现实挑战

面对重大突发公共事件,我国行政指挥体制的组织结构已较为完善,但是也暴露出一些短板和不足,行政指挥体制的权限、架构、信息等方面需要进一步加强和完善。

一、行政指挥体制"权限"挑战

行政权限是指法律规定的行政主体行使职权所不能逾越的范围或界限,换言之,行政权限就是行政职权的限度。任何行政活动或行政组织都必须有明确的权责限制,以免发生越权或失权行为,可以通过相关的法律法规给予明确说明或规定。

根据《中华人民共和国突发事件应对法》第四十五条、第四十八条的规定,应急处置职能主体只能是人民政府,而不是其他部门或指挥部;根据第五十三条规定,按照有关规定统一、准确、及时发布有关突发事件事态发展和应急处置工作的信息的主体是人民政府。根据《中华人民共和国突发事件应对法》第五十八至第六十二条的规定,突发事件的事后恢复重建主体为人民政府。除执行应急处置措施的主体均为人民政府及其部门外,停止执行、恢复重建、公布信息的主体为人民政府,并不是政府其他部门或指挥部。[1]

二、行政指挥体制"架构"挑战

在应对重大公共突发事件的具体实践中,行政指挥体制"架构"的不健全或者临时性的变化也会给事件的应对带来挑战。比如,指挥部的组织结构演变,可能会使得组织内设机构的权责不明确,行政指挥过程中权力的交接以及职能的演变也可能造成处置部门或者机构权责不明,进而降低工作效率。

就应急指挥而言,早在2014年,武汉市颁布的《武汉市突发公共卫生事件应急预案》就曾指出,市突发公共卫生事件应急指挥部办公室设在市卫生计生委,负责指挥部的日常工作。办公室常设信息组、专家组,根据工作需要可设置现场应急处置组、医疗救治组、卫生监督组、社会管理组、交通组、宣传教育组、

---

[1] 李妙颜.武汉市抗击新冠肺炎疫情指挥体系的经验、问题与启示[J].中国应急管理科学,2020(7):43—51.

物资保障组等。各区人民政府(含武汉东湖新技术开发区、武汉经济技术开发区、武汉市东湖生态旅游风景区、武汉化工区管委会)参照成立相应的组织机构,按照属地管理原则,负责辖区突发公共卫生事件的应急处置工作。虽然《武汉市突发公共卫生事件应急预案》指出了要设置现场应急处置组、医疗救治组、卫生监督组、社会管理组、交通组、宣传教育组、物资保障组等,但是并没有明确规定临时成立的各组织的组织结构和权责配置,尤其是各区人民政府在属地管理的过程中,相应的组织结构也不不明确,这给以后的突发事件的处置也确实造成了一定的问题。

三、行政指挥体制"信息"挑战

准确而及时的信息是行政指挥的依据,但在应对突发公共事件时,由于各种原因,总会出现信息方面的挑战。

第一,行政指挥部内部机构之间的信息沟通存在障碍。由于并没有建立专门的信息资源共享平台,因此信息的搜集、沟通、传播主要通过正式和非正式两种方式。其中正式的信息沟通和传播主要遵循一种上传下达的程序,主要表现形式是公文往来,但是该过程中信息文件层层下达,在突发事件的紧迫性面前该形式的弊端较明显。非正式的信息传播和沟通是对正式信息传播沟通的重要补充,但是非正式信息传播容易出现权威性不足、执行不到位、执行力度小的情况。

第二,行政指挥部与外部机构之间的信息沟通存在障碍。为了应对突出公共卫生事件,不同地区各个部门纷纷参与,应急管理部、公安部、交通运输部、卫生健康委等部门联合行动。在此过程中需要加强各部门、各组织机构和各支援队伍之间的信息沟通和传播,从而达到行动一致,但是该过程中也难免出现防控和指挥政策打架的问题。

第五节　行政指挥体制的改革创新

行政指挥体制是一种由行政指挥机构、指挥权限、指挥制度、指挥工作、指挥人员等构成的指挥系统。针对当前行政指挥体制暴露出来的弊端，我们需要从指挥机构、指挥权限、指挥制度、指挥人员等方面入手改革行政指挥体制。

一、加快行政指挥机构改革

2018年3月，根据第十三届全国人民代表大会第一次会议批准的《国务院机构改革方案》，中华人民共和国应急管理部设立。按照分级负责的原则，一般性灾害由地方各级政府负责，应急管理部代表中央统一响应支援；发生特别重大灾害时，应急管理部作为指挥部，协助中央指定的负责同志组织应急处置工作，保证政令畅通、指挥有效。应急管理部要处理好防灾和救灾的关系，明确不同部门的职责分工，建立协调配合机制。公共卫生事件往往具有突发性与紧迫性，必须及时成立各级指挥机构，并加强各部门之间指挥机构的协调沟通合作才能有效应对。在此过程中，应急管理部、交通运输部、公安部、卫生健康委等各部门之间以及中央指挥部、地方指挥部之间的指挥机构设置要尽可能保持一致，以便于展开合作。

二、加快行政指挥制度改革

应急管理工作要实行统一领导、分级负责。在党的统一领导下，建立健全"分级管理、分级负责"为主的应急管理体制，各级领导各司其职、各负其责，这样才能充分发挥应急响应的指挥作用。除此以外，还要建立应急预测与预警机制、完善应急处置机制和应急响应机制以及进一步健全恢复与重建机制。

三、完善行政指挥工作

为了处理威胁人民的紧急情况,必须从基层的角度管理危机事件,关键是处理好"参与性"和"赋权性"的关系。参与性是指坚持一方有难、八方支援的原则,将全国视为一盘大棋,党政军民学全部参与进来。赋权性是指充分利用大数据、区块链、云计算等现代信息技术,建立信息资源共享平台以及信息搜集、加工、处理、传输系统,防止信息闭塞,突发事故的信息发布应当及时、准确、客观、全面。重大事故发生后应及时向主管上级和当地政府报告,并根据事件处置情况做好后续报告工作。此外,还应当向社会公众发布简要信息和应对防范措施等。信息的发布形式主要包括组织报道、接受采访等。

四、培训行政指挥人员

长期以来,人们对环境的反应都是基于他们对现实的感知模型,而这些模型也有可能不会反映出事物的本质。在过去的半个世纪里,关于人们如何感知和应对灾难的大量信息已经积累起来。大多数应急管理人员清楚地认识到,公众对风险的看法既提供了改善灾害管理的机会,也带来了限制因素。然而,人们很容易忘记,应急指挥人员也是公众的一员,而且他们的知识和经验水平因人而异。应急指挥人员对危机事件的误解包括恐慌的普遍存在使得应急管理面临更多风险,尤其是高级指挥官的应急决策对危机事件的处置至关重要,因此需要提高行政领导者的指挥能力。

一个称职的领导者应该做到如下几个方面:一是必须具有凝聚组合力,也就是善于凝聚组合各方面的力量,形成一股完成某项决策目标的综合能力;二是必须具有执法监察能力,能正确地评价下属的是非功过,做到奖罚分明;三是必须具有统揽全局的能力,要善于从全局总目标出发,充分调动全体成员的积极性,把所有的人员力量集中投入工作实践中;四是必须具有随机决断能力,高级指挥能力是随机决断能力和组织管理能力的高度统一;五是必须具有敢于指挥、善于指挥的能力,既要有战略眼光,又要有战术头脑,凡事要胸中有数,不打无准备之仗,不搞瞎指挥,要从实际情况出发。①

在今后几年里,富国和穷国之间的应急管理系统将越来越趋于一致,因为它们都必须应付现代灾害日益复杂的情况及其不确定性的国际影响。这是一个积极的趋势,但需要注意的是,这种趋同不应建立在死板的危机管理体系之上,而应建立在强调规划以促进灵活性、合作与协调的管理流程之上。

---

① 蓝瑞金.如何提高行政指挥能力[J].当代广西,2006(7):41.

第四章　行政协调体制

随着全球化、信息化和区域一体化的发展，大量的公共事务，包括传统上属于地方政府内部的公共事务开始呈现出"跨区域"和"外溢化"的特点，对这些事务的处理已经超出了单一政府、单一部门、单一行政人员的治理能力，传统的以地域、功能划分的行政体系受到了巨大的挑战。尤其是随着社会事务的复杂性与不可治理性的增加，加强多部门、多人员、多层次的协调治理成为解决现实治理难题的关键。因此，在我国，建立健全多方位行政协调体制机制也是全面深化改革和推进国家治理现代化面临的一项重要课题。

"祸兮福所倚，福兮祸所伏。"随着社会事务的复杂性以及社会风险的积聚共生，突发公共事件多发、并发成为不可避免的现实问题。如果把"祸"看作突发公共事件对人民生命财产安全造成的严重威胁，那么"福"就是经历突发公共事件后我们能够进一步考验和提升党的执政能力以及应急管理能力。在此过程中我们能够补漏洞，强弱项，该坚持的坚持，该完善的完善，也能够进一步健全完善应急协调机制。

行政协调是行政执行的关键内容之一，对行政组织效能的发挥有着直接的影响。特别是在社会发生突发的状况，需要应急管理时，政府的主要职能会被打乱,权力格局出现新的分化,行政管理无论从领域还是对象方面都要有新的变化,管理也要适应这种新的变化趋势。但是新的变化形式会让社会关系趋于复杂,这就对行政协调提出了极为严峻的挑战。因此,要提升行政系统的适应力、创新力,协调内部纵向与横向的关系,以增强行政系统的协作力、整合力,协调内外部、纵横向的人际关系,增强行政系统的凝聚力、驱动力。

第一节 行政协调体制的内涵

一、行政协调的内涵

学术界关于协调的研究文献越来越多,并使用了不同的概念和术语。我们可以将相关研究方法分为两大类:以治理为中心的方法(侧重于协调过程和执行)与以政府为中心的方法(侧重于协调机构和组织层面)。结合已有研究,协调可以定义为有目的地调整单位、角色、任务以实现预定目标的过程。[1] 或者说,协调是关于调整相互依赖的行为者的行动和决定,以实现特定的目标的活动。[2] 因此,我们认为协调既是一个过程,也是一种输出。从管理学角度可以给协调下一个简单的定义,即正确地处理组织内外各种关系,为组织正常运转创造良好的环境和条件,最终保证目标的实现。

行政协调是指行政组织与外部环境、行政组织内部各部门之间建立协同一致的和谐关系,以提高行政效率、实现行政目标的过程。行政协调的目的是解决政府与社会不适应、政府内部部门职权不清、职权冲突、事权与人事的冲突等问题。由此可知,行政协调包括以下三层意思:

其一,协调行政系统与外部环境的关系,增强行政系统的适应力、创新力。

---

[1] Bouckaert G, Peters B G, Verhoest K. The Coordination of Public Sector Organizations The Coordination of Public Sector Organizations[M]. New York: Palgrave Macmillan, 2010(10): 97—108.

[2] Koop, C., & Lodge, M. Exploring the Co-ordination of Economic Regulation[J]. Journal of European Public Policy, 2014, 21(9): 1311—1329.

现代行政系统是一个与外部行政环境变化及信息要求相关的开放系统,它必须根据外部环境对自身的要求,调整政府职能体系与行政组织结构,以增强自身适应外部环境变化的能力。

其二,协调内部纵横向的关系,以增强行政系统的协作力、整合力。为增强适应外部环境变化的能力,政府行政系统必须协调自身内部的各种纵横向关系,这种"纵横向关系"既包括中央政府与地方政府之间以及地方各级政府之间的上下级关系,又包括政府机关各部门之间的关系。

其三,协调内外部、纵横向的人际关系,增强行政系统的凝聚力、驱动力。行政人员所居职位、所持视角、所具有的价值取向等不同,会造成人际关系的矛盾和冲突。因此,必须通过有效的行政协调,消除彼此之间的隔阂、分歧,增强相互之间的理解、信任、支持,从而增强行政系统的凝聚力、驱动力,实现行政运转协调。

有学者对行政协调理论进行了梳理整合,提出了如下几个方面的行政协调思想:一是精简机构,减少协调量和难度。精简机构简单来说就是要重新整合政府部门职责分工,把职责相近或类似的部门合并,减少政府部门数量。二是设置行政协调机关,政府委员会不仅应在联邦政府中设置,在州和市政府中同样应广泛设置协调机关。三是通过精密协调,获得较优协调结果。在政府行政管理活动过程中,要通过及时有效的协调行为,采取最经济有效的方法调和各部门的活动,以获得较优的协调结果,从而提高行政效率。四是确保中央行政首长裁定的重要性,赋予行政首长适当的权力,使行政组织工作统一,行政首长对组织的活动负责,做到权责一致。五是实行科学的协调原则,行政机构的设置需要做到组织权责一致、责任清晰明确。

二、行政协调体制的内涵

行政协调是行政管理系统在内部各要素与外部环境之间进行的行为调整、关系改善,以期协同一致地实现行政目标。行政协调职能的有效发挥依赖于完善的行政协调体制。而完善的行政协调体制的实现需要协调主体和协调参与者按照一定的规范原则,运用适当的协调方式,高效地解决行政管理过程中遇到的问题,实现统一的组织目标。①

行政协调体制由协调主体、协调对象、协调目标和协调方式四个要素组成。② 其中,协调主体是被赋予了法定权力的组织或官员,是协调职能发挥作用的灵魂,决定着行政协调的成败;行政协调对象是社会生活中的各类公共事务以及当事人或者人与事务之间的各种关系;行政协调目标是协调主体各种活动所要达到的目的,协调目标的实现与否是评判行政协调成败的重要依据,行政协调应该坚持目标导向,以最终实现协调各方利益的帕累托最优为宗旨,最大限度提升协调各方的满意度;行政协调方式是实现协调目标所采取的方法和手段,是行政协调主体对行政协调客体的主要作用方式。

针对行政协调机制,我国学者主要有以下三种观点:一是政府中心论。该观点认为政府是应对突发公共事件的绝对主体,处于领导核心的地位,公民、企业及其他社会组织处于被动的执行与配合的地位。这种地位的形成源于政府的权力和职责,而其他主体没有人民赋予的权力。二是有限政府论。该观点认为政府具有有限责任,在维护国家安全、保障社会稳定和外交等方面,必须由政府出面履行职能。而在其他方面,政府可以把一些权力让渡给公民、企业及社会组织,发挥社会力量的积极作用。三是多元整合论。该观点认为政府作为唯一突发公共事件应对主体存在弊端,因此将协同理论引入应急管理,认为政府部门应当积极吸纳其他主体参与应对突发公共事件,彼此共同协作,形成多组织、多层次和多主体共存的突发公共事件应对结构。③

---

① 薛洁. 突发公共事件应对中我国行政协调机制研究[D]. 北京:首都经济贸易大学,2016:16.
② 吴兴军. 公共危机管理的基本特征与机制构建[J]. 华东经济管理,2004(3):53—55.
③ 薛洁. 突发公共事件应对中我国行政协调机制研究[D]. 北京:首都经济贸易大学,2016:17.

第二节 行政协调体制的运行

一、行政协调体制的运行原则

行政协调体制的运行需要遵循以下原则:

(一)依法协调的原则

依法治国是我国国家治理的基本方略。行政协调体制是一个复杂的行动系统,该行动系统功能的发挥需要政府机关、社会组织以及非政府组织(NGO)等的广泛参与,涉及多个行动主体、行动客体和行为方式。因此,行政系统的运转需要有法可依、有法必依、执法必严、违法必究,一切都要以法律为准绳,依法行政、依法协调,保证行政协调体制的合法性与权威性,进而保证行政协调的有效性和制度遵循性。

(二)统筹兼顾,顾全大局的原则

行政协调的主要目标是维护各行为主体之间的利益(包括有形的利益和无形的利益)均衡。比如面对公共卫生事件,为了统筹人民生命健康安全的利益,我们可以以牺牲短期经济发展为代价,而随着形势的好转,就应该尽快复工复产,快速恢复经济,以实现政治利益和经济利益的有机统筹和协调。

(三)求同存异,动态协调的原则

儒家经典《礼记·乐记》有云:"乐者为同,礼者为异。同则相亲,异则相敬,乐胜则流,礼胜则离。"求同存异是行政协调体制必须遵循的基本原则。行政协调具有紧迫性与多变性,在实施过程中需要紧急做出决策和行动部署,对于意见相同的决策及时执行,对于意见不同的行动方案暂时搁置,以最大限度地维护多方利益,协调各方需求。国家政策的动态协调机制是政策机制发展的产物,政策机制只有与经济机制相适应,才能发挥出最好的经济引导效应。政府要建立政策目标值与经济指标之间的联系,使政策的制定成为一个连续的、有机的过程。在对趋势的客观认识的基础上,动态协调体制要遵循经济体自身运动规律,采取"顺势而行"的原则,主动地推动经济持续发展。① 此外,行政管理活动会受外界社会环境和执政者执政策略的影响,行政协调不可避免会处于动态变化之中。

(四)行政合理,实事求是的原则

行政合理性原则是行政机关的自由裁量行为必须受到必要的法律制约,也就是说行政机关始终只能为了公众的利益、在有正当理由的前提下开展活动。其指导思想是行政机关不能专断,行政活动必须具有符合有关公共利益的正当理由,不得滥用权力。换言之,行政协调体制的运行应该遵循行政合理性原则,一切以公众利益为出发点和落脚点,一切行政协调行为必须在法律许可的范围内进行。实事求是原则是行政协调体制应遵循的最基本的原则。"实事",就是客观存在着的一切事物;"是",就是客观事物内在的必然的联系,即规律性;"求",就是去研究和探讨。实事求是是辩证唯物主义的思想路线和重要原则,也是我们党历来经验的科学总结,行政协调同样离不开这一基本原则。行政协调体制的运行必须坚持行政合理和实事求是的原则,对于行政活动中暴露出的问题及时采取弥补举措,该坚持的坚持,该完善的完善,对于行政协调中的各政府组织间以及社会组织之间存在的问题要坚持实事求是和逐步改进的态度,保持行政理性,保证行政协调体制的合法性。

二、行政协调体制的运行特征

行政协调体制是在复杂的行政环境和社会环境下由协调主体、协调对象、协调目标和协调方式等要素互构而成的复杂行动系统,这个复杂的行政系统的运行需要各要素之间的有机协调和融合。在变化多端的行政环境和社会环境中,行政协调体制的运行具体以下特征:

---

① 纪萌萌.宏观经济政策的动态协调机制[D].哈尔滨:哈尔滨工业大学,2000:25.

(一)高效性

比如,面对重大公共卫生事件,国家领导人亲自挂帅、临危指挥,统筹协调各部门各组织联合行动,发挥中国特色社会主义制度举国体制的优越性,联防联控。地方政府负责物资调配与社区隔离,社会公众居家隔离切断病毒传染链条。行政协调体制的建立能够最大限度地调动各方资源,控制事态的扩大。

(二)跨边界性

行政协调体制的跨边界性主要体现在以下几个方面:一是政府与市场的跨边界性。我国现有的区域行政协调是一种以推动经济发展为纽带和核心的"经济式协调",还没有上升到以解决区域公共治理问题为目的的"治理式协调",行政协调也更多地转向生态、社会、文化等"非经济"问题,实现向更广泛的公共治理范围的过渡。二是政府与社会组织的跨边界性。随着我国民主化基础的完善,非营利性社会组织(如红十字会、民间联合会等)逐渐发展壮大起来,并在公共管理中发挥重要作用。三是政府部门之间的跨边界性。如应急管理部、交通运输部、卫健委等部门的跨部门协调联动。四是国家立法、司法、行政和大众传播媒介的跨边界性。如立法部门、司法部门、行政部门以及被称为第四种权力的舆论协调配合,加强公共卫生事件的行政管理、司法监督、立法规范和新闻传播。五是国家之间的跨边界性。如展开国际合作,构建人类命运共同体。

(三)合法性

合法性是行政协调体制运行最基本的准则。宪法规定,县级以上地方各级人民政府依照法律规定的权限,管理本行政区域内的经济、教育、科学、文化、卫生、体育事业、城乡建设事业和财政、民政、公安、民族事务、司法行政、监察等行政工作。《地方各级人民代表大会和地方各级人民政府组织法》进一步对地方政府的该项权力进行了明确规定。上述两个法律条文的授权,使得地方政府具有了对本行政区域内行政工作全面而广泛的管理权力,同时,作为本行政区域行政工作的责任主体,依据法律、法规,维护和保障本行政区域良好的行政管理秩序,便成为地方政府应当履行的职责。行政协调体制建立在地方政府行政权力之上，因此，其具有统筹协调地方事务的合法性。

三、行政协调体制的运行作用

第一，基于利益视角，行政协调体制是调适各方利益、化解利益冲突的有效途径。一方面，党和政府一切工作的出发点和落脚点都是为了维护公众的利益，而协调是保障行政效率的前提，是化解政府和人民利益冲突、实现人民利益最大化的有效行政手段。利益是任何一个系统组织前进的动力，政府组织和社会公众等组成了社会共同体，政府具有公共性和私利性的双重属性，政府的"公共人逻辑"促使其想民之所想、谋民之所谋、急民之所急，担负起提供公共服务和公共产品的任务。此外，政府是由具体的行政人员组成的，人都具有私利性，因此政府的"经济人理性"也会促使其考虑自身利益或者综合考虑社会利益的最大化而采取利己的行动方案。

另一方面，不同主体、不同部门、不同层级之间存在利益冲突，如何协调各主体、各部门间的利益，使之统一到行政活动中来是关键。协调促使各部门在实现各自的利益的同时，可以化解部门利益冲突、统一行动目标。例如，在处理公共卫生事件中发挥协调作用。如应急管理部、交通运输部和卫健委等不同部门之间都有自身的利益诉求，协调好各部门各司其职，加强合作是行政协调体制发挥作用的重要表现。

第二，基于系统动力学视角，行政协调体制是提升行政效能的有效动力。系统动力学的核心思想是"凡系统必有结构，系统结构决定系统功能"，强调从系统的内部结构来寻找问题发生的根源，而不是用外部的干扰或随机事件来说明系统的行为性质。系统论关于"整体大于部分之和"的原理要求必须加强行政协调。系统论认为，系统具有整体性、层次性、结构性、动态性等方面的特点，整体性是系统的根本属性，即一个系统是由相互联系、相互作用的许多要素组成的、有着特定功能的整体。"整体大于部分之和"，亚里士多德的这句名言对系统的整体功能做了集中的概括。这里所讲的"整体"，是指由各个要素、各个部分系统组成的整体。这里所讲的部分之和,是指各个部分、各个要素在没有建立起系统联系前的一个一个地机械相加之和。由各个要素系统组成的整体,其功能大于各个要素机械相加之和,这就是系统所具有的特殊效应、特殊功能。[①] 因此,为了发挥政府的最大效能,需要基于系统动力学视角发挥行政协调"1+1＞2"的整体性效能。行政协调机制有助于将分散的力量集中起来,从而产生整体的"合力"。

第三,基于熵理论视角,行政协调体制是公共管理的有效因素。熵本是表示热力学函数的一个专用术语,是指自然界的物质能量在不断耗损的过程中逐渐趋于衰竭状态。熵可以分为正反两方面,正熵意味着能量耗损,负熵则意味着能量保有。现代行政组织管理理论引入"负熵"学说之后,众多的组织变革实证研究者皆以寻求行政系统运作磨合过程中的负熵理想值状态为研究目的,旨在降低行政资源的耗损,延缓组织能量的衰变过程。行政协调通过对行政系统内外多种要素的综合控制调节,遏制或减少了系统内部上行、下行、平行各组织单元之间的摩擦、冲突等耗损因素,同时又从外部环境中吸取人力、物力、财力和信息等多种新的能源,这就保持了行政组织的平衡,使组织系统中的各个单元和成分的分布达到一种和谐、理想的状态,合理地保有了组织能量,延缓了组织内部正熵的发展进程。[②] 运用熵理论来促使系统高效、有序、持续存在,就要追求系统自身的负熵状态,而行政协调能够让系统组织保持负熵的状态,可以使各行政部门和行政人员在工作上密切配合、和谐一致,避免内耗和互相冲突,同时促进各行政部门合理配置和有效利用人力、物力、财力和时间等行政资源,精简和优化办事程序和环节,提高行政效率。

---

① 史瑞丽.行政协调刍议[J].理论探索,2002(4):51—54.
② 李琪.略论现代行政协调[J].北京行政学院学报,1999(2):19—21.

第三节　行政协调体制的现实挑战

行政协调体制是行政管理系统在内部各要素之间以及与外部环境之间的行为调整、关系改善，以期协同一致地实现行政目标。行政协调体制强调行政主体、行政客体、行政工具等要素之间的协同和配合，并基于共同的目标采取联合行动。而不同要素或者不同主体之间的利益不同会造成行政协调过程中的利益分割和行动脱嵌，使得行政协同体制存在诸多现实问题。

一、行政协调体制"决策协同"挑战

比如，由于部门之间条块分割、沟通不畅、平时缺乏危机模拟演练和情景构建，危机防范意识较为薄弱，在某些公共性事件发生之初，对形势严峻性的严重误判，可能会使直报系统无法发挥应有的作用，同时还存在瞒报和误报的现象，使得相关部门不能做出精准的决策，一定程度上延误了处置时机。现今我国很多单位平时都有配套的应急预案体制机制，政府架构的条块关系是影响上下级政府、部门间风险沟通的外在制约因素，以利益考量为出发点的本位主义可能成为影响风险沟通的内在深层原因。有些部门之间缺乏信息沟通机制和决策协同机制，缺乏整体性和系统性的协调，这就需要进一步构建跨领域、跨部门的应急决策系统，发挥应急决策预案的效力。在停工停产、复工复产的决策协同中，政府和企业之间具有不同的价值取向，如政府的公益性和企业的营利性在应对突发公共事件中存在价值方面的差异，影响合作行为的形成，因此需要调整好政府与企业之间的利益协同，强化决策的有效性。

二、行政协调体制"组织协同"挑战

在应急管理中，行政协调体制"组织协同"挑战主要体现在两个方面：一是政府部门之间的组织协同问题。比如某相关部委在横向协调调度与其平级的

其他部委时,由于权力地位平级,导致话语权不足,协调起来难度较大。部门利益与行政标准的不统一,同级部门之间缺乏领导者和决策者,会进一步导致各部门之间各自为政,各司其职,即使在上级政府的统筹合作下也存在行动不一致的问题。二是社会组织参与应急管理组织协同的广度和深度不够。从制度设计来看,我国对于社会组织参与危机应对的法律规定尚不完善,没有充分激发社会组织参与的积极性。《突发事件应对法》中对于社会组织参与的权利义务关系、参与方式、参与程序的说明没有明确具体的界定,只是以"法人""其他组织"等进行了简单的说明。[1] 例如,《突发事件应对法》中规定,"国家鼓励公民、法人和其他组织为人民政府应对突发事件工作提供物资、资金、技术支持和捐赠",但是并未对鼓励的程度做出区分,也没有具体说明鼓励的方式,因此很难从根本上起到激励社会参与的作用。[2] 随着社会主义市场经济的发展和民主化基础的完善,我国社会组织的数量逐渐增多,社会组织的社会力量也愈发壮大,社会组织在社会建设、经济发展以及应急管理中逐渐发挥更大的作用。在面对重大公共突发事件时,各大社会组织积极参与,但是因为社会组织自身经验不足并存在组织活动的自发性与盲目性,政府与社会组织之间的合作协同可能存在混乱的局面,如果对社会组织的职能和责任没有给予明确规定,就有可能取得适得其反的效果。

三、行政协调体制"信息协同"挑战

信息是对突发公共事件进行预测、态势分析、监测和处置的基础,也是协调各层面各部门力量的基础。目前,应急管理体系已将人工智能、云计算和大数据技术用于应急信息的分析、挖掘和整合,我国政府应急环境下的信息治理在

---

[1] 尉松明.加强党的领导,改进工作方法——学习毛泽东《党委会工作方法》一文的体会[J].甘肃理论学刊,2001(4):22-25.
[2] 程荃.突发公共事件中我国部际协调机制的比较研究——以新冠肺炎疫情为例[J].中共石家庄市委党校学报,2021,23(2):18-22.

政策法规和管理机制上逐步完善,信息治理体系和能力有了较大提升。[①] 但是,在跨层级、跨地区和跨部门的信息共享和业务协同方面仍存在信息不对称、数据不一致、业务不协同等问题。例如一些地区在重大突发事件中采取了类似于精准扶贫等工作的做法,各个部门都要求基层反复报送同样的表格,致使基层陷入"表海"之苦,导致大量内部空耗并贻误相关工作。[②] 如果政府与社会组织之间缺乏信息共享机制,地方政府和社会组织就难以在组织和资源配置方面相互协作,从而无法在应对突发公共事件中形成分工协作的格局。[③]

四、行政协调体制"权责匹配"挑战

当重大突发事件发生时,党政领导往往会靠前指挥,应急管理部门发挥作用的空间有限。当一般性突发事件发生时,各个主责部门按照分类管理的原则,可以自行开展有效的处置工作,应急管理部的协调必要性难以彰显,甚至有时会增加一个管理层次。作为一个政府办公厅(室)内设机构,应急办只能设置到县级政府一级。乡镇政府的工作部门为股所级,没法再内设机构,基层政府没有应急办。按照我国行政组织管理规则,内设机构要通过所从属的独立组织来行使职权。应急办通过办公厅(室)来发号施令,可能会削弱应急管理工作的专业性。

第四节 行政协调体制的改革创新

突发公共安全事件对行政协调体制提出了严峻考验。针对当前行政协调体制暴露出来的弊端,我们需要从转变思维、决策协调、信息协调、权责协调等

---

① 周庆山.政府应急管理的信息治理机制建设问题与思考[J].文献与数据学报,2020,2(1):13-22.
② 马亮.在重大突发事件中提升应急管理能力[N].国家治理,2020-02-17(11).
③ 林海彬.应急管理中地方政府与社会组织协调的张力及其弥合[J].广东行政学院学报,2021,33(2):31-36.

方面推进行政协调体制改革创新。

一、推进行政协调思维转变

行政协调是一个复杂的系统工程,协调能力的提升需要充分运用协调思维,不仅主体间要协调,方式方法也要充分协调。只有强调协调思维的广泛运用,才能促进政府各部门之间以及政府与社会组织和社会公众之间的协同联动。传统的国家治理以政党和政府为主导,方式也往往只是强制性的行政命令,各组织部门之间、上下级之间缺乏沟通协调,这可能会造成部门分割、职责不清、推诿扯皮、效率低下、信息不对称等情况,不利于工作的开展。所以,强调协调的功能作用,首先是要牢固树立协调思维和团结合作意识,发挥行为主体的整体性功能。

二、推进行政协调机构改革

为了提高行政协调工作的效率,有必要建立专门的议事协调机构来执行协调任务,进而加强协调专业化。专门议事协调机构是协调制度的基本构成单位,是协调制度运转的组织基础和前提要件。协调机构是专门的协调议事机构,负责协调和沟通。建立专门议事协调机构主要包括两个层次:一是不同部门之间的横向协调机构,二是同一主体内部上下级间的纵向协调机构。专门议事协调机构是由政府领导的,而特别重大的应急行动需要党政军群多方力量的协调联动,因此必须加强党的集中统一领导,实现以非常规的手段应对非常规突发事件。未来,我国应将议事协调机构进一步整合,形成党委领导下高效权威的常态化统筹协调机构。例如,在国家层面上,可以整合国家减灾委、国务院抗震救灾指挥部、国家森林草原防灭火指挥部、国家防汛抗旱总指挥部、国务院安全生产委员会五个高层次议事协调机构的职责,同时把国务院重大疫情联防联控机制的职责固定下来一并纳入该机构。这样,就可以提升统筹协调机构的权威性,既发挥党组织举旗定向、领导决策的作用,同时又将党的领导力与政府执行力无缝衔接起来。这个机构应具有高权威性,这样可以规避狭隘的部门利益和地方利益的局限,整合各方资源,统筹各种力量,形成强大的应急合力。①

三、推进行政协调的"决策协同"改革

以应急管理为例,应积极推进行政协调的"决策协同"改革,加强我国应急管理机制的顶层设计,进一步完善我国应对突发公共事件的相关法律法规和制度建设,推进应急管理机制体系建设的规范化、体系化、系统化。在规范性方面,尽量避免决策的主观性,使应急管理决策做到有法律可依,有规章可循。在体系性方面,对于突发公共事件的事前的信息上报和监测预警、事中的应急处理和应对、事后的恢复重建和责任追究等各环节、各方面要有明确的规定,细化和规范各个流程。在系统性方面,应结合各地实际情况,进一步完善跨域联动、跨部门联动的机制和方案,实现资源共享和合理配置,增强应急决策的协同性。此外,除中央派设的指导组工作组之外,还可以建立跨上下级、跨地区、跨部门的应急管理互助组,帮助应急管理能力和资源较弱的地区、单位和部门应对危机,增强协同治理的能力。②

四、推进行政协调的"信息协同"改革

政府应该改变传统服务理念,重塑智慧政府组织结构。要树立用户体验的思维导向,以公民的便捷和满意为主,摒弃治理主体自身的狭隘利益诉求,逐渐树立清晰的服务导向和服务意识,从整体性治理的角度入手,敢于创新,加速推进"互联网+政务服务"。要借助于现代信息技术,通过云计算、大数据等,实现部门间数据的共享,并开发手机 App、自助服务终端,实现线上线下同步,实现"数据多跑路,群众少跑路",提高政务服务的办理效率。依托这些改革成果进

---

① 王宏伟.构建应对非常规突发事件的常态化统筹协调机构[J].南京社会科学,2020(10):71-79.

② 程荃.突发公共事件中我国部际协调机制的比较研究——以新冠肺炎疫情为例[J].中共石家庄市委党校学报,2021,23(2):18-22.

行公共事件的防控功能和应用场景的开发,可以有效提高应急处置工作,并使其更加精准和有效。因此,应加强信息技术的应用并推动数字政府建设,特别是将大数据、人工智能等信息技术应用于行政协调工作中。

五、推进行政协调的"权责匹配"改革

完善行政协调机制必须科学界定部门的职责。坚持责权统一的原则,防止出现有权的不承担责任、负责的没有相应的职权的现象。要按照优化协同高效的原则,强化机构整合和职能配置,对分设过细、职责相近的党政机关合并设立或合署办公,精简机构数量,优化部门职责,推行扁平化管理。其一,进一步推进简政放权,更加突出政府职能转变。可以从统筹推进大部制改革、统筹深化"放管服"一体化改革、统筹配置机构编制资源等方面着手深化简政权放,转变政府职能。其二,改变和创新监管方式,强化事中事后监管。要对中央和地方已经取消和下放的行政审批项目实施监督管理,严格规范和管理"放大不放小、放虚不放实"的现象;建立行政审批事项网络监管平台及动态监管机制,由上级政府实时查询下级政府对行政审批事项的改革进展以及是否存在"再审批"现象;针对已经公开的事项建立社会监督机制,实施参与式的行政审批改革,推动人大和政协对行政审批改革的事后绩效评估,提高行政审批的制度化和规范化水平;建立健全事中事后监管综合执法体制机制,将执法体系建设同改革结合起来,让行政权力在法律框架内运行。

第五章　行政监督体制

　　行政监督是确保行政执行不偏离行政决策目标的根本保证,对于打造优秀的公务员系统和维护公民的合法权益意义重大。现实中存在"重决策、重执行、轻监督"的行政倾向,会导致政出多门、执行混乱、监督不力,为行政腐败创造了条件。这就要求我们强化对行政权力和行政机关行政行为的监督和制约,完善各项监督制度,确保行政机关按照法定权限和程序行使权力,使各种行政行为更加规范和透明。

　　在社会主义中国,行政监督制度的制定和实施,是确保人民当家做主和发展民主政治的必然要求。我国实行人民代表大会制度,人民代表的各项行政活动要受到人民的监督。为确保"人大代表为人民,人民公仆为人民",就要使人民充分行使民主监督权。监督权是人民的基本政治权利,这是具有中国特色社会主义的行政监督的一大优势。构建完善的行政监督体制,能够加强国家公务人员的法制观念,严格贯彻和执行上级政府的各项决策,防止出现执行不力或执行不到位的现象,避免官僚主义和机会主义的生发倾向,保证行政决策目标的实现,使得行政管理的各项举措落到实处、恰到好处,最终让人民群众受益。另外,构建完善的行政监督体制,能够预防和纠正各种违法乱纪行为,预防行政腐败事件发生,也能够及时发现国家公务人员的不当行为,进而及时止损,维护政府形象。再次,强化行政监督体制的有效运行,可以及时反馈政策、法律、法规实行的社会效果以及政策执行过程中存在的问题,为政策、法律、法规的制定、修改、废除提供实践依据。不可否认的是,我国行政监督体制仍存在一些问题,如事前监督、事中监督与事后监督配合不协调,长期监督与暂时监督主体混乱,监督标准不统一,监督程序不规范,进而导致监督效力不显著,监督过程存掣肘。因此,新时代应进一步加强对行政监督制度的创新和完善,进一步将我国的制度优势转化为治理效能。

第一节 行政监督体制的内涵

一、行政监督的内涵

"监督"一词,在古汉语中主要有三种含义:

一是监察督促。如《周礼·地官·乡师》中的"大丧用役则帅其民而至,遂治之",汉郑玄注:"治谓监督其事。"贾公彦疏:"谓监当督察其事。"《隋书·炀帝纪上》:"(大业)二年春正月辛酉,东京成,赐监督者各有差。"《水浒传》第五十六回:"叫汤隆打起一把钩镰枪做样,却教雷横提调监督。"

二是指督察军事,《后汉书·荀彧传》:"臣闻古之遣将,上设监督之重,下建副二之任,所以尊严国命,谋而鲜过者也。"《文选·沉约(齐故安陆昭王碑文)》:"军麾命服之序,监督方部之数,斯固国史之所详,今可得而略也。"刘良注:"监督,谓监督军事也。"

三是古代官名。如清代设十三仓监督、崇文门左右翼监督,清末学堂亦设监督。清富察敦崇《燕京岁时记·黄花鱼》:"京师三月有黄花鱼,即石首鱼。初次到京时,由崇文门监督照例呈进,否则为私货。"

而今的行政监督(administrative supervision)主要蕴含着监察督促的内涵,指在公共行政管理过程中的监察、督促和控制活动。一般而言,行政监督的构成要素主要包括监督的主体、客体、内容和标准四个方面。行政监督是各类监督主体依据一定的监督标准在法律许可的范围内对国家行政机关以及国家公务员等客体在执行国家公务和履行职责时各种行政行为等实施的检查、督促和控制活动，目的是保证行政决策目标的实现和行政执行程序的规范。此外，根据行政监督主体的不同，行政监督有广义和狭义之分。广义的行政监督是指立法机关、行政机关、司法机关、政党、社会团体、新闻舆论等多种政治力量和社会力量对政府及其公务员的行政行为所实施的监察和督导。狭义的行政监督是指行政机关内部对自己的机构及其公务员的不良行政行为所实施的监察和督导。

为了健全行政监督体制，规范行政监督程序，提高行政监督质量和效率，明确监督责任，根据宪法规定，经国家监察委员会全体会议决定，2021年9月20日我国施行了《中华人民共和国监察法实施条例》(以下简称《条例》)。

其一，《条例》明确监察机关调查范围，分别对监察机关调查违法和犯罪职责做出规定，列出了职务违法的客观行为类型，列举了监察机关有权管辖的101个职务犯罪罪名。

其二，《条例》按照职权法定的原则，进一步明晰了监察职责边界和措施使用规范，推进监察机关依法充分履行监督调查处置职责。

其三，《条例》将监察法规定的监察程序分解为线索处置、初步核实、立案、调查、审理、处置、移送审查起诉7个具体环节，在各环节中贯彻落实法治原则和从严要求，形成执纪执法贯通、有效衔接司法、权责清晰、流程规范、制约有效的程序体系。

其四，《条例》专章规定了对监察机关和监察人员的监督，完善了接受各方面监督的体制机制，健全了内部监督制约制度，构建了系统化全方位的监督机制。

二、行政监督体制的内涵

行政监督体制是行政监督体系的重要组成部分，也是行政管理学科研究的核心领域之一。行政监督体制是指由公共行政监督的主体、对象、内容、程序、方式、手段等要素构成的有机统一体以及各要素之间相互依存、相互制约和相互作用的关系。在资本主义发展过程中,西方各国都建立健全了行之有效的行政监督体制。西方行政监督体制主要由立法机关的监督、行政机关的内部监督、司法机关的监督、社会及新闻媒介的监督等部分组成。我国的行政监督产生于新中国成立初期,但较完整的行政监督体制形成于20世纪80年代中期。

根据主体的不同,行政监督体制可分为行政体制内部监督和外部监督两大类:

一是行政体制内部监督。内部监督可以划分为专门监督和非专门监督两类。内部专门监督主要是指政府专设的监督机构实施的行政监督以及各类专业性行政监督,包括行政监察、审计监督、物价监督和质量监督等专业性行政监督。内部非专门监督包括上下层级监督(即各级行政机关及其主管按行政隶属关系自上而下或自下而上直线监督)、平行部门监督(即政府职能部门就其所辖事务,在自身权限与责任范围内对其他相关部门实施监督)。

二是行政体制外部监督。外部监督是指行政机关以外的权力与非权力主体对行政机关及其工作人员实施的监督。其中外部权力监督包括:国家权力机关的监督,即人民代表大会及其常委会的行政监督;国家司法机关的监督,即人民检察院和人民法院实施的行政监督;国家监察委员会的监督;中国共产党组织作为执政党实施的行政监督。外部非权力监督包括:人民政协以及各民主党派的行政监督;社会群众及舆论监督,主要是指各人民团体、群众组织、企事业单位、公民个人以及新闻媒介对国家行政机关及其工作人员实施的监督。

第二节 行政监督体制的运行

一、行政监督体制的运行原则

行政监督是行政管理活动的一个重要组成部分,因此行政监督体制的运行应该遵循一定的原则,以保证行政监督的合法性和有效性。

(一)合法性

合法性原则是行政监督体制运行遵循的最基本原则,是指行政监督机关在执行监督活动中的执行根据要合法,执行程序要合法,采取的执行措施要合法。行政监督的合法性是行政监督主体从事行政监督的必要条件,这种合法性主要体现在行政监督主体的合法性、行政监督活动符合法定程序、行政监督活动符合法定方式三个方面。

(二)经常性

行政监督作为一种经常性活动,存在于行政管理活动的全过程,贯穿于决策、协调、执行等各个环节。行政管理过程中的经常性监督,有利于及时发现政府行政组织和公务员在公务活动中的不当行为与违法现象,并及时纠正和处理,避免增加社会成本,避免行政机关腐败变质,加强行政机关内部廉洁建设,净化公务员队伍。

(三)平等性

法律面前一律平等是社会主义行政监督的基础。不论是领导机关还是被领导机关,不论是专门监督机构还是一般机构,不论是领导者还是一般公民,在进行监督的权利和接受监督的义务上完全平等,不存在不受监督的特权或享有特权的监督。

(四)广泛性

行政监督体制的广泛性原则主要指监督主体、监督对象和监督范围的广泛性。其一,监督主体的广泛性。行政监督的性质决定了全体公民对政府的公务活动均有实施监督的权利,监督权是每个公民所享有的实质性权利。其二,监督对象的广泛性。这种广泛性表现在行政监督要对一切政府行政机关的行政行为、行政措施、行政制度的实施进行监督,要对行政管理活动的全过程进行监督,并监督监督者,避免监督者知法犯法和滥用监督权,保证了监督对象的全覆盖和零死角。其三,监督范围的广泛性。行政监督是监督一切行政活动和公务员的行为活动,行政监督范围广泛、对象全面、方式多样。

(五)有效性

行政监督的主要目的是避免权力滥用或腐败,其终极目标是提高行政管理效率,保证行政管理的有效性。因此,行政监督的效果主要体现在行政监督实施后的结果上。有效的行政监督要做到客观、公正、准确、及时,做到违法违纪必究,执法必严,保证公共政策的有效实施,保护公众的生命财产安全,维护国家和公众利益,实现社会效益最大化。

二、行政监督体制的运行特征

行政监督体制作为行政管理体制机制的重要组成部分,在运行的过程中具有权威性、强制性、独立性、广泛性、多元性、特定性和法制性等特征。

(一)权威性

在公共利益和个人利益存在差异且权力所有者和行使者相对分离的情况下,监督意味着一种权力对另一种权力的监控和制约。如果没有权力,监督只能是一种摆设,不会有任何约束力。国家宪法和法律赋予行政监督主体相应的监督权力,这是行政监督最重要的权威基础。没有这种法定的监督权,或者这种权力被空泛化,行政监督就会呈现出"气不足,力不够"的失效或无效状态。因此,行政监督体制具有一定的权威性,而这种权威性正是各行政部门权力的集中体现,是国家政治权威所赋予的核心要义。

(二)强制性

如果各行政部门或者社会公众各行其是,就会造成公共管理政策混乱,因此需要保证行政监督体制的强制性,依靠强制力保证各项行政决策的顺利实施,同时对于各种违法乱纪行为给予严厉的行政处罚。行政监督行为不同于其他的经济行为和交往行为,它不是建立在被监督者自愿的基础之上的。行政监督权在本质上是一种法权,而法律的强制性则来源于国家所具有的"暴力潜能"。在现代社会,为增强行政监督的有效性,许多国家都赋予行政监督主体一定的处置权,其强制性色彩就更加浓厚。即使有的行政监督主体并不直接惩罚或纠正行政系统的不当行为,但它却能够在社会上形成一种氛围,可以引起拥有相应处置权的主体的重视,在客观上促使问题的解决。如中央电视台"焦点访谈"的新闻舆论监督,一度在社会上影响巨大,形成了"违法违纪者闻之色变,人民群众听之高兴"的强大的舆论氛围。

(三)独立性

从行政监督的本身要求来看,行政监督是监督主体对客体的一种限制性活动。因此,监督主体和监督客体决不能两位一体,更不能让监督主体依附或受制于监督客体,而是必须具有相对的独立性。与此同时,现代行政监督是建立在民主和法制的基础之上的。而民主和法制的本质要求行政监督的主体必须具有一定的独立性。因为,一方面,民主政治的发展带来了人的主体性意识的高涨,对于一个负有重大使命的行政监督机构来说,同样也被赋予了相对独立的特征;另一方面,法治意识的张扬也为行政监督主体的相对独立提供了法律保障。在此情况下,行政监督主体只有向赋予其监督权的组织负责,才能体现本身所具有的权威性和约束力。

(四)广泛性

行政监督体制的构建需要综合多个部门的实际情况,在多个部门之间展开行政监督,这体现了行政监督体制的广泛性。行政监督涵盖了所有的行政行为,从运作过程到运作方式,从实体到程序,从合法性、合理性到有效性,几乎无所不包,无所不及。正是这些多角度、多层次、多元化的监督活动,才能对行政领域的治理形成一个相互联系、相互作用的监督系统,才能真正体现出行政监督体制的民主性、科学性和合理性,才能使公共权力的运作真正指向公共利益,从而大大降低公共领域内违法、违纪和腐败现象的发生率。

(五)多元性

首先,立法机关、司法机关对于政府部门及其工作人员的监督,属于国家层面的行政监督民主化的表现;其次,人民群众运用自身的参政议政权力对行政机关进行监督和督促,属于人们群众行使民主权利的表现;最后,各个党派、非政府组织、新闻媒体等也可以通过合法程序监督政府部门及其工作人员。[1]

(六)特定性

行政监督体制运行中的监督对象具有一定的特定性,主要是参与公共管理的行政机关及其人员的行为。这并不是指所有国家机关及其公务人员的行政行为,而是特指行政部门的行政管理活动时的行政行为。

(七)法制性

行政监督的性质是监督主体对于监督客体的法制监督。也就是说,行政监督必须依法进行,在法律允许范围内监督行政部门及其人员。如果没有了法律法规的保障,行政监督的权威性、严肃性和震慑力也就会失去效果,行政监督也就会变成了无意义的活动。因此,完善的法律和严格依据法定程序进行是行政监督的根本保证及要求。

三、行政监督体制的运行方式

党中央决策部署到哪里,政治监督就要跟进到哪里。要提高行政监督的精准性和有效性,必须完善行政监督体制,优化行政监督体制运行方式。按照行政监督方式的分类,行政监督体制的运行方式可以划分为事前监督、事中监督与事后监督,长期监督与暂时监督等。

(一)事前监督、事中监督与事后监督

事前监督是指行政管理机构进行相关的行政决策、开展行政行为之前监督。最典型的事前监督是听证会。听证会是由立法机关、国家行政管理机构和某些行政事业性单位根据有关规定,召集社会各阶层、当事人或有关受益、受害者交流、沟通的会议,一般有立法听政、决策听政、调查听政等种类。听证会具有使社会公民和团体了解政府行为过程和信息,参与政府决策,监督政府行为

---

[1] 丁婕.我国地方行政监督体制研究[J].市场论坛,2019,181(4):9-10.

的作用。

事中监督是指行政管理机构对决策及其执行过程的监督。为了防止行政管理过程中决策的失误和执行出现偏差，必须进行事中监督，即在决策过程中对决策活动进行监督，在执行过程中对执行活动进行监督。从决策过程来看，这种监督是对决策者的面对面的监督，有助于及时发现决策失误或决策不当，并对其及时予以纠正。从执行过程来看，这种监督有助于及时了解执行情况，及时向决策中心传递相关信息，不仅有助于纠正执行偏差，而且有助于及时修正原有的不当决策。

事后监督是指行政决策或者行为做出之后相关监督主体的监督活动。现代社会管理的日益复杂和多元化，为行政管理带来了一定难度和压力，因此，行政行为往往具有一定的先定性，以保证行政权力的权威性和强制性，这就使得人们不能对所有行政行为进行事前监督，因此就有必要进行事后监督。最典型的事后监督是调查行政机关及其工作人员，对失职渎职的官员给予降职或撤职处分，对各种腐败严惩不贷。

(二)长期监督与暂时监督

根据监督活动开展的持续时间不同，行政监督又可以分为长期监督和暂时监督两种。

长期监督是常规的行政监督体制，是由常设的行政监督主体对行政管理机构和人员进行的监督活动，上下级之间的日常监督和行政监察监督都属于长期监督。长期监督一定会伴随相应的、稳定的监督主体和规章程序。

暂时监督是指对行政决策或者突发事件的监督和调查。由于暂时监督变化大，产生突然，因此一般不具备一致不变的监督主体和规章程序。权力机关代表的质询活动是一种较为典型的暂时监督。质询是立法机关对行政管理机构进行检查和监督的一种主要方式。所谓质询，是对被质询机关的工作不清楚、不理解、不满意的地方提出质问，要求被质询机关做出澄清、解释的一种活动。在我国，对本级人民政府及其工作部门、人民法院、人民检察院的工作提出质询,是宪法和法律赋予人大代表或人大常委会组成人员在各级人民代表大会或常务委员会会议期间的一项重要职权。按照法律规定,在人民代表大会会议上,必须有10名以上的人大代表联名,才能提出质询案;在人大常务委员会会议上,省级、设区的市人大常委会组成人员5人以上联名,县级人大常委会组成人员3人以上联名,才能提出质询案。

四、行政监督体制的运行作用

行政监督是对国家行政机关及其公务员的行政行为的合法性、合理性和有效性的监督。行政监督并不干预行政系统的正常工作秩序,而是通过一定的程序和方式,对行政管理行为的合法性、合理性和有效性进行督导和检查,从而促进行政机关及其公务员的行政活动维持合法性,增强合理性,保证有效性。当前行政监督体制的运行具有以下三个方面的作用:

(一)行政监督体制的预防作用

通过对行政活动的事前监督,可以提前发现行政系统中存在的各种潜在的或显现的弊端,从而达到防患于未然的目的。因此,行政监督不仅要通过各种监督方式和途径及时发现各种已经发生的失范或违法的行为,而且更为重要的是,行政监督要通过各种行政监督制度的设立,增强行政主体对行政行为的可预见性,使人们对行政行为有可能带来的后果和问题有比较清醒的认识,并采取相应的防范措施。

(二)行政监督体制的矫正作用

"矫正"一词出自《汉书·李寻传》:"先帝大圣,深见天意昭然,使陛下奉承天统,欲矫正之也。""矫正"概念被引入社会领域后成为司法方面的专门用语,意指国家司法机关和工作人员通过各种措施和手段,使犯罪者或具有犯罪倾向的违法人员得到思想上、心理上和行为上的矫正治疗,从而重新融入社会,成为其中正常成员的过程。行政监督体制具有明显的矫正作用。行政监督体制通过决策系统、社会系统和行政系统的交流和互动,通过行政系统内部的自上而下和自下而上的直线监督和控制，能够及时发现行政活动中的各种过失、错误和违法现象，促进有关部门采取措施，加以纠正和改进，从而发挥矫正作用。

(三)行政监督体制的反馈作用

行政监督主体通过各种途径和方式，对监督对象的行政活动过程及其结果的真实性、准确性和可靠性做出评价，不仅为决策者，而且为执行者提供改进工作的科学依据。具体来说，行政监督通过日益广泛的各种行政监督主体对行政机关及其公务员实行有效的监督，并将行政权力在运行中所产生的有关信息（尤其是结果）输入决策系统、社会系统或行政系统，由它们评判，并依靠它们各自的力量对行政流程产生影响，促使政府部门健全和完善规章制度，堵塞漏洞，总结经验，吸取教训，改进工作，提高效率。

第三节　行政监督体制的现实挑战

行政监督体制的建立和健全对于行政活动中权力的约束、规范具有现实价值。行政监督就是对行政活动中国家公职人员行政行为的约束，是规范国家行政机关工作人员的强有力的保障。国家权力具有公共性，但这种公共性的权力是赋予个人的，而个人无法避免私利性，尤其是在公共利益和私人利益出现冲突的情况下，可能会出现部分公务人员为了私人利益而牺牲公共利益的现象，因此就存在公权私用的现象，严重危害行政行为公共性的精神属性，危害公民的合法权益，损害政府的声誉和形象。因此，行政监督尤为重要。我国的行政监督体制仍旧处于逐渐完善的过程中。新中国成立后，我国行政监督体制逐步建立，十一届三中全会后，国家行政监督机构、制度开始得到恢复和发展。2018年，中华人民共和国监察部并入新组建的国家监察委员会，行政监督体制在我国发挥的作用日益突出，反腐倡廉工作取得突出成效，不敢腐、不能腐、不想腐的良好社会态势逐渐形成。与此同时，我国行政监督体制仍存在一些问题，行政监督体制仍有待进一步健全，尤其是行政监督体制面临诸多现实挑战。

一、行政监督主动性不强,行政人员责任感低

在我国的传统思想中,历来重视"德治""礼治"而轻视"法治"。中国社会是个讲人情的社会,无论是在政府部门还是在企事业单位中都讲究人情。这就导致了在工作甚至是监督中,人们更多的是从"礼"的角度思考,较少从法律的角度思考。因此,在行政活动中就出现了人情重于法律、面子高于法律的情况。这些情况的出现,反映了一部分行政人员还抱有传统的行政意识,素质和责任感偏低,导致行政效能低下甚至腐败。为此,提高监督主体的责任感和使命感,建立一支高素质、高水准的行政监督队伍,成为提高行政效能、完善行政监督机制的当务之急。[①]

二、公民监督权利意识不高,监督意识匮乏

目前,我国仍有部分公民参政议政和监督意识匮乏,对于参与行政监督保持着冷漠的态度。一方面,受到中国传统思想的影响,中国公民监督意识相对薄弱,对公民所拥有的监督权认识不足,进而导致监督行为的匮乏。另一方面,受到知识水平或教育人力资本的影响,部分公民由于缺乏参与监督的知识和能力,不知道何时何地采取何种方式参与监督,对监督主体、监督方法、监督程序等了解不足。因此,受到长期的公民参与监督文化环境的影响,在监督体系不健全的情况下,公民监督意识、监督责任和监督精神得不到有效的激励,这使得公民并不能实际参与监督活动,这些问题都在一定程度上限制了行政监督机制作用的发挥。

三、平行监督"人情"现象突出

平行监督在各部门之间是很常见的一种监督现象,然而,不同部门之间的

---

① 丁婕.我国地方行政监督体制研究[J].市场论坛,2019(4):9-10.

平行监督存在的问题也很尖锐。从国家层面看,涉及多个部门的联合行动可能缺乏相互监督,平行监督过程中由于"人情"因素而造成监督不足。如前文所述,我国在很大程度上是个讲人情的社会,尤其是在基层,人情现象多不胜数。当组织双方共处在同一条利益链上时,所谓的"人情"问题更加突出。平行部门之间的监督更有利于行贿受贿的行为滋生,"自产自销"的事件也随时会在人事部门中出现。总之,过于看重"人情"会致使平行监督与相互监督缺位,最终造成谁也不监督谁。

四、行政监督立法滞后

我国是依法行政的法治国家,但是就行政管理的过程看,目前仍然存在行政监督立法滞后的问题,部分监督并不能做到有法可依和有法必依。为避免监督的随意性与盲目性,行政监督体制需要相应的法律作基础。所以,健全的行政监督法律体系是发挥行政监督职能的基础,它不仅能赋予行政监督者权力,保障行政监督者的合法权益,更好地发挥监督作用,而且能规范和制约监督行为,确保监督工作正常进行。我国行政监督立法的滞后主要表现在:首先,未形成完善的行政监督体制,存在一些法律空白。其次,未有效保护监督主体的监督权。

五、行政监督轻事前、事中监督,重事后监督

行政监督应该贯穿于政府机关人员行政行为的全过程,其方式可以分为事前监督、事中监督、事后监督三种,只有这三种方式有机结合,才能有效提高监督效果。我国行政监督方式较为单一,偏重于事后监督,如果发生问题,会给国家和人民利益带来损失,此种情况下进行惩处,会使行政监督工作陷入被动的局面,这种监督不是最为高效的监督。行政权力滥用会发生在行政行为的全过程,应以"防患于未然"为主,加强问题发生前的预防与控制,建立事前监督、事中监督、事后监督三位一体的监督机制。

六、行政监督主体缺乏独立性

独立性是行政监督的内在要求,其目的是保护行政监督活动的有效性。如果行政监督体系中的监督主体大多处在附属地位,缺乏必要的独立性和权威性,就会导致监督没有力度。我国行政监督体系以自我监督为主,设立的监督部门大多在党政机关的内部。也就是说,就领导体制而言,行政监督机构会受到上级领导和同级党政机关的双重领导,在此情况下,监督主体较难充分发挥自身职能。从人事任命来看,监督机构的负责人大多由同级行政机关的成员兼任,这也会在一定程度上影响行政监督主体的独立性,进而造成行政监督权威性不足的问题。

七、行政监督标准缺乏明确性

行政监督应该依照法律进行,这样不仅能够保证监督权力的正确有效行使,达到良好的监督效果,同时也是一种制度保障和行为规范,有利于建设法治政府。在我国,行政监督的法制化程度还有待提升,有关行政监督的具体法律法规比较少,而在已有的立法中还存在需要改进之处,对主体权限职责等规范不够精细,标准过于笼统,不明确,没有对个案监督做出规定,因此还需在实践中进一步修改和完善。

八、行政监督体制缺乏整体性

如果行政监督的各大主体在结构搭配和功能指向方面缺少足够的协调性和有序性,在职责权限及相互关系方面也划分得不太清晰,就会导致行政监督的效能整体上不强。行政监督规则的不完备不科学会致使行政监督的运行易受领导者个人或社会政治环境的影响而发生偏离,这客观上也有损行政监督的形象。加之行政监督的法制化程度不高,监督的原则、方法和途径、检查对照的标准等或无章可循,或规定太少、太虚,往往导致各种行政监督主体的活动方式难协调,工作难配合,内容太单一,标准不统一,政策不配套,措施难落实,受监督者也难适从,致使效能降低。目前来看,我国的行政监督主体较为分散,未能充分行使职能,导致行政效率不高。各监督主体不能严格依照各自的职责和权限对行政机关及其工作人员进行行政监督,相互之间难以真正实现分工负责,容易导致矛盾和冲突,导致有些行政监督主体的监督工作监而无力,没有真正起到惩戒和威慑的作用,造成"弱监"现象。此外,各类行政监督主体在运行机制上缺乏应有的沟通和有机的协调,致使相互推诿或重复监督现象增加,这使行政监督工作难于真正落实,影响了行政监督的权威性和有效性。各行政监督主体之间缺乏必要的密切联系和协调配合,在对行政机关及其工作人员进行行政监督时,相互之间缺乏对于信息的有效沟通和交流,不利于形成加强行政监督的经验总结,造成在实际工作中出现某些行政监督条款仅仅停留在口头上或者文件上,难以落实,造成有名无实的虚监现象,不能充分发挥统一完整的行政监督体制在行政管理活动中的整体效应。①

第四节 行政监督体制的改革创新

行政监督作为行政管理的重要内容,其主要目的是保证行政的政治方向和行政政策的实施,保护国家、社会的正常运行和公民的合法权益,促进行政法制化,造就优秀的政务家和公务员。因此可以通过行政监督保障行政机关正确行使行政权力,保护公民、法人和其他组织的合法权益和国家的整体利益。由于长期存在"重决策,重执行,轻监督"的行政倾向,我国现行的行政监督体制面临诸多挑战,未来需要进一步推进行政监督体制改革创新。

一、优化组织内部的职能监督

平行监督存在太多尖锐的问题,其根本原因在于监督主体与客体之间部门

---

① 苏萌. 论我国行政监督体制的缺陷及其完善[D]. 武汉:华中师范大学,2015:13.

大小和实际地位相同,并且没有领导与被领导的关系存在,对于监督客体的威慑力不足,导致其继续"我行我素",甚至与监督部门勾结。而这大多与监督主体规章制度不够完善和自身监管不足有关。因此,为了提高平行监督的效能和质量,中央及地方政府应该给监督主体授予更多的权力,提高其权威性与威慑力,保障这一特殊的部门可以在自己的职权范围内监督其他部门的工作状况。同时,纪监委也要不定时地对监督主体进行监察,防止监督主体自身腐败的滋生,保持部门的廉洁性。

二、加强监察部门在行政监督中的核心作用

监察部门是行政监督活动的关键点,保证其部门的实效性、独立性和权威性是行政监督的重中之重。为了加强其核心作用,首先,要保障监察部门拥有相对独立性,并且提高其在行政系统中的地位和作用,授予一定的职权,使其可以直接监督其他部门的领导。其次,监察部门内部,公职人员的调动和任免均由本级部门的领导负责,人事和工作的财政预算不受上级和地方行政部门的约束,使监察部门不再受其他行政机关的束缚,有利于工作的开展,在提高其地位的同时也加强了行政效能。

三、加快监督立法工作,实现法律保障

行政监督的立法缺失会致使行政监督具有很高的盲目性和随意性,严重影响行政监督的工作效能。在反腐倡廉活动中,法律的不完善会让监督效果非常不明显。因此,只有建立健全行政监督法律法规,才能使得监督得到保障,提高其效能。自新中国成立以来,我国颁布了许多如《监督法》等意在加强行政监督的法律。这类法律如果缺少定性、过于理论、标准不确定,会使法律本身的权威性降低。而繁杂的制定流程也会使很多法案缺乏预见性。因此,要通过全国人大及其常委会来制定更加完善的法律,加强立法工作,奠定反腐败的法律基础,

使行政监督活动有法可依、有法必依,让政府工作人员知法懂法、畏法守法。①

四、充分发挥媒体网络的舆论监督

舆论能够反映民众的真实心态,也能展现真实的民生民情。舆论用它独有的优势,为行政监督开辟了道路。时至今日,舆论监督对于行政监督的推动作用越来越大,而政府在遇到问题时,要有处理舆情的能力,保持掌握话语主动权的地位,不让谣言有滋生的土壤,积极回应人民群众监督时所反映的问题,注意及时发布事件进展及相关工作的后续信息。舆论监督改变了政府的工作作风,互联网的迅速普及使媒体监督更贴近百姓生活,亲民便民,让人民群众用看得着、看得懂的方式监督,这也是服务型政府所要做的。实际上,一个政府只有透明廉洁,办事高效,不藏着掖着,不怕人民群众监督,欢迎人民群众的监督,才能顺应民意,赢得民心。②

五、依法妥善办理行政检察监督案件

检察机关应进一步完善工作机制,确保所有行政检察监督案件依法及时受理、快速审查、精准办理。第一,应充分利用科技信息化办案手段,做到"行政活动"和"监督办案"两不误。例如创新办案方式,畅通"线上"服务渠道,利用微信视频以及"三远一网"系统等开展案件讨论。第二,完善案件繁简分流工作机制,实现公正与效率合理平衡。第三,及时办理行政诉讼监督案件。对于当事人申请监督的行政诉讼案件分别就裁判结果是否正确、原行政行为是否合法、行政争议是否得到化解等实行"一案三查"。第四,建立健全常态化的沟通联系机制,做好案件受理和办理工作。要求行政检察部门加强与案件管理、控告申诉检察等内设部门协作配合,建立与法院、行政机关的常态化沟通联系机制,强化对上业务请示和对下业务指导。第五,建立"非接触"式案件信息共享机制,促

---

① 丁婕.我国地方行政监督体制研究[J].市场论坛,2019(4):9—10.
② 杜春秋,梁蓉.关于我国行政监督体制的完善[J].法制与社会,2020(32):85—86.

进案件办理提质增效。建立政法云服务平台或者专线,实现信息互通。①

六、加强行政执法活动监督,促进责任主体依法行政

检察机关加强行政执法活动监督,也是发挥行政检察"一手托两家"功能作用的体现。第一,加强对行政管理法律政策的研究,有针对性地加强相关法律适用和政策把握问题的研究,提前做好依法、公正办案的应对准备。第二,运用检察建议推动责任主体全面履职。检察建议作为检察机关依法履行法律监督职责、参与社会治理的重要方式,无疑是将办案职能与社会治理有效结合起来的重要桥梁。第三,加强行政非诉执行活动监督。重点加强对具有行政强制权的行政机关不执行行政行为和法院裁定由行政机关强制执行而行政机关未及时执行等情形的监督。②

七、构建行政监督工作常态化机制

第一,建立行政监督工作响应机制。一是确定监督工作响应级别,确定突发事件类型等级、防控监督工作响应等级、防控监督工作响应状态;二是把握监督工作响应时机,跟进形势变化及时响应监督、跟进党中央部署及时响应监督、跟进社会舆情及时响应监督;三是加强监督工作响应管理,完善监督工作响应管理体制、推进监督工作响应组织实施、健全监督工作响应启动系统。

第二,加强行政工作廉政重点监督。一是压实主体责任监督;二是强化岗位履职监督,聚焦形式主义、官僚主义,督促防控扎实有效,聚焦"关键少数"头雁效应,督促领导干部担当有为,聚焦失职失责、擅离职守,督促公职人员履职尽责;三是严格廉洁纪律监督,聚焦款物管理,督促款物使用规范,聚焦行政行为,督促依法依规防控,聚焦骨干作用,督促严守防控纪律。

---

① 陈重喜,王芳.疫情防控中行政检察监督工作的重点与指向[J].人民检察,2020(7):31—33.
② 同上。

第三,健全行政监督工作保障体系。一是完善监督工作组织体系,构建党委集中统一、全面覆盖、权威高效的监督工作领导体系;健全纪委监委统一指挥、统筹协调、权威高效的监督工作组织体系;完善参与主体多元、检举渠道畅通、处置快速的监督工作社会体系;二是完善行政监督工作制度体系,完善突发事件监督工作法纪,健全监督工作组织领导制度,规范防控监督工作管理制度;三是健全监督工作运行机制,建立监督工作信息系统平台,建立监督工作及时跟进机制,建立协同衔接一体推进机制。

第四,创新精准监督工作方式。一是推进靠前监督,下沉一线靠前监督,全程跟踪靠前监督,派驻嵌入靠前监督;二是实施工作灵活监督,包括交叉监督排除干扰、滚动督查防止反弹、提级监督平衡执纪;三是强化工作有效监督,及时公开精准曝光,有效督导精准整改,"四种形态"精准追责。[①]

---

① 乔德福,米多.构建重大公共突发事件防控监督工作常态化机制——基于新冠肺炎疫情防控监督工作的分析[J].廉政文化研究,2022,13(3):46-55.

第六章　政府信息公开机制

管理的基础是信息。在对突发公共事件的管理中,信息的有效获取和传播至关重要。一般而言,突发公共事件具有突然性和轰动性,事件发生后当有效或正确的信息不能及时在社会中传播时,多重信息源会通过多渠道同时向社会传播,这种多重信息的来源渠道不明,容易产生谣言,进而引起公众恐慌。

信息公开主要是政府与非政府组织等行政主体在行政管理过程中,通过法定形式和法定程序主动将政府相关信息向社会公众或依申请而向特定的个人或组织公开的一项法律制度。信息公开机制的建立和健全,不仅是政府依法行政的一项重要任务,也是维护公民知情权的重要体现。在提高政府行政管理透明度的同时,信息公开可以使公民获取有效的公共活动信息和知识,同时也可以使公民在与政府机关的相处中达到一定程度的平衡,降低了信息的不对称性。

2003年"非典"疫情发生后,我国相继出台了《传染病防治法》《突发事件应对法》和《突发公共卫生事件应急条例》等法律规范,突发公共安全事件信息公开机制逐步建立健全。因此,在新时期,我们需要进一步健全信息公开机制,保障公民、法人和其他组织依法获取疫情相关信息,提高政府工作的透明度,建设法治政府,充分发挥突发公共事件防控相关信息对人民群众生产、生活和经济社会活动的服务作用。

第一节 政府信息公开机制概述

一、信息与政府信息

"信息"一词对应的英文单词为"information",日文中表述为"情报",我国台湾地区称之为"资讯",我国古代用的是"消息"。信息作为科学术语最早出现在哈特莱(R. V. Hartley)1928年撰写的《信息传输》一文中。20世纪40年代,信息论的奠基人香农(C. E. Shannon)给出了信息的明确定义,此后许多研究者从各自的研究领域出发,对其概念进行了不同的界定。由于信息本身的复杂性与运用的广泛性,学术界至今未对"信息"一词的定义达成统一认识。

信息,指音讯、消息等通信系统传输和处理的对象,泛指人类社会传播的一切内容。在《现代汉语词典》中,信息主要有两种含义:一是指音信和消息;二是指信息论,即用符号传递的报道,报道的内容是接受符号者预先不知道的。在一切通信和控制系统中,信息是一种普遍联系的形式,创建宇宙万物的最基本单位也是信息。比较有代表性的学者对信息的含义表述如下:信息论奠基人香农认为,"信息是用来消除随机不确定性的东西",这一定义被人们看作信息的经典性定义并广泛引用。控制论创始人维纳认为,"信息是人们在适应外部世界,并使这种适应反作用于外部世界的过程中,同外部世界互相交换的内容和名称",这一界定也时常被作为经典性定义加以引用。从经济管理角度,信息被定义为"提供决策的有效数据",信息是实现有效管理的基础,没有信息的社会是无声的,没有信息的管理,则是哑巴式管理。学者王少辉指出,信息通常是指数据、音信和消息等,自然界、人类社会和思维领域中都存在着大量的自然信息、生物信息、社会信息。人类通过感官或设备等摄取和传播信息,通过头脑或机器等处理和应用信息,通过科学性研究或创造性思维等产生新的信息,通过语言、文字、图形、电磁记录等记录和交流信息,并根据积累的信息进一步认识世界和改造世界,因此信息是人进行选择和做出评价的基础和依据。[1]

基于对已有"信息"的定义和研究,我们认为信息有广义和狭义之分,狭义的信息即指信息内容本身,也就是客观存在的音信和消息,它是物质属性的反映,是客观事物之间联系的表征,也是客观事物变化和特征的实质内容,是不以人的意志为转移的客观存在。广义的信息特指信息资源,除信息内容本身外,还涉及信息生产、传播、应用过程中的设备、人员、技术等,经过加工和传递,广义的信息是可以被接收者接收、理解和利用的信息、信号以及各种内容的情况或知识的总和。信息的主体包括人员、技术和设备,过程包括生产、传播和应用。

信息的种类是多样的,如政府信息、农业信息、科技信息、工业信息、服务信息等。在行政管理活动中,最为重要的则是政府信息,在社会生活中政府居于权威和统治地位,而且是信息的最大生产者、搜集者、拥有者、传播者和应用者,政府信息对于社会公众的生产、生活至关重要。对于政府信息的含义,学术界虽然表述不同,但基本达成了共识。有的人认为,政府信息是国家机关(尤其指政府机构)为履行职责而搜集、整理、加工、利用、产生、保存、处理的信息。[2] 也有人认为,政府信息是指政府机关在实行公共管理或提供公共服务过程中制作、获取或拥有的信息,政府基于其职权或地位自然拥有的信息也属于政府信息的范畴。政府信息可以存在于政府服务过程中,也可以存在于具体的政府管理活动中,且这方面的信息占有很大的比重。[3] 还有人认为,政府信息是指各级人民政府及其职能部门以及依法行使行政职权的组织在其管理或提供服务的过程中制作、获得或拥有的信息。[4] 基于此,我们认为,"政府信息"也称为"政府

---

[1] 王少辉. 迈向阳光政府——我国政府信息公开制度研究[M]. 武汉:武汉大学出版社,2010:8.
[2] 黄梓良. 美国电子政府的政府信息公开服务[J]. 情报杂志,2003(3):96—97.
[3] 张杰,耿玉娟,王喜珍,等. 政府信息公开制度论[M]. 长春:吉林大学出版社,2008:89.
[4] 刘恒. 政府信息公开制度[M]. 北京:中国社会科学出版社,2004:120.

信息资源",是指以政府为主的行政机关在开展行政管理活动或提供公共服务的过程中生产、传播、应用和管理的信息。政府信息在传播或共享的过程中创造了价值,具有价值性、时效性、新颖性和功效性,因此政府信息也呈现出了"资源性"的外部属性。

二、信息公开与信息公开机制

信息之所以被创造、传播和应用,是因为它蕴含着一定的社会价值、经济价值和政治价值,这正是信息的资源属性的突出表现。因此,人类开始对信息资源进行开发、规划、控制、集成等,在此过程中就涉及了信息的公开和共享问题。信息进入公共领域,其公共性逐渐显现,为了扩大信息的共用价值,世界上逐渐出现了以促进政府运作透明化为目标的信息公开立法实践。[①] 所谓信息公开,是指政府机构、社会组织、企事业单位、社会公众等主体运用公众便于接受的形式和途径将其利用公共资源或自身资源获取的信息公之于众,让公众、法人和其他组织通过查询、抄录、下载、复印、阅读等形式了解、掌握和保存这些信息,以此实现信息资源共享的过程。在公共管理领域,由于政府是信息的最大生产者和拥有者,因此政府信息公开是公众较为关注的话题。政府通过信息公开建设透明政府,为公众提供生产、生活信息,保障了公民的知情权。随着电子政务的发展和服务型政府的构建,"互联网+政务服务"极大地提高了政府信息公开的程度。政府信息公开则是指政府机关依照法定程序公开与社会成员利益相关的相关信息,并允许公众通过查询、阅读、复制、摘录、收听、观看、收藏、下载等形式充分利用政府所掌握的信息。[②]

"机制"是指各要素之间的结构关系和运行方式,比如有机体的构造、功能及其相互关系、机器的构造和工作原理等。在社会学中机制的内涵可以表述为"在正视事物各个部分的存在的前提下,协调各个部分之间关系,以更好地发挥

[①] 王敬波. 政府信息公开:国际视野与中国发展[J]. 行政法学研究,2017,101(1):145.
[②] 褚松燕. 我国政府信息公开的现状分析与思考[J]. 新视野,2003(3):31-33.

作用的具体运行方式"。信息公开机制是指信息公开主体通过合法程序向社会公众或依申请向特定的个人或组织等客体公开所需要的相关信息内容,是信息公开主体、信息公开客体和信息公开内容之间的结构关系和运行方式。信息公开机制是一个完整的制度体系,除了与信息公开直接相关的信息公开主体、内容、方式、程序、监督、救济等各项具体机制的构建外,它还包括与信息公开行为紧密相关的保密制度、档案管理制度、隐私保护制度、形成程序制度等各项配套制度之间的协调与统筹,以上内容与信息公开相关的各项制度相配合,才能构成一个统一的整体,才能形成完整意义上的信息公开机制。

第二节 政府信息公开机制的运行

一、政府信息公开机制的运行原则

2019年修订的《中华人民共和国政府信息公开条例》第四条规定,"各级人民政府及县级以上人民政府部门应当建立健全本行政机关的政府信息公开工作制度",并指定机构负责本行政机关政府信息公开的日常工作。按照《中华人民共和国政府信息公开条例》的规定,并结合行政管理的特点,本书总结政府信息公开机制的运行应遵循的原则如下:

(一)公正、公平、便民的公开原则

《中华人民共和国政府信息公开条例》第五条指出,"行政机关公开政府信息,遵循公正、公平、合法、便民的原则"。政府信息作为以政府为主的公共机构所掌握和拥有的信息,体现了信息的公共性,作为公共产品而存在的信息理应为每个公民做贡献。因此,公正和公平原则是指政府信息公开要保证信息接收者的平等共享,保证信息的免费正当共享。政府信息资源是公共产品,政府在提供公共产品时应提高服务的便民性以及公众获取的便捷性,如可以通过新闻媒体等大众传播媒介以及自媒体平台等多种渠道公开政府信息,强化政府与公

民之间的回应性,避免公众因不了解相关情况而引起的恐慌,进而保障公众的知情权。

(二)及时、准确、全面的公开原则

《中华人民共和国政府信息公开条例》第六条指出,"行政机关应当及时、准确地公开政府信息,行政机关发现影响或者可能影响社会稳定、扰乱社会管理秩序的虚假或者不完整信息的,应当在其职责范围内发布准确的政府信息予以澄清"。《突发公共卫生事件应急条例》第二十五条规定,"国家建立突发事件的信息发布制度,国务院卫生行政主管部门负责向社会发布突发事件的信息,信息发布应当及时、准确、全面"。在公共卫生事件发生初期,政府应及时、准确公布卫生事件发展或者卫生事件防控等相关信息,使得公众及时获取相关信息并采取有效举措。

(三)专业性公开原则

突发事件信息与寻常的政府信息之间存在一定差异,其判定高度依赖于专业知识和专家经验,尤其是在新兴病毒最初出现时,其危害程度、病理特征以及传播途径均存在极大的不确定性。因此,信息公开应保证信息的专业性,不专业或不正确的信息公开和传播反而会影响公众的卫生防范和政府的形象。

(四)正当性公开原则

《中华人民共和国政府信息公开条例》第十四条规定,"依法确定为国家秘密的政府信息,法律、行政法规禁止公开的政府信息,以及公开后可能危及国家安全、公共安全、经济安全、社会稳定的政府信息,不予公开"。因此,相关信息公开应坚持正当性原则,并非所有的信息都适宜公开,对于涉及国家安全和国家秘密的信息、涉及个人隐私的信息等信息公开的"公开例外"或"可不予公开"的情形,应予以必要的限制。

(五)最大化公开原则

《中华人民共和国政府信息公开条例》第五条指出,"行政机关公开政府信息,应当坚持以公开为常态、不公开为例外",尽管《中华人民共和国政府信息公

开条例》规定了主动公开等制度,但也存在"最大化公开原则缺失"和"有缺陷的依申请公开"等突出矛盾和问题,法律上没有明确确立"以公开为原则,以不公开为例外"。最大公开原则的缺失,可能造成诸如"免于公开范围之外的其他政府信息是否属于可以公开的范围"等问题,让规定变得模糊不清,也对促进和深化政府信息公开形成了制约。事实上,前述中央办公厅、国务院办公厅《关于全面推进政务公开工作的意见》已经明确提出,要坚持以公开为常态、不公开为例外、公开内容覆盖权力运行全流程、政府服务全过程等要求。

(六)保障性公开原则

《中华人民共和国宪法》第二条规定,人民依照法律规定,通过各种途径和形式,管理国家事务,管理经济和文化事业,管理社会事务。人民管理国家事务,参与重大行政决策,需要公众对重大决策知情和了解,因此决策过程更需要实现以知情权为基础的信息公开。[1] 权利保障原则所体现的权利是公民获得信息的权利,而实现的是公民知情权的内容。获得政府信息是公民的权利,提供政府信息是政府的义务。

二、政府信息公开机制的运行特征

(一)政府信息公开机制具有行政性

《中华人民共和国政府信息公开条例》第十条规定:"行政机关制作的政府信息,由制作该政府信息的行政机关负责公开;行政机关从公民、法人和其他组织获取的政府信息,由保存该政府信息的行政机关负责公开;行政机关获取的其他行政机关的政府信息,由制作或者最初获取该政府信息的行政机关负责公开。法律、法规对政府信息公开的权限另有规定的,从其规定。行政机关设立的派出机构、内设机构依照法律、法规对外以自己名义履行行政管理职能的,可以由该派出机构、内设机构负责与所履行行政管理职能有关的政府信息公开工

---

[1] 姚坚.政府信息公开原则与公开限制[J].广东社会科学,2017,188(6):239-248.

作。"两个以上行政机关共同制作的政府信息,由牵头制作的行政机关负责公开。信息公开的主体主要是政府,突发事件发生时,信息公开属于政府工作的主要内容,而政府信息具有行政性,政府信息公开同样具有行政性。信息的产生离不开行政权力,信息的公开同样离不开行政权力,有时信息公开的过程也就是信息产生的过程,行政性贯穿于政府信息公开的始终。

(二)政府信息公开机制具有权利性

信息公开以公民获得政府信息的权利为基础,而不是以行政权力为基础。政府是否应当公开信息,是否向民众提供信息,这并不是由政府的权力决定的,而是由民众的权利决定的,这种权利是民众所享有的宪法规定的权利。以公民知情权为例,知情权源自人民主权,是公民的一项基本权利。对于政府信息公开而言,保障知情权原则体现了政府信息公开的精神与灵魂,应当是政府信息公开必须遵循的根本原则。[①] 公民个人根据宪法和具体的法律规定,自由地获取政府信息,是公民和公共权力机关之间关系的一项基本原则。获取政府所掌握的相关信息是公民保障自身生命健康安全的基本权利,公开信息也是政府的一项基本职责。

(三)政府信息公开机制具有限制性

《中华人民共和国政府信息公开条例》第十四条规定,"依法确定为国家秘密的政府信息,法律、行政法规禁止公开的政府信息,以及公开后可能危及国家安全、公共安全、经济安全、社会稳定的政府信息,不予公开"。《中华人民共和国传染病防治法》第十二条规定,"在中华人民共和国领域内的一切单位和个人,必须接受疾病预防控制机构、医疗机构有关传染病的调查、检验、采集样本、隔离治疗等预防、控制措施,如实提供有关情况。疾病预防控制机构、医疗机构不得泄露涉及个人隐私的有关信息、资料"。对于涉及国家安全和国家秘密的信息、涉及个人隐私的信息等公开的"公开例外"或"可不予公开"的情形,应予

---

① 王万华. 知情权与政府信息公开制度研究[M]. 北京:中国政法大学出版社,2013:113.

以必要的限制。

三、政府信息公开机制的运行作用

政府信息公开机制是各级政府部门依据合法性程序向社会公众或依申请而向特定的个人或组织等公开与行政管理相关的信息内容。政府信息公开是建设服务型政府、法治化政府的客观需要，同时也是保障公民的知情权和保证行政管理活动顺利开展的客观需要。总体而言，政府信息公开机制的运行具有以下作用：

（一）保障公众健康安全，稳定社会秩序

《中华人民共和国突发事件应对法》第一条规定，"为了预防和减少突发事件的发生，控制、减轻和消除突发事件引起的严重社会危害，规范突发事件应对活动，保护人民生命财产安全，维护国家安全、公共安全、环境安全和社会秩序，制定本法"。《突发公共卫生事件应急条例》第一条强调，"为了有效预防、及时控制和消除突发公共卫生事件的危害，保障公众身体健康与生命安全，维护正常的社会秩序，制定本条例"。《中华人民共和国传染病防治法》第一条明确，"为了预防、控制和消除传染病的发生与流行，保障人体健康和公共卫生，制定本法"。公共卫生事件信息公开机制的良性运转，能使公众及时获取事件的最新进展和防控的相关信息，能够警示公众根据事态发展采取相应的防控举措，并有效配合政府的相关政策举措，进而提高公众对政府行政措施的接受度，降低公众对政府行政措施的对抗度，使得公民积极配合政府行政举措，从而保障公众的生命健康安全，提高公众对政府工作的满意度，从而达到维护社会稳定的目的。

（二）缓解信息不对称，压缩谣言滋生空间

针对突发事件的突然性、轰动性、破坏性等特征，政府应建立健全信息公开机制，建立高效的沟通渠道。政府要通过贯穿事件处理全过程的高质量信息公开缓解信息不对称，压缩谣言滋生空间。当突发事件范围逐渐扩大时，往往是虚假信息的"高爆发期"。此时，官方澄清的新闻报道也将继续增加，这种方法

可以提高公众获得信息的质量和数量,公众对突发事件的了解程度越高,对虚假信息的警惕程度就越高。信息公开可以及时有序地为妥善处置突发公共事件创造良好的舆论环境和社会秩序。

(三)缓解公众焦虑情绪,提高公众防控能力

随着互联网的普及,信息得以广泛快速地传播。政府及时准确地发布信息,有助于提高公众的认识,缓解公众在面对大规模的突发公共事件时因不确定性而产生的焦虑。[①] 除此以外,及时准确的数据也有利于增强公众的认知能力。通过政府信息公开机制,公众将获得更合理有效的防护措施,这将有助于防控体系的建设。

(四)提高政府工作透明度,便于公众监督

《中华人民共和国政府信息公开条例》第一条指出,"为了保障公民、法人和其他组织依法获取政府信息,提高政府工作的透明度,促进依法行政,充分发挥政府信息对人民群众生产、生活和经济社会活动的服务作用,制定本条例"。政府信息公开机制的健全和完善,能够及时披露突发事件最新状况,将事件处置置于阳光之下,提高政府工作透明度,便于公众监督,进而保证政府行政行为的正当性,避免官僚主义、机会主义现象的发生,降低腐败案件发生。

(五)提高政府公信力,强化公民政府信任

从组织的角度看,政府的公信力在一定程度上受到信息和数据披露的反馈效应的影响。及时、透明、准确的信息和数据可以提高政府的公信力,而政府发布模糊信息会引发更多的舆论问题。从推广的角度看,政府及时发布信息是政策要求,必须进行。[②] 根据《中华人民共和国突发事件应对法》《中华人民共和国

---

① Zhang W, Wang M, Zhu Y. Does Government Information Release Really Matter in Regulating Contagion-evolution of Negative Emotion During Public Emergencies? From the Perspective of Cognitive Big Data Analytics[J]. International Journal of Information Management,2020(50):498-514.

② Huang X, Li G, Wang Y, et al. Research on the Influence Mechanism of Epidemic Information Disclosure on Screening Authenticity Information[J]. Procedia Computer Science,2021(187):109-115.

信息公开条例》和《突发公共卫生事件应急条例》，政府应及时向公众发布预警信息，提醒公众采取防护措施。从阻碍的角度看，重大突发卫生事件往往会破坏公众对政府的信任。因此，尤其是当危机发生时，政府及时、准确公开信息和数据，对于提高政府公信力，提高公众对政府的信任度至关重要。

第三节 政府信息公开机制的现实挑战

面对突发公共安全卫生事件的考验，自2003年非典事件后，我国政府信息公开机制取得了长足的进步，但是政府信息公开机制仍面临诸多现实挑战。

一、信息公开主体认知偏差，危机预警意识薄弱

受制于客观条件以及自身经验，在面对突发公共卫生事件时，有些地方政府可能难以高度重视，存在信息公开主体认知偏差以及预警意识薄弱等问题。虽然2003年"非典"事件发生后，我国对于突发公共卫生事件的应急管理制定了相应的制度，如《突发公共卫生事件应急条例》第十九条指出："国家建立突发事件应急报告制度。国务院卫生行政主管部门制定突发事件应急报告规范，建立重大、紧急疫情信息报告系统。有下列情形之一的，省、自治区、直辖市人民政府应当在接到报告1小时内，向国务院卫生行政主管部门报告：发生或者可能发生传染病爆发、流行的；发生或者发现不明原因的群体性疾病的；发生传染病菌种、毒种丢失的；发生或者可能发生重大食物和职业中毒事件的。国务院卫生行政主管部门对可能造成重大社会影响的突发事件，应当立即向国务院报告。"第二十条指出："突发事件监测机构、医疗卫生机构和有关单位发现有本条例第十九条规定情形之一的，应当在2小时内向所在地县级人民政府卫生行政主管部门报告；接到报告的卫生行政主管部门应当在2小时内向本级人民政府报告，并同时向上级人民政府卫生行政主管部门和国务院卫生行政主管部门报告。县级人民政府应当在接到报告后2小时内向设区的市级人民政府或者上

一级人民政府报告;设区的市级人民政府应当在接到报告后 2 小时内向省、自治区、直辖市人民政府报告。"

二、信息公开法定主体不一致,缺乏专业性机构

《中华人民共和国传染病防治法》第三十八条规定,"省、自治区、直辖市人民政府卫生行政部门定期公布本行政区域的传染病疫情信息。传染病爆发、流行时,国务院卫生行政部门负责向社会公布传染病疫情信息,并可以授权省、自治区、直辖市人民政府卫生行政部门向社会公布本行政区域的传染病疫情信息"。由此可知,疫情信息公开法定主体可以是国务院卫生行政部门,也可以是授权的省、自治区、直辖市人民政府卫生行政部门,因此就造成疫情信息公开法定主体不一致,这种法定主体不一致可能造成责任不清、权责不明、推诿扯皮的问题。法定主体的不一致使得疫情防控信息不能及时有效向社会公开,从而耽误了疫情防控的最佳时期。此外,按照《中华人民共和国传染病防治法》的规定,疫情信息公开的法定主体只能是政府行政部门,但是政府行政部门人员对疫情的科学认识和专业性不足,因此可能缺乏对某些传染病毒的病理学判断,而医护人员专业的医学知识可以帮助其对相关病例进行医学处理,更能够从专业性的角度对病毒传播强度或是否会出现人传人等现象进行判断。

三、信息公开不及时、不准确、不全面

信息公开保障了公民的知情权,及时和准确的政府信息公开能够降低公民恐慌,提高公民对公共卫生事件的认知,并积极配合政府部门采取相应的防控举措。同时,在信息满天飞的情况下,官方及时和准确公开信息,能够使公民准确判断哪些是假信息,哪些是真信息,做到不信谣、不传谣。《突发公共卫生事件应急条例》《中华人民共和国传染病防治法》《中华人民共和国突发事件应对法》《中华人民共和国政府信息公开条例》都提出了信息公开需要坚持及时、准确的原则。

四、信息公开标准不统一、信息公开程序不规范

统一信息公开的范围、内容和详细程度的具体标准,可以提高信息的透明度,有利于社会公众做出合理判断。此外,信息公开程序也有可能存在不规范的情况,虽然我国目前的相关法律法规对突发公共卫生事件的信息报告流程规则进行了规定,但是对于突发公共卫生事件的信息发布程序缺乏具体规制,只是在法规中原则性规定"公布信息应当及时、准确",关于公开方式、时限等都缺乏具体的约束和引导,这可能会造成各公开主体在实践操作中裁量权过大的问题。同时,信息公开程序的不规范也会造成信息公开的混乱,甚至会出现信息或数据的不统一、不一致等现象,进而造成公众对政府的质疑。

五、部门间信息联动不畅,存在信息掣肘

如果政府在信息化建设上存在短板,可能会导致部门间信息流动不畅,效率偏低,具体表现为:部门间应急信息联动机制不完善,部门之间信息联合共享不足;跨区域信息协调沟通机制欠缺,地方政府、各委办局及地方公益性组织跨区域信息沟通不畅。信息沟通的不畅会导致物资调拨缓慢、人口流动管理不力、跨区域和跨部门协调能力不足等问题。

第四节 政府信息公开机制的改革创新

未来,我们需要在预警信息传递机制、"吹哨人"制度、信息公开标准和程序、政府信息共享机制等方面进一步改革政府信息公开机制。

一、树立政府信息公开正确观念,完善预警信息传递机制

首先,树立信息公开的正确观念。随着社会风险、自然风险积聚,流动性风险、冲突性风险、系统性风险叠加共生,显性风险趋于隐性化,隐性风险趋于复

杂化，突发公共卫生事件突发、多发、易发、并发成为现实问题。因此，信息公开主体需要强化风险意识，树立信息公开的正确观念，理性认识潜在风险，瞒报或虚报解决不了实际问题，应及时采取防范举措。不可否认的是，突发公共卫生事件具有突发性、高破坏性、易传播性、不确定性，如果风险意识薄弱，很大程度上会耽误防控的最佳时期。

其次，树立信息公开责任意识。将信息公开标准、内容、形式切实嵌入日常工作，将"应知不知""知而不报""迟报缓报"等不作为、慢作为、缓作为以及"错报、漏报、谎报、瞒报"等履职过错行为纳入问责事由。《中华人民共和国突发事件应对法》第六十三条规定，地方各级人民政府和县级以上各级人民政府有关部门违反本法规定，不履行法定职责的，由其上级行政机关或者监察机关责令改正；迟报、谎报、瞒报、漏报有关突发事件的信息，或者通报、报送、公布虚假信息，造成后果的，根据情节对直接负责的主管人员和其他直接责任人员依法给予处分。因此应进一步明确政府有关部门新闻发言人在突发公共事件中的功能定位，发挥其连接政府、媒体、公众的桥梁作用，有效避免出现信息发布失真或内容空洞等敷衍行为。

再次，完善预警信息传递机制。一是优化预警信息的识别机制，建立与事件相关的信息实时监控机制，建立预警信息发出人的身份识别机制和身份确认机制。二是优化预警信息的认定机制，健全信息的自动核查机制、专家认定机制以及级别划分机制。三是优化预警信息的发布机制，促进预警信息资源的有效整合，明确各级政府信息发布权限，加强公众的预警信息判断能力。四是优化预警信息传递效果的评估改进机制，基于信息流构建预警信息传递网络，分析评估预警信息传递网络中的关键节点，分析评估预警信息传递网络中的信息路径等。①

---

① 平健.突发公共卫生事件预警信息传递制度优化策略——基于整体性治理理论[J].重庆理工大学学报：社会科学版，2022，36(11)：122—130.

二、调整信息公开主体范围,建立"吹哨人"制度

(一)调整信息公开主体范围

政府是信息公开的法定主体,但是政府官员缺乏判定的专业知识,将会导致对突发事件的危害性或传播力认识不足。因此,在维护政府权威和维护公众生命安全的前提下,还须综合考虑调整信息的公开主体范围,除政府之外,可以增加专业性机构的信息公开权力,如可以规定将各级疾控中心纳入信息公开主体的范围。CDC(各级疾病预防控制中心)的地位要提高,而且要有一定的行政权。我国《传染病防治法》规定:"疾病预防控制机构应当主动收集、分析、调查、核实传染病疫情信息。接到甲类、乙类传染病疫情报告或者发现传染病暴发、流行时,应当立即报告当地卫生行政部门。"由此可见,国家疾控中心与地方各级疾控中心需要负责监测和防控,但没有对外公布消息的权力。因此,可以扩大疾控中心疫情公开的职权范围,一旦有疫情灾害,马上发布预报,不需要请示汇报,这样能够及时、准确传播疫情防控信息,最大限度降低疫情危害。

(二)建立疫情"吹哨人"制度

"吹哨人"是一个外来词汇,通常是指向组织外部披露组织中有害社会公共利益行为甚至非法行为的组织内部人员。披露的途径可以是对内也可以是对外;对内是将其所掌握信息向组织内部的更高级别的领导报告;对外则是向媒体、政府、司法机关披露和举报。概而言之,"吹哨"这一举动的落脚点在于向公众揭露真相以维护公共利益,这也是为何"吹哨人"这一角色通常被冠以"英雄"称号的原因。突发情况下,遵循常规的报告制度可能难以奏效,而"吹哨人"制度为破解这一难题提供了新的视角,但吹哨人制度中的吹哨人是危险的知情人,在面对公共利益或私人利益的博弈时,或者顶着巨大的政府压力时,是否在政府没有公布信息的情况下率先公布信息?在对事件缺乏更多了解的情况下公布危机信息是否会引起不必要的恐慌?因此需要对"吹哨人"制度加以规范。一是要严格限制吹哨人范围,并不是所有人都可以成为吹哨人,吹哨人要具有

一定的专业知识,他必须是信息的直接获得者,而非信息的多次传播或接收者,这样可以避免虚假信息的传播;二是"吹哨人"制度仅限于对于一些突发的和未知的公共事件进行信息公开,而对于已知的事件则要依据法定程序通过法定主体向社会公开,避免信息失真或打架;三是"吹哨人"制度应规定对信息的公开仅限于客观存在的事实,避免吹哨人的主观意识的干扰;四是允许"吹哨人"公开的信息具有一定的容错率,因为面对突发公共卫生事件,即使是专业人士的认识也是有限的;四是建立"吹哨人"制度的奖励和惩罚机制,对于合理传播正确信息的吹哨人给予一定的物质和精神奖励,而对于传播虚假信息的吹哨人应加大惩罚力度。

三、及时、准确、全面公开政府信息,保障公民知情权

及时、准确、全面公开信息,是政府的一项基本职责,其主要目的是控制、减轻和消除突发事件引起的严重社会危害,规范突发事件应对活动,保护人民生命财产安全,维护国家安全、公共安全、环境安全和社会秩序。同时,政府部门对信息的及时、准确、全面公开也是保障公民知情权的重要体现。知情权是公民的基本权利,公民对于国家的重要决策、政府的重要事务以及社会上当前发生的与普遍公民权利和利益密切相关的事件,有了解和知悉的权利。知情权是监督公共权力的有效手段,是保护公民自身利益的需要,是消除谣言,稳定社会秩序和社会发展的需要。

四、统一政府信息公开标准、规范信息公开程序

首先,统一政府信息公开标准。一方面,要明确什么信息可以公开、什么信息不可以公开。政府信息公开时应该坚持"以公开为常态,不公开为例外"的原则。突发公共卫生事件的信息公开必然需要公开病例的相关信息,但由于涉及个人隐私,公开时应注重尺度。在流行病学调查的过程中,应当使用合法和必要的调查手段,不能超越法律规定或者使用的目的范围收集、处理个人信息,不

能将病患的个人隐私随意公布,否则会产生对公民个人权益的伤害,阻碍政府信息公开在突发事件中发挥正面作用。另一方面,要明确公开信息的正确方式。信息充斥着整个社会,各种平台或渠道的信息流汇聚在一起涌入个人的大脑,会让人很难判断信息的真实性,因此官方应统一信息公开标准,比如可以将信息划分为事实信息和决策信息,统一不同信息的公开标准。

其次,规范信息公开程序。虽然我国目前的相关法律法规对突发公共卫生事件的信息报告流程规则进行了规定,但是对于突发公共卫生事件的信息发布程序几乎没有具体规制,只是在法规中原则性地规定"公布信息应当及时、准确",关于公开方式、时限等都缺乏具体的约束和引导。因此,需要进一步完善《中华人民共和国传染病防治法》《中华人民共和国突发事件应对法》《突发公共卫生事件应急条例》等法律法规,明确公共卫生事件信息公开程序,使信息公开做到有法可依,有法必依,避免违法乱纪事件的发生。

五、完善政府信息共享机制,推进数字政府建设

(一)完善政府信息共享机制

一方面,信息共享需要解决以下几个方面的问题:一是加强应急管理部门、卫健委、交通运输部门等部门之间的信息互通共享,打破信息壁垒,进而采取联合行动;二是加强央地之间、各地方政府之间信息协同共享,中央政府及时向地方政府传达事件的最新进展和危机防控决策,各级地方政府之间及时披露信息,避免因信息不对称而引起的危机防控举措的冲突;三是加强地方政府、各委办局及地方公益性组织跨区域信息共享;四是加强政府与公民之间的信息共享,政府及时向公民公开信息,使公民了解危机发展现状和国家政策举措,公民也要及时向政府反馈信息,使政府了解公民对危机防控措施的态度,实现信息互通。

另一方面,信息的公开共享要鼓励政府引领、社会支持、全民参与的基本取向,通过精密的机制设计建立一套跨越部门、层级和领域界限,实现有效收集、

共享和数据分析的基本功能，依托于新的信息化和互联网技术的现代化信息数据管理系统。①

（二）推进数字政府建设

数字政府是在新兴信息技术发展的环境下，用来描述政府的创造性投资以及创新性战略，从而实现更加灵活和有弹性的政府治理活动。信息技术的发展使韦伯式的传统官僚组织面临着去中心化和权力结构重新组合的过程。针对传统官僚组织治理的碎片化与突发公共卫生事件的复杂化，整体性治理的模式可以实现组织间的有效沟通与协调，保持政策目标的一致性和政策合作的网络化。与这种整体性治理相匹配的是现代"互联网＋政务"的信息治理创新。不断地运用"互联网＋"的渠道处理政务信息，及时公开突发公共卫生事件信息，可以提高政府应对社会事务的能力，提升政府治理效能。因此，以大数据、"互联网＋"、云计算为依托，大力建设"数字政府"，以信息化推进公共卫生事件信息及时、准确、全面公开和传播，以信息化推进国家治理体系和治理能力现代化，加快推动电子政务及"互联网＋政务服务"建设，打破信息壁垒，构建在线服务平台，推动用数字决策、用数字管理和用数字服务。多年来，政府在信息化建设方面的投入力度不断加大，许多政府部门硬件设备获得极大改善，但在农村、基层和偏远地区硬件设备仍相对薄弱。现如今，信息化建设更为重要的问题在于，必须解决部门利益阻挠所造成的"信息孤岛"现象，调整信息建设机制，克服以部门为中心的信息建设导致的不能互联互通、对软件开发和系统维护不重视的问题。

---

① 何文盛，李雅青. 突发公共卫生事件中信息公开共享的协同机制分析与优化[J]. 兰州大学学报：社会科学版，2020，48(2)：12—24.

第七章　群防群控机制

在历史前进的过程中,没有人能否认人民群众的力量。一个人的力量是有限的,但是群众的力量是无限的。人民群众是历史的主宰者,是推动社会发展的决定性力量,群众的智慧是无穷的,群众的力量是不可战胜的。

群防群控机制的关键在于充分发挥人民群众的作用,促进群众广泛参与。我国高度重视人民群众在社会事务治理和突发公共事件治理中的作用,在群众参与的政策方针上,党的十六大以来,政府突出强调扩大公民有序参与,确保公民民主选举、民主协商、民主决策、民主管理、民主监督的权利。新时代群众广泛参与已成为衡量民主化程度的重要指标,也是推进公共事务有效解决的关键。检视我国群众在突发公共卫生事件中的参与意识、参与能力、参与方式、参与渠道、参与制度和参与成效等现状将有利于推进国家治理体系和治理能力现代化,促成公共事务的有效治理。

第一节　群防群控机制概述

一、群众与群众参与

群众指的是"人民大众"或"居民的大多数",同义词有民众、大众、大家、公共、团体、集体、全体等。在古汉语中,群众一词已得到了广泛运用,如《荀子·劝学》:"群众不能移也。"《史记·礼书》:"宰制万物,役使群众。"宋代王安石在《虔州学记》中写道:"尚可以鼓舞群众,使有以异于后世之人。"中华人民共和国的主要缔造者之一毛泽东主席更是注重人民群众的作用,他一贯坚持一切依靠群众,一切为了群众。

在国际共产主义运动史上,马克思、恩格斯、列宁都十分重视党同群众的关系,重视做群众的工作。早在170多年前,马克思、恩格斯在创立共产主义者同盟时,就关注着党群关系,他们提出的一系列理论观点,为确立共产党与人民群众的基本关系奠定了基础。马克思主义唯物史观认为,整个社会历史的基础是由人的实践活动构成的。也就是说,人民大众在社会生活中的各种活动推动着整个社会的发展。历史活动是群众的活动,随着历史活动的深入,必将伴随着群众队伍的扩大。其主要体现在三个方面:首先,人民群众是社会物质财富的创造者。整个人类社会之所以可以不断地向前发展,正是因为其自身产生的社会财富在不断增多。而社会财富的产生大部分不是依靠统治者和精英人物实现的,而是依靠处于社会底层的劳动者来实现的。其次,人民群众是精神财富的创造者。劳动人民在从事各种社会活动时往往会将各种美好的东西以不同的方式记录下来,从而形成了人们所追求的无形的精神财富。最后,人民群众是社会变革的决定力量。社会历史发展证明,民心向背是一个政党或统治阶级生死存亡的关键,人类社会的革命运动,本质上是人民群众推翻旧制度、建立新制度的斗争。马克思主义群众观是马克思主义及其政党对待人民群众的总的看法和根本观点,是由马克思主义群众史观、群众观点、群众路线、群众工作方法等组成的理论观点的总称。① 列宁曾经把人民群众比作大海,而共产党人和党的干部只是沧海一粟;斯大林把人民群众比作大地母亲,把布尔什维克党比作安泰(古希腊神话中的巨人),这说明密切党群关系,对于党夺取政权、巩固政权并长期执政,具有决定意义。

我国是人民民主专政的社会主义国家,人民群众是国家的主人。和其他资本主义国家不同,中国共产党坚持群众路线,大力发展人民群众在社会物质财富创造、精神财富创造和社会变革中的作用,树牢群众观点,贯彻群众路线,尊重人民首创精神,坚持一切为了群众、一切依靠群众,从群众中来、到群众中去,始终保持同人民群众的血肉联系,始终接受人民群众的批评和监督,始终同人民群众同呼吸、共命运、心连心。

群防群控的关键在于群众参与。如何实现群众参与是提高行政管理能力和成效的关键,因此在突发公共卫生事件中广泛的群众参与是触发应急管理机制,发挥应急管理成效的关键所在。"群众参与"一词属于舶来品,"群众参与"又称为"公众参与"或"公民参与"。西方关于"群众参与"的研究可追溯到古希腊民主政治学说,"群众参与"一词在实践中可以被翻译为"Political Participation""Public Involvement""Public or Citizen Engagement"等多个术语。学术界对群众参与的概念尚未形成统一认识,早期研究者认为,群众参与必须是群众主动参与并实际影响政府决策活动的行为。② 现代群众参与主要指群众向政府表达意愿或者是通过直接或间接的方式参与国家事务的活动。③ 群众参与范围从单一的投票选举演进为多维的投票选举、合作活动、因个人事务或社会议题联系官员等,并催生了群众网络参与的发展。群众参与作为政治学研究的主

---

① 孟子超. 马克思主义群众观及其重要价值[J]. 公关世界,2021,503(12):166−167.
② Almond G,Verba S. The Civic Culture:Political Attitudes and Democracy in Five Nations[M]. Princeton:Princeton University Press,1963.
③ Camnridge Norris P. Digital Divide:Civic Engagement,Information Poverty,and the Internet Worldwide[M]. England:Cambridge University Press,2001.

题已有 60 余年,西方对群众参与的理解与研究大致经历了 3 个阶段:第一个阶段是 20 世纪 50—60 年代的政治选举和投票阶段。① 从西方民主政治的实践历程来看,群众参与源于 20 世纪 60 年代欧洲和拉丁美洲发起的"社会运动",它是由群体、社会网络和个人等组成的相互联系的网络,它们之间有着共同的集体身份,试图通过非制度化的策略来阻止或促进社会变革。20 世纪 60 年代末,社会运动大幅增长,学生运动、民权运动、和平运动、妇女运动和环境保护运动等蓬勃发展,学界对集体行动的主要形式的解释也从自发的"非理性"爆发转变为具有具体目标、明确表达一般价值观和利益以及合理计算战略的运动。第二阶段是 20 世纪 70—80 年代的制度化和非制度化参与阶段。② 第三阶段则是 20 世纪 90 年代至今的多样化和网络化参与阶段。③

我国所强调的群众参与和西方语境中群众参与的内涵并不完全相同,它植根于中国政治文化传统,并在借鉴和创新的基础上形成了具有中国特色的群众参与路径:一是新中国成立初至改革开放时期的"动员型"群众参与;二是改革开放至 20 世纪末的"自主型"群众参与;三是 21 世纪以来的"政府—公民良性互动型"群众参与。④ 在我国,群众参与有广义和狭义之分,从狭义上讲,群众参与即群众在代议制政治中参与投票选举活动,是由群众参与选出代议制机构及人员的过程,这是现代民主政治的一项重要指标,也是现代社会人民群众的一项重要责任。从广义上讲,群众参与除了群众的政治参与外,还必须包括所有关心公共利益、公共事务管理的人的参与,要有推动决策过程的行动。此外,我国学者根据中国群众参与的政治实践,对群众参与的内涵进行了界定,如俞可

---

① Berelson B R, Lazarsfeld P F, McPhee W N, et al. Voting: A Study of Opinion Formation in a Presidential Campaign[M]. Chicago: University of Chicago Press, 1954:127.

② Sigel, R S, Barnes, Samuel H, et al. Political Action: Mass Participation in Five Western Democracies. [J]. Political Science Quarterly, 1979, 95(3):539.

③ Jensen J L. Political Participation Online: the Replacement and the Mobilisation Hypotheses Revisited[J]. Scandinavian Political Studies, 2013, 36(4): 347—364.

④ 易申波,聂平平. 当代中国公民政治参与 70 年回顾:发展历程、逻辑与动力[J]. 上海行政学院学报,2019,20(4):33—43.

平认为,群众参与就是群众试图影响公共政策和公共生活的一切活动。他认为群众参与是广泛意义上的一个概念,其包括投票、竞选、公决、结社、请愿、集会、抗议、游行、示威、反抗、宣传、动员、串联、检举、对话、辩论、协商、游说、听证、上访等。[①] 贾西津认为,群众参与在经典意义上主要是指群众通过政治制度内的渠道,试图影响政府的活动,特别是与投票相关的一系列行为。现在的群众参与已从政治选举、影响政府决策的行为,发展到公共事务的民主治理。[②] 王锡锌对群众参与的定义是:在行政立法和决策过程中,政府相关主体通过允许、鼓励利害关系人和一般社会群众,就立法和决策所涉及的与利益相关或者涉及公共利益的重大问题,以提供信息、表达意见、发表评论、阐述利益诉求等方式参与立法和决策过程,并进而提升行政立法和决策公正性、正当性和合理性的一系列制度和机制。[③] 项皓认为,群众参与作为一种制度化的公众参与民主制度,应当是指公共权力在进行立法、制定公共政策、决定公共事务或公共治理时,由公共权力机构通过开放的途径从公众和利益相关的个人或组织获取信息,听取意见,并通过反馈互动对公共决策和治理行为产生影响的各种行为,它是群众通过直接以政府或其他公共机构互动的方式决定公共事务的过程。[④] 群众参与强调的是决策者与受决策影响的利益相关人双向沟通和协商对话,遵循公开、互动、包容、尊重民意等基本原则。因此,我们说的群众参与的概念排除了选举,不包括群众或集体单方为个人(或群体)利益或表达意见而采取的行动,如信访、维权行动和集体申诉等,也不包括游行示威等街头行动,因为这不是一个互动决策的过程。也有学者认为,所谓群众参与,是指政府之外的个人或社会组织通过一系列正式的和非正式的途径直接参与权力机关立法或政府公共决策,它是群众在立法或公共政策形成和实施过程中直接施加影响的各种行为的总和。

基于此,我们认为,作为一个概括性术语,现代群众参与描述了人民群众的

[①] 俞可平. 公众参与的几个理论问题[N]. 学习时报,2006-12-18(3).
[②] 贾西津. 中国公民参与案例与模式[M]. 北京:社会科学文献出版社,2008:1-2.
[③] 王锡锌. 行政过程中公众参与的制度实践[M]. 北京:中国法制出版社,2008:2.
[④] 项皓. 赋权与参与的新探索:美国纽约市参与式预算[J]. 新视野,2018(2):122-128.

关注、需求、利益和价值观被纳入公共事务和问题决策中的活动。群众参与具有政治参与的属性,其包括所有关心公共利益、公共事务管理的人的参与,并要有推动决策过程的行动。群众参与的一个重要方面是参与的群众有可能对问题和潜在的解决方案达成共同的理解,并在整个过程中改变自己的想法,而不仅仅是交换或听取其他意见。

二、群防群治与群防群控

群防群治是群众性、互助性自防自治活动的简称。具体来说,是指在各级党委政府领导和专门机关指导下,群众自己组织起来,预防和治理违法犯罪事件,维护所在地区或单位治安的一种活动,是社会治安综合治理工作的一项重要工作原则。

群防群治的主要发生场域在基层,基层是社会治安综合治理工作的重要关口。从本质属性上说,群防群治是典型的基层治理型公私合作模式,是政府部门为有效解决社会事务而采取的政府主导下公民参与和社会互动的合作治理模式。当前,我国正处于经济转轨、社会转型的特殊历史时期,社会治安纷繁复杂,面临很大压力。要解决社会治安问题,必须坚持"打防结合、预防为主"的方针,积极探索和完善在新形势下符合治安工作客观规律的长效防范机制。而群防群治作为治安管理社会化和社会治安综合治理的具体体现,是建设平安辖区、构建和谐社会的基础工程,也是新形势下实现社会治安根本好转的有效途径。

近年来,我国的群防群治工作取得了显著成效。各级党委政府对群防群治越来越重视,支持力度进一步加大,以治保会为主体的群防群治队伍不断发展壮大,战斗力进一步提高。但同时当前群防群治工作仍存一些主要问题,如思想认识存在偏差、管理体制不规范、经费保障不稳定、专职防范力量发展不平衡、工作人员素质参差不齐、部分群众参与意识不强等。随着社会事务的复杂性以及社会风险的积聚和变化,我们需要进一步完善群防群治机制,规范群防群治程序,强化群防群治认知,提高群防群治能力。

群防群控是群防群治的具体化,是在特殊的环境背景下为解决突发公共事件而采取的一种公私合作型的应急管理模式。群防群控是我国应急管理的常用方法,尤其是在我国应急管理事件中(如非典防治、汶川地震、大气污染和新冠疫情等)得到了广泛运用,并取得了突出成效,这与我国特色社会主义制度的优势紧密相关。

　　目前,一些学者从行政学的视角探讨了群防群控的性质。徐柳怡等基于应急管理的实践探索认为,群防群控是城乡社区探索出的具有中国本土特色的"应急管理"+社区应急管理工作模式。社区在应急管理实践中存在制度韧性梗阻、空间韧性不足、组织韧性僵化、社会韧性衰减、技术韧性滞后等问题。因此,要加强顶层设计,提升社区应急管理制度韧性;完善设施规划,提升社区应急管理空间韧性;推进多元共治,提升社区应急管理组织韧性;深化三治融合,提升社区应急管理社会韧性;构建智慧社区,提升社区应急管理技术韧性。[①] 孔凡义等基于公共卫生危机事件的分析认为,群防群控属于社会动员和控制机制,是基层社会的非常规运作形态。群防群控和联防联控共同构成了我国应急管理中自上而下和自下而上的两种"公私合作型"范式。我国联防联控和群防群控机制分别是国家动员和控制、社会动员和控制的具体呈现。群防群控是基层社会的唤醒和动员机制,是动员型治理;联防联控是科层制的改造和非常规运作,是管控型治理。当联防联控与群防群控有效结合,应急管理就可以实现非常规的国家治理和非常规的社会治理的再平衡,它具有强大的控制和动员能力,可以满足应急管理的效率需求。[②]

　　基于已有研究,我们认为,群防群控是指在突发公共事件发生时基层治理的公私合作型模式,在这种模式下,党员与群众、国家和社会形成了互动,可以实现对党政机构、企事业单位、城乡社区的管理全覆盖,这是中国特色的应急管

[①] 徐柳怡,汪涛,胡玉桃.后疫情时代韧性社区应急管理的思路与对策——基于武汉市社区应急管理的实践探索[J].领导科学,2021,801(16):35-38.

[②] 孔凡义,施美毅.联防联控和群防群控:我国应急管理中的控制和动员机制——基于新冠肺炎公共卫生危机事件的分析[J].湖北行政学院学报,2020,110(2):40-47.

理运行方式。从韦伯提出的科层制理论来看,群防群控是基层社会的非常规运作形态,主要解决的是危机管理的资源匮乏问题,它可以动员和唤醒基层社会,使其与政策执行同向而行并参与到政策执行过程之中。群防群控突出了突发公共事件中群众参与自我防范和自我控制的作用,其重点在于力量联合,即政社互动,群众广泛参与,政社协同管控和治理。

三、群防群控机制

群防群控机制是突发公共事件治理中各要素之间的结构关系和运行方式,其强调公私合作,政社协同,多主体广泛参与。群防群控机制是以居(村)民委员会、社会组织、社会企业、社会公众等非政府主体与地方政府(尤其是基层政府)各机构之间为应对突发公共事件(搜集信息、措施落实、知识宣传等)而进行的合作规制。从群防群控机制的构成要素看,群防群控机制的主体主要为突发公共事件中的基层治理共同体,主要由社会主体或私法主体构成(而公法主体成为"退隐主体"),具体包括公民、法人和其他组织,即由社会组织和"实质意义上的私人"两部分构成,其中社会组织又包括营利性组织(即企业)、非营利性组织等。[①] 群防群控机制的客体为突发公共事件或一些社会事务、国家公共事务等。群防群控机制的内容为合作权利义务,群防群控机制的作用发挥特别强调属地、部门、单位、个人的"四方责任",以实现公法责任重心的社会化,建立全社会共同防控体系等。[②] 从群防群控机制的运行方式看,它是各主体之间为了特定的社会事务而联合在一起形成的一种合作关系。

群防群控机制在重大突发公共卫生事件的管理中,通过以居(村)民委员会、社会组织、社会企业、社会公众等非政府主体与地方政府(尤其是基层政府)各机构之间的合作(搜集信息、措施落实、知识宣传等)发挥作用。群防群控机

[①] 邹焕聪.社会合作规制与新行政法的建构——从疫情群防群控切入[J].政治与法律,2022,322(3):2—14.

[②] 邹焕聪.社会合作规制在突发公共卫生事件防控的运用[J].法学,2022,491(10):3—17.

制的主体具有多元化的特点,除政府行政人员外,还包括广大社区干部、小区保安、网格员、单位人员、村两委、驻村干部、社会公众、社会团体、社会组织、专业社会工作机构、物业服务企业、业主委员会、志愿者等。

第二节 群防群控机制的运行

一、群防群控机制的运行原则

群防群控机制本质上是一种公私合作模式,是基层政府对基层社会的非常规动员方式,其主要目的是唤醒基层群众的参与意识,提高基层群众的参与能力。群防群控是群众参与基层社会治理的政治实践,因此借鉴公民参与政治生活所遵循的原则,可以确定群防群控机制的运行需遵循的原则。

(一)群众在法律面前一律平等的原则

其一,这一原则具有一定的法律依据。《中华人民共和国宪法》规定:"中华人民共和国公民在法律面前一律平等。"这是公民享有权利与履行义务必须遵循的一项重要原则,这项原则表明公民平等地享受权利、平等地履行义务、平等地适用法律。其二,公民享有权利与履行义务一律平等。任何公民都平等地享有宪法、法律规定的权利,同时必须平等地履行宪法、法律规定的义务。其三,公民在适用法律上一律平等。一是国家在依法保护公民的合法权利方面,对任何公民一律平等。二是任何公民的违法犯罪行为都会受到法律制裁。三是国家在依法实施处罚方面对任何公民一律平等,不允许任何人有超越宪法和法律的特权。基于此,群众在群防群控中的法律面前一律平等,平等地享有参与的权利与义务。

(二)群众权利与义务相统一的原则

其一,公民的权利与义务是统一的,二者不可分离,权利与义务在法律关系上是相对应而存在的,权利与义务都是实现人民利益的手段和途径。公民在法律上既是权利的主体,又是义务的主体。权利的实现需要义务的履行,义务的履行确保权利的实现。其二,公民的权利与义务具有统一性,二者相辅相成。一方面,国家保障公民充分享有和行使权利,使公民真正认识到自己是国家的主人,更加自觉地履行公民的义务;另一方面,公民自觉履行义务,必然促进社会主义事业的发展,为公民享有和行使权利创造更加有利的条件。因此,不能把公民的权利与义务对立起来。其三,坚持权利与义务统一的原则要求。一方面,我们要树立权利意识,珍惜公民权利;另一方面,我们也要树立义务意识,自觉履行公民义务。群众切实享有参与的权利,也切实履行参与的义务,切实做到人人有责、人人尽责、人人享有。

(三)群众个人利益与集体利益、国家利益相结合的原则

其一,国家、集体与群众个人的利益在根本上是一致的,在行使公民权利与履行公民义务时,必须把国家利益、集体利益与个人利益结合起来。其二,当个人利益与国家利益产生矛盾时,公民的个人利益必须服从国家利益,这是公民爱国的表现。比如,流行病防控过程中,群众应服从政府防疫政策,遵守和配合政府疫情防控举措,做到不信谣不传谣,不给国家添麻烦,树立全局观和大局观,个人利益要服从集体利益和国家利益。

二、群防群控机制的运行特征

群防群控机制的运行特征主要体现在主体的基层性、客体的公共性和内容的合作性等方面。

(一)群防群控机制主体的基层性

基层是联防联控、群防群治的第一线,是确保各项措施落实到位的关键所在。基层党组织和基层干部要广泛动员群众、组织群众、凝聚群众,全面落实联防联控措施,构筑群防群治的严密防线。要开展耐心细致的思想工作,教育引导广大群众服从大局、遵守各项规定、自觉维护社会秩序。

2021年《中共中央国务院关于加强基层治理体系和治理能力现代化建设的

意见》强调,要增强村(社区)组织动员能力,健全村(社区)"两委"班子成员联系群众机制,经常性开展入户走访;加强群防群治、联防联治机制建设,完善应急预案;在应急状态下,由村(社区)"两委"统筹调配本区域各类资源和力量,组织开展应急工作;改进网格化管理服务,依托村(社区)统一划分综合网格,明确网格管理服务事项。

因此,群防群控机制发挥作用的关键在于群众的广泛参与,群防群控机制发挥作用的主要场域在基层,基层是联防联控、群防群控的第一线,基层主体将在基层群防群控机制中发挥中流砥柱的作用。

(二)群防群控机制客体的公共性

从宏观上看,群防群控机制的客体即为突发公共卫生事件。疫情防控是一项艰巨复杂的公共工程,需要积聚各方面的力量,广泛发动群众、组织群众,实现公共部门之间,私人部门之间和公司部门之间的协同高效防控。突发重大公共卫生事件对我国全体人民,甚至是全人类都提出了严峻挑战,群防群控机制正是针对这一公共性的现实挑战而构建的共同体。

具体来看,群防群控机制的客体具有多样性,如疫情防控宣传教育、人员健康监测、疫情信息核实和报送、城乡社区(村)封闭管理、强化车辆通行管控、居民健康全面排查等。

(三)群防群控机制内容的合作性

群防群控机制本质上是突发公共卫生事件中的公私合作机制,群防群控机制既倡导党委领导、政府负责,也要求群众参与、民主协商和社会协同,强调复杂艰巨的系统工程下多主体的合作性。从疫情群防群控机制的属性看,疫情的群防群控可以看作创新社会治理体系的一部分,突发公共卫生事件也可以看作一项复杂的社会事务。因此,从更广泛的社会治理的角度看,完善群防群控机制的过程正是推进中国式社会治理体系和治理能力现代化的过程。党的十九届四中全会指出,"必须加强和创新社会治理,完善党委领导、政府负责、民主协商、社会协同、公众参与、法治保障、科技支撑的社会治理体系,建设人人有责、人人尽责、人人享有的社会治理共同体,确保人民安居乐业、社会安定有序,建设更高水平的平安中国"。这一要求,体现了党领导下多方参与、共同治理的理念,是社会治理理念、治理体制和治理方式的一次重大创新,是推进国家治理体系和治理能力现代化的必然要求,也是群防群控机制在危机防控中形塑各方合作型关系的集中体现。

群防群控机制的精髓是社会主体与政府协同共治,其性质在于挖掘城乡社区自治组织"自我管理、自我服务、自我教育、自我监督"的治理能力,并在此基础上与国家赋权相融合,与政府服务合作,与政府监督协调。群防群控机制超越了基础群众性自治组织行使自治权的范畴,倡导协同其他多方主体与政府一道共同对突发事件进行基层治理。作为基层治理的方式,群防群控践行了党的群众路线,并与疫情防控发生了关联,成为有效治理突发公共卫生事件的有益模式。①

三、群防群控机制的运行作用

群防群控就是要充分发挥人民群众的积极作用,使人民群众参与到突发公共安全事件防控中来,其作用主要体现为以下几个方面:

(一)遏制危机蔓延,稳定社会秩序

在突发公共安全卫生事件中,对于群众来说,群防群治既有普适性的居家隔离,做好自身防护,也有作为志愿者参与突发公共安全卫生事件防控实践活动中来。如养成勤洗手、戴口罩、公筷制等卫生习惯和生活方式,不随地吐痰、加强锻炼等。

(二)维护群众利益,增强政治认同

公共卫生事件严重威胁着人民群众的生命健康安全,群防群控机制的实施,一方面可以有效阻止危机的传播和蔓延,保障人民群众的生命健康安全,对人民群众来说,这是最切实的利益。另一方面,可以维护群众的经济利益。经济社会是一个动态循环系统,不能长时间停摆。群防群控机制可以推动企事业

---

① 邹焕聪.社会合作规制在突发公共卫生事件防控的运用[J].法学,2022,491(10):3—17.

单位复工复产,恢复生产生活秩序,这关系到民生保障和社会稳定,关系到实现全年经济社会发展目标任务,关系到全面建成小康社会和完成"十四五"规划,关系到我国对外开放和世界经济稳定。推动企业复工复产,打通人流、物流堵点,放开货运物流限制,确保员工回得来、原料供得上、产品出得去,复工复产对企业和人民群众的经济利益的获取具有重要意义。同时,群防群控机制能够使群众的各项诉求得到充分表达,满足群众各种具体需求,帮助群众降低损失,进而增强群众的安全感和满意度,增强群众对国家政策的认同感和政治信任感。

(三)行使公民权利,承担公民责任

群防群控机制倡导人人参与,大家共同当好"守护者""监督员",构筑群防群控"防火墙"。防控是一份责任,人人肩上有担子。医护人员发挥专业特长,在救治一线用生命保卫生命,而对于普通群众来说,联防联控、群防群控也是自己履行公民义务的途径。从现实来看,社区是难点,也是重点。这就要求我们每一个人要立足所在的社区,既当"守护者",又当"监督员"。具体而言,就是要发扬志愿奉献的精神,一方面,协助社区全力做好监测、排查、预警等工作,当好"守护者";另一方面,要"眼睛向外看",发现身边存在的危机苗头,要第一时间及时报告、及时阻止、及时处理,当好"监督员"。只有既守护好,又监督好,才能最大限度地消除每一处隐患,为化解危机提供坚实支撑。因此,参与危机管理是每个公民应该行使的权利,也是每个公民应该承担的责任。

(四)完善治理体系,展现良好形象

群防群控机制是在突发公共事件中广泛应用的非常规管理模式,其主要目标是突破传统的科层制官僚体系,促进突发公共事件的快速应对和解决,其本质上是一种公私合作、政社合作的关系模式。这种公私合作的治理模式契合新时代基层社会治理的本质属性,因此群防群控机制是基层社会治理工具的重要补充。群防群控机制的良性运转能够进一步形塑基层政府与社会的合作型治理关系,构建人人有责、人人尽责、人人享有的基层社会治理共同体,推进基层社会治理体系和治理能力现代化,提高社会治理效能,发挥中国特色社会主义

制度的优势。此外,社会主义和资本主义是两种不同的国家制度形态,社会主义制度的优越性和无可比拟性需要进一步传播,而社会主义制度的根本特性就在于人民当家做主,人民群众是国家的主人。扩大人民群众的参与范围,激发人民群众的参与意识,凸显了中国特色社会主义制度的优越性,充分展现了中国人民的制度自信、道路自信、理论自信,展现了良好的国际形象。

第三节 群防群控机制的基础逻辑

从群防群控机制的运行特征看,群防群控机制的主体具有基层性,群防群控是实现突发公共卫生事件治理能力现代化的基层治理方式。因此,实现突发公共卫生事件基层治理有效性、合理性和合法性的关键是构建基层治理共同体,而构建基层治理共同体的过程即群防群控机制主体之间实现协同治理的过程,基层治理共同体是当今群众参与治理的主要存在范式,是实现公私合作型治理的根本面向。群防群控机制的关键在于政府部门动员群众、组织群众和凝聚群众,群防群控机制的关键性主体则为政府(中央政府和基层政府)和社会群众,构建或完善群防群控机制的过程主要涉及各级政府科层制体制下的制度设计与权力下放、基层政府的资源获取和理性选择、群众的资本赋能和自主能动性等。在此过程中,政府与群众的合作型关系形塑遵循着一定的逻辑基础。

一、群防群控机制的制度逻辑:制度创新与权力下放

(一)科层制下的制度创新,促进共同参与

群防群控可以归属于科层制理论的范畴,突发公共事件治理层面的制度创新旨在重构科层制组织结构,促进基层治理共同体中的群众等多元主体的共同参与。其中,基层群众自治制度和基层协商民主制度为群众等多元主体的共同参与提供了制度保障。

一方面,我国的基层群众自治制度是城乡居民以相关法律法规政策为依据,在城乡基层党组织领导下,在居住地范围内,依托基层群众自治组织,直接行使民主选举、民主决策、民主管理和民主监督等权利,实行自我管理、自我服务、自我教育、自我监督的制度。基层群众自治是人民当家作主最有效、最广泛的途径。中共十七大将"基层群众自治制度"首次写入全国党代会报告,正式与人民代表大会制度、中国共产党领导的多党合作和政治协商制度、民族区域自治制度一起,被纳入中国特色政治制度范畴。

另一方面,协商民主制度具有广泛性和多层型,上至国家层面,中至各省市区县等区域,下到基层,凡属于人民最关心最直接最现实的利益问题,都可以协商,上下互动,左右相联,从而形成多样化、立体化的格局。党的十八大报告提出了"积极开展基层民主协商"的要求,这是对改革开放以来我国基层民主政治建设新经验的充分肯定。目前,协商民主正在成为地方政府和基层组织民主管理、民主决策和民主监督的重要制度模式。协商民主在具体形式上多种多样,除了民主恳谈、参与式预算外,还有民主协商会、公民评议会、居民/村民代表会、听证会、公民陪审团、协商民意测验、法人论坛、集体工资协商等形式,这些多样化的形式不仅使协商民主在基层得到了丰富体现,而且使自治民主得到了充分保障。

2021年国家颁布的《中共中央国务院关于加强基层治理体系和治理能力现代化建设的意见》突出强调了健全基层群众自治制度,广泛实行群众自我管理、自我服务、自我教育、自我监督,定期开展民主协商,加强群防群治。群防群控机制的制度创新有其发展的层级性。其一,中央政府的顶层制度设计为群众等多主体参与疫情防控奠定了基调,中央政府高度重视和持续推进疫情防控的制度创新,促进共同参与。2021年,《中共中央国务院关于加强基层治理体系和治理能力现代化建设的意见》指出,要"加强群防群治、联防联治机制建设""认真总结新冠疫情防控经验,补齐补足社区防控短板,切实巩固社区防控阵地"。其二,省市县政府的制度创新安排为乡镇政府的群防群控机制运行提供了依据,"一切按制度办事""办事查文件"成为乡镇政府行政的行为准则,在省市县政府的制度和政策安排下乡镇政府制定相应的政策举措。其三,乡镇政府的政策方针为多主体参与基层治理共同体构建提供了发生场地,基层是国家与社会联结的场域,基层的有效治理是实现社会治理现代化的基础和关键。基层群防群控的目标是实现社会的有效治理,而基层有效治理需要实现公私合作型治理,即在社会秩序与活力之间寻找平衡区域,以正式制度的刚性治理维护社会秩序非正式制度的柔性治理,激发社会活力,在维护乡镇秩序的同时,实现群防群控。

(二)科层制下的权力下放,实现赋权增能

制度创新需要打破原始的制度均衡,而非均衡状态的发生意味着权力的再分配。随着社会民主基础的完善和市场经济的发展,"去科层化""简政放权"成为包括中国在内的世界各国改革国家治理模式的有效途径。其一,分级管理和行政发包下行政任务的层层下达成为中国的政府层级结构特征。中国长期沿用"属地管理"的治理模式,上级政府将行政事务下发给下级政府,下级政府承担较多事权,拥有自由裁量权,因此"行政发包制"是一种行政分权的方式[①],但该过程中涉及财权和事权划分不匹配的问题。这种体制关系在县乡政府之间尤为明显,"压力型体制"与"政治承包制"是县乡关系的突出特征,县乡政府为达成事务的解决会签订一系列责任状,这些责任状也成为考核乡政府的重要依据。[②] 为完成县政府安排的任务,乡政府积极筹集必要的财政资金支持,从而表现为上级政府的事权下放和财权控制。其二,乡镇政府向村级自治组织下放事权,乡镇政府存在着事多、责大、权小及众多治理规则的复合性结构问题[③],为了"转移"治理压力,突破传统科层制组织结构界限,乡镇政府向社会群众"赋权增能",社会力量"反哺"基层政权建设。因此,科层制下的权力下放,真正实现了对基层政府、村级组织和群众的赋权增能,使得群众参与社会治理成为可能。

---

① 周黎安.行政发包制[J].社会,2014,34(6):1—38.
② 荣敬本.从压力型体制向民主合作体制的转变:县乡两级政治体制改革[M].北京:中央编译出版社,1998:136—137.
③ 狄金华.农村基层政府的内部治理结构及其演变[J].北京大学学报:哲学社会科学版,2020(2):87—98.

二、群防群控机制的资本逻辑:资源塑造与资本赋能

(一)政府正式治理资源与社会非正式治理资源塑造,共谋合作

基层政府处于国家与社会的交汇点,是构建基层治理共同体的核心战略要地,也是危机管理的关键关口,更是群防群控机制发挥效用的主要场域,但基层政府普遍面临正式治理资源匮乏的困境。构建群防群控机制的过程也是吸纳非正式治理资源(社会群众、社会企业等)"共谋合作"的过程,意在实现政府与群众对社会的协同治理。其一,在"锦标赛体制"驱动下,基层政府基于考核和监管压力,实现政府主导下的社会协同和公众参与,这种"治理锦标赛"作为一种自上而下"强监控—强激励"的运作机制通过量化考核、评估排序及业绩激励等方式激发基层政府的治理动力。[1] 基层政府为在治理竞赛中胜出,会主动吸纳群众、企业等利益相关者参与协同共治,形成正式治理资源和非正式治理资源的融合。其二,基层政府的权力势能并不能完全应对突发公共事件,为完成上级政府的检查和考核,基层政府通过对非正式治理资源关系的临时、巧妙运作形成治理同盟,权力势能成为基层政府解决难题的策略选择。其三,基于压力体制和晋升博弈,基层政府与某些场外非正式资源达成治理共识,形成"利益共谋",这种地方剧场政治的共谋行为已经成为一个制度化了的非正式行为。[2] 总之,群防群控机制的构建和完善正是政府吸纳群众等多元主体参与共治以及提高政府治理能力和强化应急管理成效的重要举措。

(二)群众资本禀赋增能,参与共治

在构建群防群控机制的过程中,政府属于客观存在的制度设计者,而群众参与是基层治理共同体成功运作的核心,因此基层治理共同体关注的核心问题应是促进公众参与。我们强调建立人人有责、人人尽责的基层治理共同体,但

---

[1] 金江峰.服务下乡背景下的基层"治理锦标赛"及其后果[J].中国农村观察,2019(2):123—133.
[2] 周雪光.基层政府间的"共谋现象"——一个政府行为的制度逻辑[J].社会学研究,2008(6):1—21.

在治理实践中要真正实现人人参与是有很大难度的。虽然每个公民在法律面前是平等的,但治理实践的参与者总是存在差异性,如熟人社会下的富人治村、能人治村,宗族派系、经济文化能人等非制度性精英参与自治等,都为基层治理共同体的实现造成了阻碍。在高层次的治理活动中,治理本身也是一种稀缺资源,需要个体资本禀赋的支持。除此以外,人力资本是影响群众参与的重要因素,作为"公民货币"的政治知识和能力是预测政治参与的重要因素,拥有更多政治知识和能力的公民知道何时何地如何参与何种事务。社会资本同样影响群众参与。社会资本归根结底是一种资源,其本质属性与功能在于可以为拥有者带来各种增值或收益。马克思主义政治经济学认为,经济资本是"能带来剩余价值的价值",布迪厄则认为经济资本是"能获得更多资源的资源"。资本和权力是一种动态关系,调适"资本与权力"的合适区间才能避免基层治理共同体的畸形发展。在应急管理过程中,群众积极响应政府号召是普适性或普遍性的群众协助政府举措,但在具体的危机管理过程中,群众必然受到资本禀赋的影响,如群众的受教育程度、应急管理的知识和能力等。

三、群防群控机制的选择逻辑:理性选择与能动策略

(一)政府的理性选择

政府作为一个特殊的政治行动者,本身兼顾了"公利性"和"自利性","公利性"体现在中央政府为了保证执政合法性,命令或会同各层级政府在任务导向下选择构建群防群控机制与基层治理共同体。乡镇政府处于社会管理的最基层,多重任务发包下可能会选择"适应性执行"。"自利性"体现在政府官员为了"职位收益最大化"而选择利己的行为策略。政府具有公共属性和价值导向责任,也就是亚里士多德所说的追求"最高而最广的善业"。政府的职能是提供公共产品和公共服务,并以公共利益为依归,因此构建群众广泛参与的社会治理共同体是坚持以人为本、发挥群众主人翁精神的理性选择。政府归根结底是由人组成的,因此政府作为客观存在的个体也具有"自利性"。从理性选择制度主

义的分析视角看,作为理性经济人,在施政过程中,政府的决策必然要基于"成本—收益"的考量,而获得收益或降低成本正是构建群防群控共同体的源动力。因此,构建群防群控共同体是政府理性选择的结果。

(二)群众的能动策略

群防群控共同体是形式化程度较高的集合体,群众的协作是"有意识的"和"审慎的"[1],因此会呈现出群众参与社会管理的差异化。究其原因:其一,群众行为活动的本质是"趋利避害",群众作为纯粹的理性经济人,在群防群控参与中的策略选择主要受"成本—收益"的影响,是否参与社会治理主要取决于其行为是否能够实现综合效益最大化,如村级自治组织中的村干部作为政府代理人与村庄当家人,综合考量自身及其他主体的利益做出占优选择;如企业主综合考量经济效益和社会效益选择不参与或参与的行为策略。其二,马斯洛需求层次理论认为,安全需求是人类最基本的需求,当群众处于不安全环境中时,会基于生存的需要自主能动参与到社会治理中来,进而维护自身权益。其三,所有的群众都是有认知能力的行动者,所有的行动者对他们日常生活中的所作所为的条件和后果都有清晰的认知[2],行动者的认知能力嵌入话语意识和实践意识,从而达成参与共识并投入参与实践。随着国家参与环境的完善及群众参与意识的提高,群众主动参与最普适性的社会治理成为维护自身生命健康安全的最优策略,而是否参与应急管理的志愿活动则会受到多方因素的影响,除了资本因素外,参与收益和参与成本也是群众考虑的重要因素。

第四节 群防群控机制的改革创新

群防群控机制面临诸多挑战,可以基于以下几个方面改革创新突发公共安

---

[1] [美]W. 理查德·斯科特,杰拉尔德·F. 戴维斯. 组织理论:理性、自然与开放系统的视角[M]. 高俊山,译. 北京:中国人民大学出版社,2011:98—100.

[2] [英]吉登斯. 社会的构成[M]. 李猛,译. 北京:生活·读书·新知三联书店,1998:152—155.

全卫生事件群防群控机制。

一、提高群防群控意识

第一,提高政府官员的群防群控意识。政府是突发事件防控的主要领导者、组织者和政策实施者,政府在防控中处于核心和主体地位。因此,群防群控机制的作用是否能有效发挥很大一部分原因在政府,而政府作为一个独立的组织,其本身并没有意识形态上的主动性或倾向性,政府归根结底是由人(即以政府官员为代表的公务员)组成的。因此,需要提高政府官员群防群控意识,转变传统的思想认识,充分发动人民群众的积极性和创造性。同时,还要为人民群众参与防控提供机会和平台,为人民群众参与防控创造条件,培育人民群众参与防控的土壤。

第二,提高群众的群防群控意识。群防群控的核心问题是人民群众广泛参与防控,因此,群防群控的关键是提高人民群众的参与意识和参与意愿,促发人民群众的参与行为。一是加大人民群众参与群防群控的宣传力度,提高每个群众群防群控的责任意识;二是加大对群防群控的奖惩力度,对于积极参与防控的群众给予一定的物质或精神奖励,同时加大公安机关对相关违法行为的打击力度,增强群众对政府的信任感。

二、健全群防群控法律

无论是管理者,还是被管理者,如果其行为缺乏明确规则和法律保障,没有公认标准和尺度,其行为选择往往会偏离预定的轨道。因此,创新和实施党政部门依法施政责任制,开展公民规则意识和公共意识的讨论,形成群防群控全民法治观念,确立群众群防群控自我管理和自我监督的制度和机制,有助于促进法治的进步。在具体的工作中,国家立法部门应尽快开展有关群防群控的组织立法。可以基于以下思路进行:一是制定重大突发公共安全事件群防群控的全国性法律、法规或者部门规章,统一和规范群防群控队伍的性质、任务、组建原则、权利、义务,明确群防群控的工作内容、工作方式、经费来源、管理支出、组织架构、法律体系等。避免重大突发公共安全事件群防群控机制运作的权责不清、运作混乱、管理不明等问题,确保群防群控组织的社会地位和规范运行。二是做好全国性的群防群治组织机构(如保安服务公司、治保会、治安联防队等)的专门立法工作。三是地方政府制定更加详细、具体的重大突发公共安全事件群防群控法律法规,因地制宜地指导地方群防群控工作。

三、强化群防群控经费保障

重大突发公共安全事件群防群控需要一定的经费保障。资金不能保障,再好的设想与计划都难以落实,群众再需要的事也办不成,只有资金得到了保障,重大突发公共安全事件群防群控工作机制才能得到保障。为此,要做到以下几点:

第一,拓宽经费来源渠道,加大群防群控经费保障力度。从健全管理机制入手,拓宽群防群控经费渠道。首先,经济较发达地区的政府要将经费纳入财政预算,由财政出资设立治安防范基金,按一定标准从财政直接划拨注入。其次,本着谁受益、谁出资的原则,由各企事业单位、业主、住户共同出资筹集治安防范经费,聘请保安或筹建群防群控队伍。再次,建立群防群控基金会,接受有志于群防群控的组织和个人的捐助。最后,应坚定不移地将群防群控工作推向市场,通过市场来调节、规范,解决其经费等问题。

第二,建立重大突发公共安全事件群防群控经费(资金)管理制度,加强对群防群控经费的管理和监督,防止滋生腐败。

四、规范群防群控管理体制

目前,我国群防群控管理体制不够健全,仍存在多头管理、管理混乱、无效管理等现象,需要进一步规范。第一,落实责任追究制,解决好制度问题。要想让群防群控工作健康、持久地开展,必须建立一整套责任追究规章制度,用制度保障群防群控工作机制。要实行党政领导层层分包责任制和逆向追究领导责任制,下级出了问题,造成严重后果的,要追究分包领导责任,同时也追究直接领导责任,这样基层群防群控工作才不会流于形式,才能得到认真开展,群防群控工作机制才能得到进一步健全。第二,统筹群防群控管理部门的职责,实行自上而下的纵向管理,防止政出多门、防止多头管理部门之间的相互推诿扯皮,强化上级政府对下级政府的管理和指导以及下级政府对上级政府的监督和反馈,保障上下级政府之间任务明确、指导有序。第三,完善群防群控工作的组织运行机制,明确群防群控组织内部架构、运作程序和管理模式,建立完善的考评体系。

第八章　政企合作机制

政企合作机制主要基于两个方面的事实：一是危机事件要防住，充分发挥政企合作的合力优势是取得胜利的关键，尤其是面对突发公共卫生安全事件，充分发挥联防联控机制、群防群控机制的作用，激发政府、企业和第三方社会组织的活力，协调好政府机制和市场机制的协同关系（包括合作、制约、监督等关系）已成为治理突发公共安全卫生事件共识。二是经济要稳住，公共卫生事件使经济下行局面下本就受挫的中小微企业步履维艰。生产资料短缺、仓储运输受阻等问题困扰企业发展。为给中小微企业纾困，政府要打出政策"组合拳"，保证产业链稳定、供应链畅通。政府与企业携手，通过政策引领、科技助力、金融支撑，找到破局之道，提振市场信心，帮助企业共渡难关。因此，政企合作机制既可以充分发挥政府和企业在防控中的协同治理优势，共渡难关，也可以发挥政府的宏观调控优势和企业的灵活应对优势，应对经济下滑。总体来看，危机管理过程中，数以万计的企业加大马力投入生产活动，可以在应急物资短缺的情况下发挥积极作用，协助政府应对各种物资、设备等不足的挑战，为人民群众的生命财产安全贡献重要力量。但不可否认的是，由于协同意识淡薄、体制机制障碍，政企合作机制仍存在诸多问题，如政企协调机制不健全，沟通机制不畅通,激励机制不完善,应急物资储备供应、调配运输、质量监督不足。这些传统的政企合作理念和方法的结构性缺陷,一定程度会影响应对公共卫生安全事件的能力。

随着社会风险、自然风险的积聚,以及流动性风险、冲突性风险、系统性风险叠加共生,显性风险趋于隐性化,隐性风险趋于复杂化,危机事件突发、多发、易发、并发开始成为现实问题。面对政企合作机制存在的诸多问题和挑战,积极优化政企合作机制,有效应对未来各种突发危机事件,成为政务界和理论界面对的一个重要课题。突发危机事件,尤其是公共卫生安全事件中应急物资生产和储备、应急设施建设和完善、应急资金筹措和捐助、应急力量积聚和帮助等,这些目标均需要政企的通力合作才能得以实现,如何协调好政府与企业的合作关系,如何构建完善的政府与企业合作机制,成了摆在政府面前的一大挑战和难题。

第一节 政企合作机制概述

一、政企合作机制与 PPP 模式

政府与企业作为社会经济发展的两大主体和重要支柱,其关系决定了一国经济的繁荣或停滞,因此政企关系是现代经济学研究最重要的一组关系。在经济运行中,政府意志代表国家意志,企业行为代表市场行为。在经济发展中,政府和企业虽然主体目标不同,但企业经营终究要置于一定的国家治理之下,而国家要实现自身的经济目标,企业又是不可或缺的工具,因此政企之间的结合不可避免,两者的结合模式会影响企业的微观效率,更决定了宏观经济的增长与波动,也体现了国家的性质和特征。[1]

---

[1] 林光彬,徐振江.中国政企合作的政治经济学分析[J].教学与研究,2020,503(9):15—25.

政企合作并不是一个新话题。随着新公共管理和新公共服务理论的诞生和发展,政企合作理论日益成熟,政企合作实践如火如荼。市场经济条件下,政府极为重视市场在资源配置中的作用,强调发挥市场这只"看不见的手"的作用,在公共物品供给和社会治理等活动中摆脱传统的政府威权,在政府活动中充分引入市场机制和竞争机制,发挥政府与企业的优势互补关系。

在我国,社会主义市场经济体制的确立以及社会主义市场经济的逐步发展,使得政企合作在各个领域大显身手。纵观20世纪90年代以来我国经济迅速发展的历程,政企合作紧密而广泛,政企合作已成为发展基础设施、完善社会福利、加快科技创新、提高群众生活质量的关键举措,在我国社会主义市场经济发展中扮演了举足轻重的角色。然而,随着社会主义市场经济体制改革的深入,一方面,政企合作也面临着制度化、规范化和科学化不足的问题,一定程度上制约了政企合作机制的良性运转,阻碍了企业的创新动力和创新绩效,降低了政府公共物品供给的数量和质量;另一方面,企业自身的运行机制不完善,内在创新动力不足等问题也影响着政企合作的意愿和深入发展。而政企合作的短板和不足在应对公共卫生安全事件中也得以体现,一定程度上降低了应对绩效。

正如前文所述,"机制"一词最早来自希腊文,是人们为了达到某种目的而制造的工具和采取的手段的总称,包含了各要素之间的结构关系和运行方式。公共卫生政企合作机制是指在突发公共事件治理中各要素之间的结构关系和运行方式。作为主要以政府和企业为主体为应对突发公共安全事件而进行的合作规制,政企合作机制强调公私合作与政企协同。政企合作机制的主体主要为政府和企业,其中企业既包括国有企业,也包括民营企业。公共卫生政企合作机制的客体为突发公共卫生事件,具体如应急物资生产和储备、应急设施建设和完善、应急资金筹措和捐助、应急力量积聚和帮助等。[①] 公共卫生事件的应

[①] 邹焕聪.社会合作规制与新行政法的建构——从疫情群防群控切入[J].政治与法律,2022,322(3):2—14.

对是一项艰巨复杂的工程,涉及方方面面的工作,政企合作机制作用的发挥需要政府和企业各方力量的支持与配合。

有些学者将政企合作直接翻译为"Public-Private-Partnership",即公私合作伙伴关系(PPP)。该词最早由英国政府于1982年提出,是指政府与私营商签订长期协议,授权私营商代替政府建设、运营或管理公共基础设施并向公众提供公共服务。PPP模式是公共部门通过与私人部门建立伙伴关系提供公共产品或服务的一种方式。私人部门参与提供公共产品或服务已有很长历史,但在PPP这一术语出现之前,人们广为使用的术语是Concession、BOT、PFI等。PPP本身是一个意义非常宽泛的概念,加之意识形态的不同,要想使世界各国对PPP的确切内涵达成共识是非常困难的。德国学者诺伯特·波特(Norbert Portz)甚至认为试图总结PPP是什么或者应该是什么几乎没有任何意义,它没有固定的定义,也很难考证这个含义模糊的英文单词的起源,PPP的确切含义要根据不同的案例来确定。

PPP模式以其政府参与全过程经营的特点受到国内外广泛关注。PPP模式将部分政府责任以特许经营权的方式转移给社会主体(企业),政府与社会主体建立起"利益共享、风险共担、全程合作"的共同体关系。PPP模式能让政府的财政负担减轻,社会主体的投资风险减小。PPP模式比较适用于公益性较强的废弃物处理工作或其中的某一环节,如有害废弃物处理和生活垃圾的焚烧处理与填埋处置环节。这种模式需要合理选择合作项目并考虑政府参与的形式、程序、渠道、范围与程度,这是值得探讨且令人困扰的问题。在发达国家,PPP模式的应用范围很广泛,它既可以用于基础设施的投资建设(如水厂、电厂),也可以用于很多非营利设施的建设(如监狱、学校等)。我国PPP模式发展较晚,目前仍处于不断完善的过程中,根据中国公私伙伴关系中心的统计,截至2019年6月,我国的PPP项目总数为9 036个,投资额达到13.6万亿元。其中,用户付费项目仅占6.9%(占总投资的9.1%),涉及生态建设、水利建设、农业和林业的生态环境 PPP 项目约 1 407 个,占总项目的 15.57%。①

需要注意的是,基于中国的政治情景,政企合作机制并不完全等同于 PPP 模式,两者既有相同之处,又有区别。

政企合作和 PPP 模式的相同之处体现在以下几点:一是都强调政府机制和市场机制的协同关系。随着社会不可知性的增加以及社会公民公共服务需求的多元化和高质化,政府并不能完全应对各种突发公共安全事件,也不能完全满足公众的多样化需求,政企合作因此成为当今政府治理的一项重要法宝,为缓解政府治理压力,提高政府治理绩效提供了有效思路。二是都强调政府部门的有力支持。应对公共卫生事件的政企合作机制强调政府的主导和引领作用,政府在二者的关系中始终处于控制地位。在 PPP 模式中,政企合作双方的角色和责任会随项目的不同而有所差异,但政府的总体角色和责任却是始终不变的,即为大众提供最优质的公共设施和服务。PPP 模式是提供公共设施或服务的一种比较有效的方式,但并不是对政府有效治理和决策的完全替代。在任何情况下,政府均应从保护和促进公共利益的立场出发,负责项目的总体策划,组织招标,理顺各参与机构之间的权限和关系,降低项目总体风险。三是都强调企业的参与作用,而政府始终处于领导和监督地位,企业服从于政府。

政企合作和 PPP 模式的不同之处体现在公共性和私利性方面,也就是目标的"无利可图"和"有利可图"。政企合作的优势更多地体现在突发公共卫生事件中,发挥企业的公共属性,并不是以"利益交换"为目的的合作,更多的是强调企业的社会责任,为社会与公众提供公共产品和公共服务,保障公民的生命健康安全,因此较多体现为企业的公共性。而 PPP 模式在一定程度上需要保证民营资本"有利可图"。私营部门的投资目标是寻求既能够还贷又有投资回报的项目,无利可图的基础设施项目是吸引不到民营资本投入的。

---

① Cheng Z, Wang H, Xiong W, et al. Public-Private Partnership as a Driver of Sustainable Development: Toward a Conceptual Framework of Sustainability-Oriented PPP[J]. Environment, Development and Sustainability, 2021(23): 1043—1063.

二、政企合作机制的运行原则

(一)目标导向原则

政企合作的主要目标是尽快取得应对公共卫生安全事件(尤其是公共卫生安全事件)的胜利,但在此过程中政府和企业的优势不同,不同的企业的优势也有所不同,因此政府需要与相关企业展开协同合作,如与医护用品生产企业、基础设备生产企业、交通运输企业、食品生产企业、物流服务企业等一起,以目标为导向制定具体的政企合作机制,进而有效应对突发公共安全卫生事件。

(二)政府主导、企业协同原则

其一,公共卫生安全事件的处理作为一项公共活动,需要充分发挥政府维护公共安全、提供公共服务的职能。因此,政企合作过程中,政府要始终处于主导地位,并进一步完善政企合作的制度化和规范化,积极鼓励和引导企业参与,为企业参与营造有效的外部环境。其二,由于公共卫生事件防控的公共属性,企业在防控中始终扮演着政府协助者的角色,听从政府的指挥和领导,遵守政府的各项规章制度,履行企业社会责任。

(三)风险分担原则

风险指可能发生的危险。风险应对有四种策略:风险规避、风险降低、风险分担和风险承受。公共卫生事件防控的公共性,决定了政府的主导地位,因此政府承担着公共卫生事件防控的所有风险,但是由于公共卫生事件的突发性、高传染性,政府难以仅凭一己之力应对,为了有效降低相关危害,以政企合作为表征的风险分担成为政府有效应对风险的策略之一。风险分担策略是借助他人力量,采取业务分包、购买保险等方式和适当的控制措施,将风险控制在可承受范围之内的策略。面对公共卫生事件,政府和企业之间要实现动态风险分担,由对风险最有管控能力和最低管控成本的一方承担相应的风险,以实现物有所值。[①]

(四)相互监督的原则

政企合作过程中,政府与企业均是监督者和被监督者,两者相互监督,以杜绝腐败及提高工作绩效。第一,政府监督企业行为。如政府将应对公共卫生事件的部分物资生产委托给企业,政府需要对特许经营者生产的产品或提供的服务进行监管(该过程中涉及准入监管、质量监管和绩效监管),进而保障相关物资的保质保量交付,最大限度降低事件的危害。第二,企业监督政府应对公共卫生事件的行为。应对公共卫生事件作为一项公共事务活动,该行为的主体是政府机关相关公务人员,公务人员在该行为中可能出于私利而损害公益,因此企业对政府部门的监督,一定程度上可以降低腐败事件的发生,保证政府的清正廉洁。

三、政企合作机制的运行作用

政企合作使政府部门和社会企业能够充分利用各自的优势,即把政府部门的社会责任、远景规划和协调能力与社会企业的创新精神、灵活灵动、民间资本和管理绩效结合在一起。

(一)转化政府职能,降低政府财政负担

政府可以从繁重和芜杂的危机管理事务中脱出身来,从过去的基础设施与公共服务的提供者变成监管者,保证应急管理的质量,在财政预算方面减轻自身压力,实现风险分担。

(二)发挥各自优势,提高防疫效率

政府部门和社会企业可以取长补短,发挥政府作为公共机构和企业作为私营组织的优势。双方在应急处置中可以充分发挥自身的能动性和创造性,形成互利的长期目标,提高危机防控效率和公共服务质量。

[①] 王刚,王宇.王守清:PPP必须遵循四个相关联核心原则[J].交通建设与管理,2016(19):43—45.

（三）发挥企业创造性，加快科技研发攻关

综合多学科力量开展科研攻关，加强公共卫生事件应对与管理等理论研究。要加大药品和疫苗研发力度，同临床、防控实践相结合，调动科研院所、高校、企业等的积极性，在确保安全性和有效性的基础上推广有效的临床应用经验，力争早日取得突破。总之，政企合作可以加快科技研发攻关，发挥企业的创造性优势。

（四）推动企业复工复产，减轻经济下滑压力

落实分区分级精准防控策略，打通人流、物流堵点，放开货运物流限制，确保员工回得来、原料供得上、产品出得去。产业链环环相扣，一个环节阻滞，上下游企业都无法运转。区域之间要加强上下游产销对接，推动产业链各环节协同复工复产。要积极扩大国内有效需求，加快在建和新开工项目建设进度，加强用工、用地、资金等要素保障，用好中央预算内投资、专项债券资金和政策性金融，优化投向结构。公共卫生危机对产业发展既是挑战也是机遇。一些传统行业受冲击较大，而智能制造、无人配送、在线消费、医疗健康等新兴产业展现出强大成长潜力。要以此为契机，改造提升传统产业，培育壮大新兴产业。

第二节 政企合作机制的理论基础

一、社会交换理论

社会交换理论（Social Exchange Theory）是20世纪60年代兴起于美国并在全球范围内广泛传播的一种社会学理论。社会交换理论是组织行为学中最具影响力的概念范式之一，由于它强调人类行为中的心理因素，因此也被归为行为主义社会心理学理论。这一理论主张人类的一切行为都受到某种能够带来奖励和报酬的交换活动的支配，因此，人类的一切社会活动都可以归结为一种交换，组织间或个体间在社会交换中所构成的社会关系也是一种交换关系。

社会交换理论由霍曼斯创立,主要代表人物有布劳、埃默森等。

霍曼斯认为:"人们之间的关系,或者说人际交往,在本质上是一个社会交换的过程,人们在交往中总是在交换着某些东西,或者是物质的,或者是感情的,比如赞许、声望、符号之类的东西。"[1]在霍曼斯看来,组织或者个体在社会交换中,都要对成本与报酬、投资与利润的具体分配比例做出判断,或者说要算计成本与报酬的比率,都希望得到的报酬或利润与付出的成本或投资成正比,谁也不会自愿地、长久地进行"赔本"交换,这就是社会交换中的"公平分配"原则。[2]

在社会交换中成本与报酬的比率是否公平,是社会交换的参与者主观判断的结果。判断的标准有两个:一是社会交换的参与者以往的经验;二是社会交换的参与者的比较群体。霍曼斯认为,从根本上讲,社会交换应该是公平的,否则社会就会发生混乱。

社会交换理论是对社会交往中的报酬和代价进行分析的社会心理学理论。该理论认为,那些能够给我们提供最多报酬的组织或个体是对我们吸引力最大的,而且组织或个体总是尽量使自己的社会交往给自己带来最大报酬。为了得到报酬,我们也要付出代价,因为人类社会的原则是互相帮助,别人给了你好处你要给予回报,社会交往过程因此成为一个交换过程。所谓报酬,是指组织或个体从社会交往中得到的任何有益的东西,报酬可以分为6类:爱、钱、地位、信息、物、服务。而代价则是社会交往引起的消极后果。某一种社会交往或人际关系可能要付出很大代价,这种代价包括大量时间和精力的付出,或者总是产生矛盾,或者受到其他人的反对,等等。这个理论能在很大程度上解释当今的

---

[1] Homans G C. Social Behavior as Exchange[J]. American Journal of Sociology, 1958, 63(6): 597—606.

[2] Repenning A, Ambach J. The Agentsheets Behavior Exchange: Supporting Social Behavior Processing[M]//CHI97 Extended Abstracts on Human Factors in Computing Systems. 1997: 26—27.

很多社会心理,无论是对心理学还是经济学都具有很重要的作用。[1]

霍曼斯着眼的是人与人之间的互动,他把人的所有行为均看作一种交换行为,也就是为了获得某种利益而和其他个体交换。霍曼斯的社会交换理论包含6个命题:(1)成功命题。在一个人的所有行动中,若其中某一特定行动经常得到酬赏,那么这个人就越愿意重复该行动。(2)刺激命题。如果一个人在过去对某一种或一组刺激做出的某一行动获得了报酬,那么,当类似于过去的那种刺激再发生时,这个人就有可能做出与过去相同或类似的行动。(3)价值命题。某种行动带来的结果对一个人越有价值,则这个人就越有可能做出该种行动。(4)剥夺—满足命题。某人在近期越是经常得到某一特定酬赏,则随后而来的同样酬赏对他的价值也就越低。(5)侵犯—赞同命题。这一命题包括两个副命题:第一,若一个人的行动没有得到预期酬赏或者受到预期之外的惩罚时,此人会被激怒并可能采取侵犯行为;第二,若一个人的行动获得了预期的酬赏或得到的酬赏比预期的还多,或此人的行动没得到预期的惩罚,则这个人会产生喜悦的心情,并可能做出别人赞同的行动。(6)理性命题。在面对各种行动方案时,行动者总是选择价值最大和获得成功的概率最高的行动。

布劳认为,虽然大部分人类行为是以对于社会交换的考虑为指导的,但并不是所有的人类行为都像这样受到交换考虑的指导,社会交换只是人类行为的一部分。他提出了一般行为变为交换行为必须具备的两个条件:"一是该行为的最终目标只有通过与他人互动才能达到;二是该行为必须采取有助于实现这些目的的手段。"布劳把社会交换界定为"当别人做出报答性反应就发生、当别人不再做出报答性反应就停止的行动"。他认为社会交换是个体与群体之间的关系、权力分化与伙伴群体关系、对抗力量之间的冲突与合作、社区成员之间间接的联系与亲密依恋关系等的基础。社会的微观结构起源于个体期

---

[1] Cropanzano R, Mitchell M S. Social Exchange Theory: An Interdisciplinary Review[J]. Journal of Management, 2005, 31(6): 874—900.

待社会报酬而发生的交换。个体之所以相互交往,是因为他们都从相互交往中通过交换得到了某些需要的东西。由社会交换理论可知,组织或个体行为选择会受到某种可以带来报酬和奖励的交换活动的支配,这类社会交换除了物质资源的交换以外,还涵盖非物质资源的交换。在危机管理的政企合作过程中,政府与企业之间的互动、协同、合作,同样也是受到各方具体利益影响的现实选择,所以危机管理政企合作具备一定的社会属性。政府与企业在危机管理合作中的关系也属于社会交换关系之一。一方面,政府支持、鼓励、引导企业参与危机管理,主要是为了缓解危机防控压力,分解防控风险,发挥企业灵活创新的优势,进而提高防控效率,最大限度地降低危机对社会、公民的危害,同时进一步提高政府在公民心目中的美誉度以及在国际社会中的影响力。另一方面,企业参与危机防控,可能是基于现实收益、利润等物质层面的考量,也可能是基于社会影响力、政府信任和支持等非物质层面的考量。因此,基于社会交换理论,我们能够从物质交换或非物质交换的关系中窥探政企合作意愿和行为产生的过程。

二、多中心治理理论

多中心治理理论(Polycentric Governance Theory)是以奥斯特罗姆夫妇为代表的一批研究者在对发展中国家社区公共池塘资源进行实证研究的基础上提出的。相较于单中心治理而言,多中心治理主张抛弃政府作为唯一治理主体进行社会事务管理的方法,倡导采用协同治理的多中心治理模式。尽管多中心的主体是竞争性关系,但主体之间重视对方存在,通过签订各种各样的合约从事合作,或采取新的机制解决彼此的冲突[1],多中心治理得以顺利运行的基础是相互制约制度下的共同的利益目标。[2] 虽然学术界对多中心治理理论展开了广

---

[1] Osborne S. The New Publish Governance[M]. London: Routledge, 2009: 112—115.
[2] Ostrom E. Polycentricity, Complexity, and the Commons[J]. Good Society, 1999, 9(2): 37—41.

泛研究,但并没有形成一致的定义。该理论的核心思想包含以下几个方面:一是多中心治理是多个独立的决策中心对治理事务展开决策、执行、评估、监控等管理活动[1],因此需要多个独立的决策中心民主协商、参与合作、实现共治。[2] 独立的决策中心主要包括政府、非政府组织、企事业单位、社会公众等,个体之间存在着规模和力量的差异,因此需要制定个体之间相互约束的规则,形成内部的权力制约和均衡关系。[3] 二是多中心治理具有权力分散和交迭管辖的特征[4],这种交迭管辖可以是地理上的,也可以表现为决策中心的嵌套形式。[5] 因此,多中心治理兼具集权治理和分权治理的各种制度治理优势[6],可以形成正式治理规则和非正式治理规则的有效结合,非正式治理规则可以有效弥补正式治理规则失灵,通过自主治理和协商治理更好地满足社会公众需求。[7] 此外,多中心治理可以实现各治理主体平等参与、平等协商、相互信任、相互妥协,实现社会生态系统的良性互动和可持续发展。[8] 但也有研究者认为,多中心治理是一种结合了规范性期望和分析工具的概念,某些看似分散的治理过程,特别是那些具有重叠管辖权的多个主体在一个具有不同亚文化的总体系统中运作的过程,可

---

[1] Andersson K P, Ostrom E. Analyzing Decentralized Resource Regimes from a Polycentric perspective[J]. Policy Sciences, 2008, 41(1):71-93.

[2] Pahl-Wostl C, Knieper C. The Capacity of Water Governance to Deal With the Climate Change Adaptation Challenge: Using Fuzzy Set Qualitative Comparative Analysis to Distinguish Between Polycentric, Fragmented and Centralized Regimes[J]. Global Environmental Change, 2014(29):139-154.

[3] Harvey D. Challenging Institutional Analysis and Development: The Bloomington School[J]. Journal of Agricultural Economics, 2010, 61(1):199-201.

[4] André R. da Silveira, Richards K S. The Link Between Polycentrism and Adaptive Capacity in River Basin Governance Systems: Insights from the River Rhine and the Zhujiang (Pearl River) Basin[J]. Annals of the Association of American Geographers, 2013, 103(2):319-329.

[5] Galaz V, Crona B, Oesterblom H, et al. Polycentric Systems and Interacting Planetary Boundaries-Emerging Governance of Climate Change-ocean Acidification-marine Biodiversity[J]. Ecological Economics, 2012(81):21-32.

[6] Duit A, Galaz V. Governance and Complexity-Emerging Issues for Governance Theory[J]. Governance, 2008, 21(3): 311-335.

[7] Ribot J C, Agrawal A, Larson A M. Recentralizing While Decentralizing: How National Governments Reappropriate Forest Resources[J]. World Development, 2006, 34(11): 1864-1886.

[8] Ostrom E. Beyond Markets and States: Polycentric Governance of Complex Economic Systems[J]. American Economic Review, 2010, 100(3):641-672.

以通过主体之间的相互调整以及制度多样性的相互协调产生促进效应,进一步提高各主体的自治能力。然而,这种理想的多中心治理类型不但很难实现那些规范性的期望,反而容易陷入结构性不平等、递增的偏见、压倒性的复杂性、结构性裂缝和协调的陷阱[1],而且,这种"权力分散""交叠管辖"和"重复服务"的无序状态会降低公共服务效率。[2]

多中心治理理论是一种公共管理研究理论。多中心是指借助多个而非单一权力中心或组织体制治理公共事务以及提供公共服务,强调多元参与者的互动过程和能动创立治理规则、治理形态,自发秩序或自主治理是该理论的基础。多中心治理倡导把相互制约但具有一定独立性规则的制定和执行权分配给数量众多的管辖单位,所有公共治理的官方地位都是有限但独立的,没有任何团体或个人作为最终的或全能的权威凌驾于法律之上。多中心治理首先强调治理主体的多元化,公共事务中的多中心治理突出了民主行政的思想。基于此,作为一项棘手的公共事务,应急管理过程中的政企合作,正是多中心治理理论的集中体现,体现了政府和企业多元主体在公共事务中的协同合作,而政府和企业都具有自发性和自主性,它们主要是基于基本职能和社会职责的考虑参与行政管理。在多中心治理理论视角下,政府和企业的地位都是有限且独立的,且其权威都不是凌驾于法律之上的。

三、政策网络理论

如今的人们生活在一个网络世界中,在这个世界里,决策和治理可在网络内实施,这为公共和私营行为者的利益和行动提供了一个有效的横向协调框

---

[1] Mcginnis M D. Polycentric Governance in Theory and Practice: Dimensions of Aspirations and Practical Limitations[J]. SSRN Electronic Journal, 2016(2):1−28.

[2] Aligica P D, Tarko V. Polycentricity: From Polanyi to Ostrom, and Beyond[J]. Governance, 2012, 25(2):237−262.

架。依赖于各自的资源,多个行为者可以在网络中互动并形成社会共治。[①] 政策网络理论(Policy Network Theory)不仅是一种分析工具,更是一种挑战传统政府制度的治理模式。学术界普遍认为,政策网络是由于资源而联系在一起的若干个组织的联合体。

政策网络研究出现了两个代表性流派:以英美为代表的利益协调学派,强调多元参与;以德荷为代表的治理流派,强调独立于政府和市场之外的第三种治理模式。[②] 两个流派对政策网络理论形成了以下共识:其一,政策网络理论强调相互的资源依赖,认为网络中的参与者依赖彼此的资源来实现他们的目标。[③] 基于相互依赖的战略行动已经成为维系网络的标准,正如我们所看到的,网络互动经常或多或少被隐喻性地描述为"讨价还价"或"谈判"[④],基克特认为"相互依赖导致行为者之间的相互作用,从而在政策网络中创造和维持关系模式"。[⑤] 其二,政策网络理论强调协调,每当两个或更多的政策行为者努力追求一个共同的结果时就会出现相互之间协调的问题,协调不是既定的,它既是治理的驱动力,也是其目标之一。[⑥] 协调的媒介是相互依赖背景下的信任。[⑦] 其三,政策网络理论强调多元化,政策网络相对于其他网络和国家管理而言是相对自主的。有学者认为,网络经常被假定为几乎完全迎合那些参与网络的行为者的利

[①] Brzel T A. Organizing Babylon-On Different Conceptions of Policy Networks[J]. Public Administration, 1998, 76(2):253—273.

[②] Hindmoor A. The Importance of Being Trusted: Transaction Costs and Policy Network Theory[J]. Public Administration, 2010, 76(1):25—43.

[③] Bevir, Mark, Richards, David. Decentering Policy Networks: Lessons and Prospects[J]. Public Administration, 2009, 87(1): 132—41.

[④] Dowding K. Model or Metaphor? A Critical Review of the Policy Network Approach[J]. Political Studies, 1995, 43(1):136—158.

[⑤] Kickert W, Klijn E H, Koppenjan J. Managing complex networks: strategies for the public sector[M]. London: Sage Publications, 1998:116.

[⑥] Bevir M. Decentering Governance: A Democratic Turn? [M]. London: Palgrave Macmillan UK, 2014:75.

[⑦] Srenson E, Torfing J. Theories of Democratic Network Governance[M]. Basingstoke: Palgrave Macmillian, 2007:152—153.

益,这就对政策网络治理工具的长期合法性提出了质疑。① 相比之下,还有学者认为,政治理论家和中央决策者越来越倾向于将治理网络视为有效和合法的治理机制。② 因此,基于对政策网络理论最新发展的乐观解读,我们认为政策网络有助于解决民主参与和政治问责不足以及公共领域衰落的问题。

政策网络具有三个显著特征:一是主体之间相互依赖。政策网络主体必须依赖其他主体获得实现自身目标的手段,他们之间的相互依赖不是静态的,而是随着彼此之间的互动而变化的。二是政策网络是一个过程。政策网络由各种具有一定资源和不同利益目标的主体构成,其中没有任何一种主体具备主导其他主体战略性活动的驾驭能力,政策网络就是这些主体利用各自资源,寻求实现各自利益和目标的相互影响、相互作用的动态过程。三是政策网络活动受到制度制约。政策网络主体因为相互依赖、相互作用而形成各种不同类型的关系和规则,这些关系和规则反过来会影响和制约主体之间的互动和相互作用,并使它们的互动方式得以持续,使它们之间的资源分配方式得以形成,并在彼此间的相互影响和互动中发生变化。基于此,政企合作机制契合政策网络理论的内核,政企合作强调政府与企业之间的相互依赖,并在社会治理合作中形塑着彼此之间的关系。作为一项公共安全事件,应急管理是一个过程,政策网络由政府和企业等具有一定资源和不同利益目标的主体构成。在应急管理过程中,政府与企业基于不同的目标和利益追求而通力合作,最终实现社会效益的最大化。此外,政企合作活动受到制度制约,制度的完善性、规范化和科学化影响着社会管理过程中政府与企业之间的关系。

四、整体性治理理论

20世纪末,新公共管理的弊端日益明显,主要表现在公共服务的分割和公

---

① Pierre J. Introduction: Understanding Governance [M]. Oxford: Oxford University Press, 2000:29.
② Srenson E, Torfing J. Theories of Democratic Network Governance[M]. Basingstoke: Palgrave Macmillian, 2007:160.

共价值的缺失方面。此时,公共管理学者开始对新公共管理进行系统的反思,积极追求和构建新的公共管理理论。在美国,罗伯特·登哈特(Robert Denhardt)和珍妮特·登哈特(Janet Denhardt)倡导用新公共服务理论(New Public Service Theory)来取代企业型政府理论。在英国,佩里·希克斯(Perri Hicks)主张整体治理理论(Holistic Governance Theory)。这一理论不仅成为布莱尔领导的工党发起改革的重要理论基础,而且在学术界引起了极大的反响和激烈的争论,甚至有学者将其视为"行政的第三范式"。[①] 1977年,佩里·希克斯在《整体性政府》一书中首次提出了"整体性政府"的概念,并进一步提出了"整体性治理"的理念。2002年佩里·希克斯等在《迈向整体性治理:新的改革议程》一书中首次明确提出了整体性治理的概念,他们认为整体性治理是指政府机构以及合作伙伴之间共享目标,并确定一系列相互支持的共同承诺,以促进共享目标的实现。[②] 佩里·希克斯等学者主张基于整体性治理理论的政策目标和手段进行协调,包括信息共享和认知同化协调,执行与程序设计整合,以及实践上建立信任沟通机制、电子政务和整体性预算体系。整体性治理理论强调公民需求、合作性整合、协调目标与手段的关系、信任、责任感、制度化、信息技术的运用。[③] 作为针对"棘手问题"和碎片化的一种治理理论的全新范式,整体性治理可以为我国公众参与社会治理提供一种新思路。[④]

整体性治理的核心要义体现在三个方面:(1)强调组织基础上的功能整合。整体性治理是为了解决科层制下的专业分工以及部门各自为政而产生的公共管理中的问题碎片化,强调部门之间的协同共治。(2)强调方法论上的问题导向。整体性治理以实现问题的解决为实践导向,其核心是聚焦人民的生活事

[①] Dong L. Holistic Governance: Integration of Value and Instrumental Rationalities[M]. London: Palgrave Macmillan US, 2015:35.
[②] Perri, Diana L, Kimberly, Gerry S. Towards Holistic Governance: the New Reform Agenda [M]. New York: Palgrave, 2002:1—2.
[③] 张玉磊.整体性治理理论概述:一种新的公共治理范式[J].中共杭州市委党校学报,2015(5):54—60.
[④] 李峰.整体性治理:应对我国社会组织治理碎片化的新范式[J].学习与探索,2020(12):57—62.

件,将人民的生活事件作为政府治理的优先项目,优先进入政府的决策议程[①],尤其是在我国以民为本、以人民为中心的执政理念下,强调个体的幸福感、获得感和安全感,需要加强政府与组织或个体之间的协同合作,实现政府部门之间、政府与组织或个体之间的整体性治理。(3)强调价值基础上的组织或个体需求。组织或个体需求是整体性治理的核心价值导向,国家治理、政府治理以及社会治理均需建立在组织或个体需求的基础之上,要求政府部门强化对组织或个体需求的回应和关切。

整体性治理是以公民需求为治理导向,以信息技术为治理手段,以协调、整合、责任为治理机制,对治理层级、功能、公私部门关系及信息系统等碎片化问题进行有机协调与整合,不断从分散走向集中、从部分走向整体、从破碎走向整合,为公民提供无缝隙且非分离的整体型服务的政府治理图式。整体式治理理论的核心特征包括:一是治理目标是取得公共利益和责任。整体性治理是为了给我们的社会提供更低成本和更好效果的服务。二是着眼于政府与社会各类组织(包括私人部门和非营利部门)的合作。"治理"一词尽管在不同语境下语义有较大区别,但都共同指向公—私关系的新模式、组织间的"更平等"关系以及先前不同功能之间的模糊边界和处理随之而来的各种关系的新方法。三是强调官僚制组织结构基础。该理论模式是在反对新公共管理的碎片化组织结构的基础上发展起来的,认为政府治理的根本的组织结构仍是官僚制,权力仍是政府行动的基础。四是反映了信息时代的最新现实背景。希克斯在论述整体性治理的功能因素时指出,整体性治理需要一种新的信息分类和系统,除此以外,他还探讨了在治理的层次上使用数字手段进行政策协调的问题。五是重视整合、协作与整体运作。数字时代的治理的核心在于强调服务的重新整合、整体且协同的决策方式以及电子行政运作的广泛数字化。

---

① 谢微,张锐昕.整体性治理的理论基础及其实现策略[J].上海行政学院学报,2017,18(6):31—37.

对于政企合作机制而言,整体性治理理论的可借鉴之处在于公共卫生事件的突发性、高传播性和高危害性。危机管理过程中的需求多样、问题多元、内容繁杂,所以危机管理是很棘手的社会问题,需要强化政府的回应和关切,强化组织和个体需求的价值导向。同时,该理论着眼于政府与企业的合作,降低治理成本、提高治理绩效,强调整体性问题的治理和解决,尤其是在大数据时代,该理论重视充分发挥政府和企业的信息优势,实现信息资源共享,重视应急管理过程中的整体性协作和治理,强化政府部门之间以及政府与企业之间的合作治理。

第三节　政企合作机制的运行模式——以信息合作为例

当突发公共安全事件发生后,应急物资生产和供应以及突发公共安全事件的危害与防控等信息的有效传播和共享,是打赢突发公共安全事件阻击战的关键。因此,突发公共安全事件信息的获取和收集、传播和共享、应用和分析是政企合作的关键。一方面,由于处于权威和统治地位,政府是信息的主要拥有者、传播者和搜集者。虽然政府掌握着大量的信息,但由于信息的海量性,政府并不能获取和掌握全部信息。另一方面,企业也是信息的主要搜集者,尤其是科技型攻关企业,在病理学分析和疫苗研发以及关键性技术方面具有显著优势,因此企业也掌握着较多的信息。有鉴于此,政府和企业在突发公共安全事件中需要加强信息的合作共享。因此本节主要以信息合作共享为例,分析信息政企合作机制的运行模式。

信息政企合作是指政府和企业在一定的激励措施、保障机制和政策体制的基础上,通过一定的途径、技术与方法共建共享信息资源的活动过程。

信息政企合作覆盖了信息的收集、整合、传播与应用等多个环节,这些环节相互交织、相互联系,最终实现信息合作共享。信息政企合作是实现信息融合以及各利益相关者合作的必然要求,而政府和企业对信息如何合作共享、采取何种方式合作共享、合作共享过程中各主体的关系如何这类问题可以用"模式"来概括。模式(Pattern)就是从重复的事件中发现和抽象出事物的发展规律,这种规律是对事物经验的总结。① 简言之,模式就是解决某一类问题的方法论。基于此,信息政企合作模式成为信息、信息提供者、信息需求者以及信息共享过程中的一系列问题的结合方式,是实现信息有效共享的方式方法。

一、信息政企合作之政府推进模式

信息是一种公共物品。信息的公共物品属性确立了政府在信息生产、整合、传递乃至应用过程中的主导地位,因此,实现信息的政企合作成为政府的一项基本职能。此外,政府是信息资源的最大生产者、拥有者和消费者,在推动信息政企合作中具有天然的优势,也势必成为信息政企合作的核心推进者。而具体实践也表明,政府推进模式是信息政企合作共享的主要模式。

(一)政府推进模式的特点

第一,主体具有特定性。推进信息政企合作共享的主体主要包括政府部门、相关企业、科研院校、研究机构、公益性组织等,而政府推进模式特指政府部门运用行政手段,采取自上而下的主动推进式的体现国家意志的信息合作共享模式。该模式体现了政府的主导地位。

第二,目标具有公益性。政府推进模式作为国家发起并实施的一项公益性项目,并不以营利为目的,而是要推进信息共享,实现对突发公共安全事件的有效防控,维护政治稳定和公民的生命财产安全,更多地体现为一种国家层面的公共服务型公益活动,信息需求者可以无偿获得这种公共服务。

第三,政策具有保障性。为了提高信息政企合作的有效性,政府会制定相关的公共政策和法律法规,运用行政手段配置资源。这种国家层面的政策保障,体现了信息政企合作的权威性与正规性。

---

① 陈锦华. 中国模式与中国制度[M]. 北京:人民出版社,2012:5.

第四,资金来源具有稳定性。国家对信息政企合作的支持,保证了资金来源的稳定性。国家具有雄厚的资金,在突发公共安全事件防控领域的财政投入保证了政企合作的稳定性。

第五,更加注重效率和公平。以国家为主体的计划推进模式的优势在于国家可以运用行政手段,在短时间内集中大量的人力、物力、财力,大大提高政企合作的效率。此外,政府主导的信息政企合作没有身份歧视,可以惠及每一位普通公民,任何人都可以公平、公正地获取同样的相关信息。正是由于政府推进模式的高效和公平,才使得其成为主要的共享模式。

(二)政府推进模式的运行机制

公共卫生信息的国家供给制主要是政府站在国家总体角度统筹规划公共卫生防控信息合作共享系统建设,由中央政府与地方政府组织管理,再由政府各部门统筹协调,投入大量的资金、技术、人才、设备等资源,通过建设信息合作共享服务系统推进相关工作,并根据运作效果及时反馈信息(如相关宣传情况和公民对公共卫生事件的态度等),政府各部门根据信息反馈控制和调整下一时期的突发公共安全卫生事件防控统筹规划(如图8-1所示)。

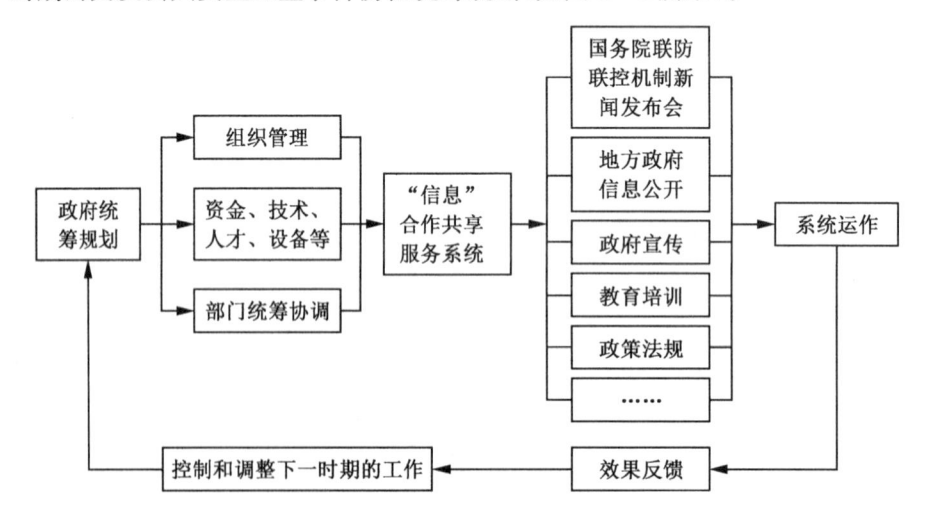

图8-1 信息政企合作中的政府推进模式运行机制模型

二、信息政企合作之企业推进模式

随着我国市场经济体制的逐步完善,市场在资源配置中的决定性作用越发突出,实现公共卫生事件信息的政企合作同样需要发挥企业的信息引导功能以及调节功能,以此弥补地方政府财政紧张、信息搜集能力的不足。

(一)企业推进模式的特点

第一,营利性。作为理性的经济人,为实现相关信息的政企合作共享,企业首先要考虑经济收益。以营利为目的的企业会根据成本收益分析,做出自身收益最大化的决策。对于企业而言,为政府或者为公民提供信息也是一种商业性活动,营利是企业从事该项商业性活动的主要动力。

第二,自发性。市场自发性是指市场自发调节经济领域的资源配置等活动,市场经济下的生产者和消费者都是在价值规律的作用下自发调节自我经济行为。企业根据国家的需要、政府和公民的信息需求量及需求类型自发调整自身提供的信息,并根据政府和公民信息利用效果自发地调整下一时期的信息类型与数量,以此循环往复。

第三,信息供给多样性。政府和公民的信息需求是多样的,而企业又会高度重视市场需求并以此为基础来生产、整合、传递各种各样的信息,多样性的信息进一步丰富了信息生态系统。

第四,供需身份双重性。企业在供给信息的同时,自身的生存、发展以及信息资源的再次创造也需要政府、科研院所等部门的协助,因此企业既是信息资源的供给者也是信息资源的需求者。

(二)企业推进模式的运行机制

如上所述,企业在信息政企合作中具有供需双重身份,因此企业推进模式可以分为企业供给推进模式和企业需求驱动模式。

1. 企业供给推进模式的运行机制

企业在市场经济利益的驱使下会根据政府的信息需求进行成本收益分析,

当成本大于收益时,企业会终止投资,当成本小于收益时,企业会投入资金、技术、人才、设备等对政府所需求的信息进行收集、加工,最终形成信息产品并有偿提供给信息需求者。此外,企业会根据政府使用效果的反馈,考虑是否调整下一时期的信息产品(如图8-2所示)。

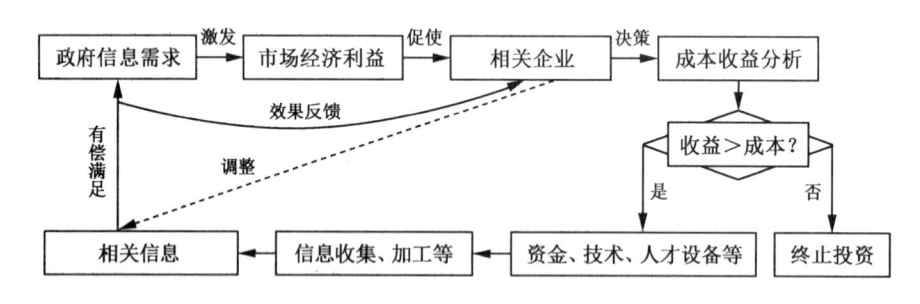

图8-2 信息政企合作下的企业供给推进模式运行机制模型

2. 企业需求驱动模式的运行机制

企业需求驱动模式是指企业在内在经济动力和外在市场压力的驱使下,立足自身的发展目标,采取自给自足式的驱动模式,即主动对所需信息进行收集、加工、整合直至形成科技产品满足自身需求。此外,企业也可以向政府、科研机构等部分有偿或无偿索取相关信息产品(如图8-3所示)。

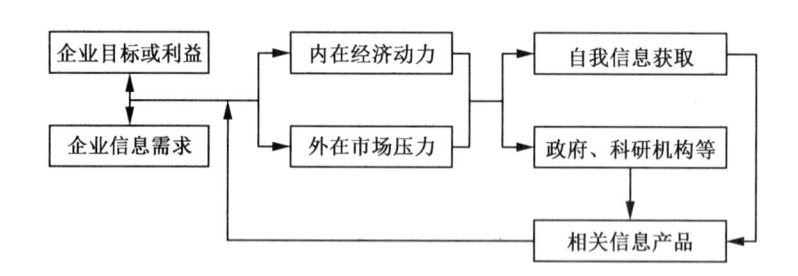

图8-3 信息政企合作下的企业需求驱动模式运行机制模型

三、信息政企合作博弈分析

政府与企业的行为选择均需考虑自身收益最大化,因此信息政企合作过程中不可避免地存在政府与企业的博弈现象。应急管理过程中,政府与企业信息合作的博弈主要表现为政府与企业同为相关信息的供给者和需求者,两者在信息合作共享中相互博弈。

由我国的基本政治体制可知,政府部门制定突发公共安全事件的应对政策,但相关信息具有海量性,因此政府不可能掌握全部信息,需要企业提供相应的信息资源,而企业为了获取相关信息实现自身收益最大化,也希望获得政府的支持,因此彼此都希望共享对方的信息。相较企业而言,政府具有绝对的信息优势与权力优势。因此,我们可以把政府部门与企业关于信息合作共享的博弈视为强群体与弱群体的"智猪博弈"(Boxed Pig Game)。

"智猪博弈"是纳什于1950年提出的,是一种典型的经济学中"纳什均衡"的例子。智猪博弈是用来描述两个力量悬殊的同种类型群体之间的竞争与合作[1],而本书中的政府与企业的信息合作共享正符合这种博弈现象。

(一)模型假设与构建

根据"智猪博弈"理论,假设政府与企业信息合作共享的总收益为10U,共享成本为2U,政府与企业之间的博弈存在以下4种策略组合:

策略组合一:政府与企业都积极进行信息合作共享,即{共享;共享},则双方收益比为7:3。

策略组合二:政府与企业都不进行信息合作共享,即{不共享;不共享},则双方收益均为0。

策略组合三:政府进行信息合作共享而企业不共享,即{共享;不共享},则双方收益比为6:4。

策略组合四:政府不进行信息合作共享而企业进行共享,即{不共享;共享},则双方收益比为9:1。

根据上述4种策略组合,可以构建政府与企业信息合作共享的收益矩阵

---

[1] Rasmusen E. Games and information[M]. Oxford: Basil Blackwell, 1989:96.

(如表 8-1 所示)。

表 8-1　　　　　　　　政府与企业信息合作共享的收益矩阵

		企业	
		共享	不共享
政府	合作共享	7,3	6,4
	不合作共享	9,1	0,0

(二)模型求解与结论

假设政府选择信息合作共享或信息合作不共享的概率为 x 与 $1-x$,即 $\xi=(x,1-x)$;假设企业选择信息合作共享或信息合作不共享的概率为 y 与 $y-1$,即 $\theta=(y,y-1)$。

根据政府与企业信息合作共享的收益矩阵,令 $M=\begin{pmatrix}5 & 4\\ 9 & 4\end{pmatrix}$, $N=\begin{pmatrix}1 & 4\\ -1 & 0\end{pmatrix}$。

令向量 $\vec{a}=(1,0)$ 为纯策略信息合作共享,建立如下复制动态方程：

$$\begin{cases}\dot{x}=x(\vec{a}\cdot M\theta-\xi M\theta)\\ \dot{y}=y(\vec{a}\cdot N\theta-\xi N\theta)\end{cases}$$

解得：

$$\begin{cases}\dot{x}=8x(x-1)(y\dfrac{1}{2})\\ \dot{y}=2y(y-1)(x\dfrac{1}{2})\end{cases}$$

由上述公式可得驻点 $(0,0)$、$(0,1)$、$(1,0)$、$(1,1)$、$\left(-\dfrac{1}{2},\dfrac{1}{2}\right)$。考察驻点的局部稳定性,可求上述微分方程组的雅可比矩阵 Z。

$$Z=\begin{pmatrix}8\left(y-\dfrac{1}{2}\right)(2x-1) & 8x(x-1)\\ 2y(y-1) & 2\left(x+\dfrac{1}{2}\right)(2y-1)\end{pmatrix}$$

由此可得驻点的稳定性（如表8-2所示）。

表8-2　　智猪博弈驻点稳定性分析

驻点	内含	特征值	驻点类别
(0,0)	政府与企业均不合作共享	$\lambda_2=4,\lambda_1=-1$	鞍点
(0,1)	政府不合作共享,企业合作共享	$\lambda_2=-4,\lambda_1=1$	鞍点
(1,0)	政府合作共享,企业不合作共享	$\lambda_2=-4,\lambda_1=-3$	稳定点
(1,1)	政府与企业均合作共享	$\lambda_2=4,\lambda_1=-3$	不稳定点
$\left(-\frac{1}{2},\frac{1}{2}\right)$	无意义	—	—

通过表8-2可知,驻点(1,0)为智猪博弈的唯一稳定点,即政府选择进行信息合作共享,而企业选择不进行信息合作共享,因此就存在企业搭便车的现象,不利于信息合作共享。此时,政府需要采取行政强制手段、提供政策支持与健全监督机制等方式促进企业进行信息合作共享。同时政府需要转变自身职能,注重服务导向,积极供给信息,实现政府与企业的协作共享,从而实现相关信息的有效传播和应用。

第四节　政企合作机制的现实挑战

中央政府和地方政府高度重视政企合作,无论是在应急物资生产供应、关键技术攻关研发,还是在企业复工复产、企业生产帮扶等方面,政企合作都发挥了重要作用。政企合作在一些技术领域大放异彩,取得了显著成效,极大维护了公民的生命财产安全、便利了公民生产生活。如5G通信技术,代表性应用有武汉雷神山医院和火神山医院建设过程的"云直播"、广泛应用于地铁和机场等场所的5G＋热成像人体测温信息化平台、5G远程会诊以及武汉大学5G"云赏樱"等;如各种医用机器人、送餐机器人、测温巡逻机器人以及各种小型无人机等;如阿里巴巴和华为分别推出的基于AI算法的CT影像智能判读系统;如由码全科技、腾讯、阿里巴巴、中国电子科技集团等研发的各种版本的"健康码";如远程政务、教学和办公技术(在新冠疫情时期人们使用较为频繁的腾讯会议、钉钉、飞书、Zoom等)。① 在突发公共安全事件中,政企合作成效显著,为应对特殊时期的特殊情况发挥了巨大作用。但不可否认的是,政企合作也存在较多的问题和不足,如政企合作在某些领域"用力不足"和"用力过猛"交叉存在,后疫情时代政企合作恰到好处的现实运作仍存在诸多现实挑战,政企合作机制仍需进一步完善。

一、政企合作机制的不可持续性

无论是转型经济体还是发展中国家或地区,政企关系无疑都是最重要的关系之一。政府与企业的关系可以划分为政企合作、政企分治、政企伤害和政企合谋四种类型。政府和企业会基于不同的利益考量采取有利于自身的策略,因此政企关系表现为一种博弈的现实情景。也就是说,这种博弈关系的存在主要是双方基于"成本-收益"分析而采取的自身收益最大化的博弈策略。但无论是政企分治,还是政企伤害,抑或政企合谋,都是一种消极的政企博弈策略,很难达到利益双赢。随着我国社会主义市场经济的发展,社会主义市场经济体制改革深入推进、日益完善,政府行为和企业行为都得到了有效的规范和约束,政企合作的环境基础得以改善,政企合作成为当今社会解决国家治理、政府治理、社会治理和企业治理中存在问题的关键性举措。

不可否认的是,一些临时性的突发公共卫生事件,对国家治理能力提出了严峻挑战,政府急需外在力量的协助来渡过难关,而此时企业的社会责任和社会担当精神则得以凸显,政企合作成为政府与企业的必然选择。但由于公共卫生事件的突发性、高危害性,政府和企业在"紧张"或"慌乱"的氛围下建立起"临时"的政企合作机制,这种机制存在灵活性、随意性、随机性的特点,可能会导致

---

① 郑春勇,朱永莉.论政企合作型技术治理及其在重大疫情防控中的应用——基于中国实践的一个框架性研究[J].经济社会体制比较,2021,214(2):57—66.

政企合作机制的不完善、不健全，因此这种临时性的合作机制就不可避免地存在不可持续性。尤其是当事件得以控制后，政企合作机制就不复存在或合作较薄弱。

二、政企合作机制缺乏激励性

企业是以营利为目的的，其行为选择主要是基于企业收益的考量。诚然，在突发性公共安全事件面前，企业理应承担其社会责任，但这种以社会责任为"标签"的企业身份并不能起到很好的激励作用，并不能充分调动企业参与相关工作的积极性。因此要以有形的或无形的"物质激励"或"精神激励"进一步调动企业的积极合作愿意，保证建立起政企合作的长效机制。

值得注意的是，在应对公共卫生事件中，很多互联网企业都无偿为政府部门提供了大量服务。这种服务只能是短暂而不可持续的。一方面，从表面来看，企业的无偿服务一定程度上缓解了政府的工作压力，但是企业提供的解决方案或者提供的产品都是基于企业自身的需要或利益而选择的，而企业本身在数据信息等方面存在缺失，其所设计的解决方案等未必完全符合政府或社会的需要。另一方面，由于缺乏经济激励，一些企业并不会全身心投入相关工作，而是基于政府的关注或者当地的需要或喜好，选择能够"让领导看得见"的产品或服务，以此获得政府或官员的关注，因此存在"投其所好"的现象，一定程度上并不能全方位覆盖公共事件中公民所切实需要的产品或服务。因此，这种缺乏物质激励或精神激励的政企合作模式并不能及时、有效、全面地将政府或者社会公众的需求传递给企业，进而导致政企合作在某些领域存在真空地带。

三、政企合作机制的边界模糊性

资源配置的核心问题之一是恰当地区分政府和企业（或市场）的边界，这是自亚当·斯密以来的悠久传统，也是公共经济学、新政治经济学和规制经济学关心的核心议题。① 因此,政企合作机制的良性运转必须考虑公共卫生事件处理过程中政府与企业合作的边界问题。这种合作边界问题主要表现在两个方面:一是合作领域的边界问题,即政府与企业在有些领域可以合作,而有些领域不能合作,比如政府和企业在应急物资生产、企业复工复产等领域展开"无上限"的合作,但是一些与国家安全相关的物品以及一些纯公共物品的供给必须由政府完成。二是政府是否干预企业的生产和经营活动。"干预"包括政府任命企业经理人、对企业进行投资或者借贷,参与企业的生产、经营或雇佣行为,对某一行业或某类企业实行有差别的产业政策,政府对企业实行的一般性规制措施等。②

如果政府没有制定详细的政企合作边界,也没有规范政府与企业哪些领域要合作和哪些领域不合作,这种政企合作边界的模糊性会进一步导致两个方面的问题:一是企业对是否要与政府合作、是否投身某项自己所从事或擅长的领域中为公共事件的应对贡献力量持观望态度,这一定程度上阻碍了政企合作的广度和深度;二是政企权益得不到保障,由于政企合作边界的模糊性,政府可能并没有制定完善的保证企业权益的法律法规,因此政企合作很难做到有法可依和有法必依,这会降低企业与政府的合作意愿。

四、政府应急预案缺少政企合作的身影和规范

政府的应急预案是对重大突发公共安全事件的预警和演练,其具有全面性的特点,因此政府应急预案应该包含应对重大突发公共安全事件的重要解决措施和主要参与者。如果政府部门在制订应急响应预案时没有全面考虑数字化时代的新资源,没有对政企合作或者企业可以参与的工作进行规定,那么在应对相关问题时难免顾此失彼。尤其是在大数据时代,治理技术更应该发挥其优

---

① 聂辉华.从政企合谋到政企合作——一个初步的动态政企关系分析框架[J].学术月刊,2020,52(6):44—56.
② 聂辉华.从政企合谋到政企合作——一个初步的动态政企关系分析框架[J].学术月刊,2020,52(6):44—56.

势,政府的应急预案里不能缺乏调动互联网企业的计算能力、平台调度能力、数据能力、分析能力等方面的内容。

政府应急预案中缺少政企合作的身影,但从新冠疫情防控过程看,一些企业在疫情防控的某些领域仍然发挥了关键性作用,尤其是一些技术性企业。但是从整体上看,政府部门在主动利用这些新型资源方面还有提升空间。我们看到的数字技术或平台能力发挥作用的例子,基本都是平台企业主动与政府合作的情形,其合作比较零散,缺乏系统性。而且,平台企业也有其自身利益等方面的考虑,在能力发挥方面更受到了限制。例如,在整合各大互联网平台数据进行流行病学调查方面仍有很大的提升空间,在应急运输方面,对于网约车、京东、顺丰等企业的资源整合也有进一步提升的空间。①

五、政府对某些新技术企业过度依赖

"人防"和"技防"是应对重大公共卫生事件的基本手段。其中,"人防"主要靠广大一线工作者的严防死守,而"技防"则主要依靠新技术企业提供的各类技术应用。尽管中国电信、中国移动、中国电子科技集团等国有企业在疫情时期也相继研发出了不少新产品,为政府提供了较大帮助,但最为人熟知且应用最广的依然是阿里巴巴、腾讯等企业提供的一些技术应用。当政府遇到难题时,第一时间想到的就是向这些互联网企业求助。② 例如,民政部基层政权建设和社区治理司司长陈越良在 2020 年 2 月 10 日下午举行的国务院联防联控机制新闻发布会上就公开呼吁:"像阿里巴巴、腾讯等大型网络公司能不能开发一些到社区的公共软件,提供给社区工作者,他们自己也能用,一个有用的公益软件,比捐 10 亿元还有用。"③

---

① 李勇坚. 政企合作如何有效提升社会治理能力[J]. 人民论坛,2020,668(14):30—33.
② 郑春勇,朱永莉. 论政企合作型技术治理及其在重大疫情防控中的应用——基于中国实践的一个框架性研究[J]. 经济社会体制比较,2021,214(2):57—66.
③ 高宇婷. 陈越良:恳请腾讯、阿里巴巴开发社区公共软件,比捐十亿管用[EB/OL]. [2020-02-10]. https://www.thepaper.cn/newsDetail_forward_5896831.

第五节　政企合作机制的改革创新

政企合作机制面临诸多挑战，后疫情时代可以基于以下几个方面创新突发公共安全事件政企合作机制。

一、构建政企合作长效机制

第一，总结突发公共安全事件防控政企合作经验，吸取突发公共安全事件防控政企合作教训，建立突发公共安全事件防控政企合作响应机制，紧密把握突发公共安全事件防控进展，跟进突发公共安全事件防控形势变化，采取恰到好处或灵活应变的政企合作模式。

第二，规范和完善突发公共安全事件防控政企合作模式，根据企业所处的行业特点，制定政府与不同行业企业的合作模式，规范政企合作机制，形成稳定、长效的合作规范。

第三，加强突发公共安全事件防控政企合作管理工作，完善突发公共安全事件防控政企合作管理体制，推进突发公共安全事件防控政企合作的组织实施，健全突发公共安全事件防控政企合作的启动系统。

第四，加强突发公共安全事件防控政企合作过程中对政府与企业行为的监督，压实主体责任监督，强化岗位履职监督，摒弃形式主义、官僚主义，确保政企合作扎实有效。

第五，明确政府的主体地位和企业的辅助地位，形成权责鲜明的问责体系，积极敦促各方在防控过程中的履职、履责情况，强化政府对企业行为的监管和奖惩，提高企业突发公共安全事件防控的积极性、主动性和创造性。

第六，畅通突发公共安全事件防控政企合作渠道，优化政企合作路径。政府部门应该积极主动地与企业接触，进一步商讨政企合作事宜，健全统一指挥、统筹协调、权威高效的突发公共安全事件防控政企合作组织体系。

第七，健全突发公共安全事件防控政企合作运行机制，建立政企合作信息系统平台，建立政企合作工作及时跟进机制，建立协同衔接一体的推进机制，及时审核企业资质，加强政府与合适的企业的合作统筹。同时建立企业退出机制，当突发公共安全事件防控政企合作任务完成后，完善企业的退出渠道和退出程序。

二、强化对企业的激励和管理

第一，在公益事业活动中，政企合作是展现企业社会责任的重要时机，但企业履行社会责任也是需要付出一定成本的。因此，为了进一步激发企业参与处理突发公共安全事件的积极性，更好地激发突发公共安全事件防控政企合作机制的潜力，需要建立政企合作的定价机制与付费机制。这种定价机制与付费机制可以分为两个部分：一个是平常时期的，可以按照商业化原则以政府采购的方式解决；另一个是非常时期的，在这一时期，应该体现政企合作的原则，以经过审计的成本价，由政府向企业采购相关的技术、服务等。对于数据的应用，则只应由政府向企业支付提取等方面的开支。①

第二，强化突发公共安全事件防控过程中政府对企业的管理。不可否认，企业以营利为目的，因此在防控政企合作过程中，不可避免会出现企业参与不积极或者表里不一的现象，如企业表面上与政府合作，而实际上却不配合政府决策，企业职责履行不到位，企业不能按时保质保量地完成政府的委托事项。政府与企业在突发公共安全事件防控合作中可能会存在一种委托—代理关系，政府是委托方，企业是代理方，这种委托代理关系在缺乏完善监管机制的情况下容易出现信息不对称性，而这种信息不对称性为企业的"逆向选择"和"道德风险"埋下了伏笔。因此，突发公共安全事件防控政企合作过程中，政府应该加强对企业的管理和监督，督促其履行社会职责或代理职责。

---

① 李勇坚.政企合作如何有效提升社会治理能力[J].人民论坛，2020，668(14)：30—33.

三、完善应急预案,规范政企合作

针对重大突发公共安全事件政府应急预案中缺少政企合作的身影的现实挑战,我们需要进一步完善应急预案。重大突发公共事件具有突发性、长期潜伏性、广泛性、灾难性的特点,这些事件有时会给人民群众的生命安全带来危害,这种危害是刚性的、不可逆转的。重大公共安全事件一旦发生,政府仅凭一己之力往往很难应对,必须动员必要的力量和资源救援,力争把损失降到最低限度。因此,政府应该制定详细的应急预案,完善重大突发公共安全事件中的政企合作机制,强化政企合作在各领域的具体运作。政府在制定应急预案时,应充分考虑企业、社会组织以及社会公众的重要作用,将这些新型资源作为应急响应的一个重要组成部分。要补齐国家储备体系短板,科学调整储备物品的品类、规模、结构,提升储备效能。同时,要优化关键物资生产能力布局,在关键物资保障方面要注重优化产能的区域布局,做到关键时刻拿得出、调得快、用得上。应急物资生产、储备和调动是重大突发公共事件中需要解决的关键性问题。在此过程中,一些企业可以发挥关键性作用,比如在新冠疫情防控过程中,一些大型企业(如阿里巴巴、京东等)在应急物资调配中贡献了积极力量。因此,在制定应急预案时,要利用一些大的电商平台的大数据、云计算、人工智能技术等,同时规范其在重大突发公共事件中的运作模式,完善政企合作机制。

四、合理调适政企合作边界,防止企业垄断

政府对某些新技术企业的过度依赖主要是由于地方政府的政绩驱动导致的。实际上,这类问题反映了部分官员在应对突发公共安全事件时存在的多、快、好、省心理和对巨型互联网企业的"技术迷信"。由于一些大型互联网企业在某些情况下有着不俗的表现,不少官员企图借助它们的技术优势来实现自己的"治理创新"之梦,期望得到上级和中央的肯定。然而,许多小程序的推出并没有明显减轻基层工作者的压力,建立一个可视化平台也并不意味着复工复产

就取得了实质性进展。错误的政绩观念会导致不理想的治理绩效。[①] 因此,应明确政府与企业的合作边界,防止政府对某些新技术企业的过度依赖或不闻不问,从而形成良性的政商关系或政企关系,防止政企合谋、政企分治或政企伤害。此外,政企合作过程中,政府为了保证企业生产能力或者获得上级政府认可,往往会选择与大型企业合作,在此过程中大型企业会借助行政权力形成垄断,并进一步提升自身影响力,挤压小型企业的生存空间。因此,一些小型企业会在重大突发公共事件中可能停工停产,甚至走向破产。有鉴于此,我们应该进一步完善政企合作中"企业进入"机制,加强对进入企业的审核,不以规模大小决定哪些企业能够进入政企合作的范畴,从而防止企业形成技术垄断或者市场垄断。

[①] 郑春勇,朱永莉.论政企合作型技术治理及其在重大疫情防控中的应用——基于中国实践的一个框架性研究[J].经济社会体制比较,2021,214(2):57—66.

第九章 国际合作机制

重大传染性疾病是全人类的敌人。面对重大公共卫生安全事件,我们需要进行国际合作,以团结的精神和坚定的信念共渡难关。以重大传染病这类突发公共事件为切入点探讨国际合作机制颇具典型意义。

中国是抗击新冠疫情的典范,中国无论是在疫苗研发,还是在应急物资供应方面,都积累了较为宝贵的经验。联合国秘书长古特雷斯称赞中国人民以牺牲正常生活的方式为全人类做出了贡献。中国强有力的举措不仅是在保护中国人民,也是在保护世界人民,为全球疫情防控印赢得了时间,中国防疫的成功经验值得世界学习。世卫组织访华专家组组长布鲁斯·艾尔沃德指出,中国的抗疫方式是可以复制的,但需要速度、资金、想象力和政治勇气。中国在新冠疫情期间也始终遵循人类命运共同体主张,积极开展国际合作和援助,为世界疫情防控贡献了举足轻重的力量。总之,公共卫生安全是人类面临的共同挑战,需要各国携手应对。

第一节　国际合作机制概述

一、国际合作与公共卫生国际合作

探讨国际合作的相关问题,首先要明确合作的概念。"合作"一词由来已久,就范围来划分,合作包括个体与个体之间的合作、个体与组织之间的合作、组织与组织之间的合作。随着凯恩斯主义的提出和盛行,主张在市场自由竞争的同时由政府主动在宏观上管理经济活动、强调政府与市场合作的观点大行其道。世界是一个相互联系的整体,在经济全球化、世界格局多极化的大背景下,全球经贸联系愈发密切,全球事务治理性难题不断出现,组织与组织(国家与国家或国家与区域)之间的合作也日趋广泛。

国内外诸多学者对"合作"一词进行了相关阐述,并形成了基本相似的理论主张。罗伯特·基欧汉认为合作是促使多元主体采取联合行动的过程,即合作是多个主体(包括个体、组织)通过协商、妥协等手段,将原先处于不和谐状态下的多个独立主体的行动变得协调一致的行动。[1] 肯尼斯·奥耶认为,合作就是政府经常约束自己遵从互利的行动方针,因此互利的行动方针的逻辑基础是"互利",也就是基于共同的目标和追求而展开合作,实现共赢。[2] 海伦·米尔纳认为合作是"通过政策协调过程,行动者根据他人的实际或预期偏好调整自己的行为"[3],因此合作是行动者调整独立行动时的行为,是追求利益一致的目标的过程。

---

[1] [美]罗伯特·基欧汉. 霸权之后:世界政治经济中的合作与纷争[M]. 苏长和,信强,何曜,译. 上海:上海人民出版社,2012:34.

[2] Oye K A. Explaining Cooperation under Anarchy: Hypotheses and Strategies[J]. World Politics, 1985, 38(1): 1−24.

[3] Milner R. International Theories of Cooperation Among Nations: Strengths and Weaknesses [J]. World Politics, 1992, 44(3):466−496.

国际合作就是国家根据自身的发展目标或发展需求,适时调整政策方针,与他国基于共同的利益而采取联合行动的过程,该过程的结果是实现共赢。国际合作是合作的一种存在范式,强调国家之间(国家与国家,国家与地区组织)之间的合作。因此,国际合作蕴含着两层含义:一是基于自身利益的考量。国家是理性的行为体,拥有理性的行为目标,国家与国家合作主要是基于自身利益的考量,即展开国际合作是否能够使自身获益。这种获益可能是经济利益,如经贸收入,也可能是政治利益,如国际声誉和国际地位等。国家为达成目标开展合作,并时刻通过目标调整政策的方向。二是基于共同的利益。每个国家都是理性行为体,其合作行为的选择首先是基于本国的利益考量,但只有符合两国或多国共同利益的合作行为才能为国际合作奠定基础,即所谓的国家与国家之间"没有永远的朋友和敌人,只有共同的利益"。

公共卫生合作是国际政府之间合作的重要领域。14世纪以来,世界范围内多次出现大规模的流行疾病,给世界人民带来了严重灾难。鼠疫在1346—1350年大规模袭击欧洲,死亡率高达30%,导致欧洲人口急剧下降。人类一旦感染鼠疫,通常会在2到7日内出现发烧症状,皮肤上浮现紫黑色的斑点和肿块,因而鼠疫又被称为"黑死病"。当时无法找到治疗药物,只能使用隔离的方法阻止疫情蔓延。这场疫病最终导致欧洲2 500万人死亡,而欧、亚、非洲则共有5 500万~7 500万人在这场疫病中死亡。1894年鼠疫再次爆发,经过航海交通,最终散布到所有有人居住的大陆,估计在中国国内便导致约300万人死亡,印度约有900万人死亡。除鼠疫外,艾滋病也是让人类谈虎色变的传染性疾病。自发现首例艾滋病病例至今,全球范围内约有7 500万人感染艾滋病毒,约3 500万人死于艾滋病相关疾病。温斯洛教授于1920年发表了著名的《未开发的公共卫生领域》一文,将公共卫生定义为"通过公共行为努力改善环境卫生、对个人进行卫生教育、为疾病的早期诊断和预防治疗组织医疗和护理服务、发展能够确保社区中每个人都有维持健康所需的生活水平的社会机制,从而预防疾病、延长寿命、促进身体健康和效率的科学和艺术"。① 从这一时期开始,已经出现了在公共卫生领域的跨国合作。

19世纪以来鼠疫、霍乱、天花、黄热病等烈性传染病广泛流行。既往的检疫规章已经不能适应当时的情况,许多国家为抵御瘟疫的传播蔓延,相继采取检疫措施,制定检疫法规,并从地区性的协调逐渐发展到国际合作。在此情景下,第一次国际卫生会议于1851年在巴黎召开,会议制定了世界第一个地区性的卫生公约——《国际卫生公约》。

随着社会及疾病的发展,《国际卫生公约》也逐渐得到完善。1866年的土耳其君士坦丁堡会议和1874年的维也纳会议,重点提出了防止霍乱国际传播的措施,同时将鼠疫、黄热病并列为国际检疫传染病,建立了国际流行病委员会;1892年意大利国际卫生会议制定了船只通过苏伊士运河的检疫办法;1893年德里斯顿(德国)国际卫生会议专门研究了防止东方(印度等国)鼠疫传入欧洲的检疫措施;1897年的维也纳会议强制要求各国电报报告鼠疫首发病例;1912年巴黎第12次国际卫生会议中形成的《国际卫生公约》文本,将霍乱、鼠疫、黄热病定为国际检疫传染病;1924年布鲁塞尔24国会议设立了海港性病防治机构;1926年在巴黎召开的第13次国际卫生会议有37个国家参加,会议正式通过了新的《国际卫生公约》,共172条,增加天花、斑疹伤寒为国际检疫传染病,中国也出席了该会议,签订了该公约;1933年荷兰海牙22国会议制定了国际航空卫生公约,增加了卫生机场航空卫生文件,旨在加强机场的卫生管理。随后,《国际卫生公约》继续发展,逐渐形成《国际卫生条例》。1944年修订的《国际卫生公约》提出了货物、行李检查和移民与边境检疫等事项;1946年在纽约签订了世界卫生大会组织宪章,共21条,制定了检疫规章,成立了检疫专家委员会;1948年第1届世界卫生大会起草了《国际公共卫生条例》;1951年第4届世界卫生大会再次通过了新的《国际公共卫生条例》。确立《国际公共卫生条例》的目的是最

---

① Winslow C E A. The Untilled Fields of Public Health[J]. Science, 1920, 51(1306): 23—33.

大限度防止疾病在国家间的传播,同时又尽可能小地干扰世界交通运输。1969年第22届世界卫生大会对《国际公共卫生条例》进行了修改、充实,并将其改称为《国际卫生条例》(International Health Regulation,IHR)。1973年和1981年又对IHR进行敢了修改、补充,修改后的条例,强调了流行病学监测和传染病控制,旨在加强流行病学的监测手段在国家之间的运用,以尽早发现并扑灭传染源,改善港口、机场及其周围的环境卫生,防止扩散,并且鼓励各国卫生当局重视流行病学调查,减少疾病入侵的危险。

二、国际机制、合作机制与国际合作机制

1980年,联合国国际法庭将"机制"定义为"具有自制力的外交法律规则"以及"法规和规则秩序"。而"合作机制"是在双方或多方的合作系统中,合作各方相互关系以及行为过程中必须遵循的制度化方式,其中包含保证这些方式发挥作用所需的机构设置。机制最早被应用于社会学,后逐渐在多领域应用。1935年,约翰·鲁杰(John G. Ruggie)首次把机制引入国际政治学领域,并提出了"国际机制"的概念。[①] 随后,罗伯特·基欧汉与约瑟夫·奈在《权力与相互依赖》一书中正式使用国际机制的概念研究国际关系的现实问题。

在探寻国际合作机制的内涵之前,首先要明确"国际机制"和"合作机制"的内涵。目前,对"国际机制"的内涵国内外学者尚未形成统一认识,首次提出了国际机制概念的美国学者约翰·鲁杰认为,"国际机制是一系列隐含或明示的原则、规范、规则和决策程序,它们聚集在某个国际关系领域内,行为体围绕它们形成相互预期"。这一表述中的行为体是指国际关系中各种政府和非政府行为主体,它们既是机制的创造者,也受到机制的制约。机制中的原则反映了行为体的观念和信仰。规范是指以权利和义务方式确立的行为标准,规则是指对某些行为的专门禁止,决策程序是指决定和执行共同政策的习惯做法。

[①] Ruggie J G. International Responses to Technology: Concepts and Trends[J]. International Organization, 1975, 29(3): 557—583.

"国际机制"这一概念引起了国际关系学界的广泛兴趣。美国政治学者斯蒂芬·克拉斯纳对国际机制进行了解释,他认为国际机制就是"在国际关系特定领域由行为体的期望汇集而成的一套明示或暗示的原则、规范、规则和决策程序"。[①]

合作机制则是两个或两个以上团体经体制与制度的重新整合以达成彼此间的有效对接。根据斯蒂芬·克拉斯纳对国际机制内涵的描述,合作机制是指两个或两个以上的行为体的期望汇集成的一套明示或暗示的原则、规范、规则和决策程序。合作机制的建立应该是具有灵活性、有效性和制度化的。灵活性主要体现在该合作机制的建立打破了常规,突破了原有单个团体客观条件的限制;有效性体现在该合作机制技术操作层面的可操作性;制度化客观上保障了该合作机制的长效性、可持续性。同时,根据具体合作机制的构建,或许该机制也具有自我完善性或具有进一步演化、发展、升级的结构空间。

分析国际机制和合作机制的内涵可知,国际合作机制是国际机制或合作机制的一种存在范式,主要是基于国家之间的合作而形成的一套明示或暗示的原则、规范、规则和决策程序。国际合作机制是相对于对立或冲突而存在的解决机制,从不同合作领域,国际合作机制可以区分为多种类型。按照特定合作领域,国际合作机制可以分为经贸机制、安全机制、争端解决机制、能源机制;按照合作形式,国际合作机制可以分为正式与非正式合作机制,政府间的合作一般都是正式的,如中非论坛、中阿论坛等;按照合作范围,国际合作机制可以分为全球机制、区域机制、次区域机制,如联合国、欧盟、东盟;按照参与合作的行为体数量,国际合作机制可以分为双边机制、多边机制。[②]

[①] Krasner S D. Structural Causes and Regime Consequences: Regimes as Intervening Variables [J]. International Organization, 1982, 36(2): 185−205.
[②] 陈朋亲,张潇. 国际合作机制与"一带一路"机制化建设研究——以中国−葡语国家经贸合作论坛(澳门)为例[J]. 学术探索, 2023, 279(2): 57−68.

三、疫情防控国际合作机制

疫情防控国际合作机制是在新冠疫情背景下,世界各国之间围绕"疫情防控"而展开的各项合作。疫情防控国际合作是指各国以真正的多边主义为基本支撑,以国家间的双边、多边关系及地区性和全球性国际组织为合作平台,以构建人类卫生健康共同体为总体目标,以树立新发展理念为基本方向,在国家、区域和全球层面就疫情防控治理与经济社会发展两个方面所开展的国家间联合、支持、协助等一系列协调行为。[①]而疫情防控国际合作机制则是疫情背景下国家之间(包括国家与国家之间、国家与地区组织之间、地区组织与地区组织之间)就疫情防控与经济发展等领域基于国际合作而形成的一套原则、规范、规则和决策程序。

第二节　国际合作机制的运行

一、国际合作机制的运行原则

在全球政治、经济联系日益紧密的大背景下,国际合作成为合作各方实现双赢的必然选择。尤其是在应急管理活动中,加强各国之间合作的作用更为凸显。国际合作机制的运行需要遵循以下原则:

(一)互相尊重原则

互相尊重原则是国际合作机制运行的根本性原则,互相尊重原则中比较关键的是互相尊重主权原则,互相尊重主权原则不仅是和平共处五项原则的重要组成部分,也是国际法原则中最重要的一项。无论是传统的国家主权理论,还是全球化冲击下的主权观念,都把互相尊重主权视作重要内容,它同时也是各

[①] 翟笑霞. 习近平关于抗疫国际合作重要论述研究[D]. 大连:大连理工大学,2022:12.

国和平共处的措施和保证。因此,应急管理国际合作应该坚持相互尊重的原则,尊重别国的国格、国情。

(二)公平互利的原则

平等互利原则是国际经济法中的一项基本原则,该原则是在试图建立国际经济新秩序的背景下提出的。这一原则是我国在国际关系中所历来主张的。平等互利原则已是绝大多数国家的共识,《各国经济权利和义务宪章》把它作为国际经济关系中的基本原则之一,一些国际判例也体现了这一原则。现代国际社会的经济秩序应当从原来的"平等互利"向"公平互利"转化。公平互利中的公平是指在法律地位平等、权利义务配置平等的基础上寻求长期的、整个世界的系统利益均衡;互利则是指法律关系、法律行为应使双方都获益,也就是不能以损害一方的利益来满足另一方的要求,而要兼顾双方的利益。公平与互利是互为因果、互为表里的关系,二者密切联系、不可分割。实质的公平必然导致长远的互利,同时,公平也必然要求互利,只有互利才能达到真正的、实质上的公平。因此,国际合作机制的运行应该坚持公平互利的原则,这是国家之间展开国际合作的重要原则。

(三)信息共享原则

国家与国家之间、国家与地区组织之间或者地区组织与地区组织之间展开合作的一个重要基础是信息共享。《国际卫生条例》指出,缔约国如果有证据表明在其领土内存在可能构成国际关注的突发公共卫生事件,不论其起源或来源如何,即应向世卫组织提供所有相关的公共卫生信息。实现信息适时共享,主要包括突发公共安全事件防控形势、突发公共安全事件防控举措、突发公共安全事件防控方向、疫苗研发、疫苗注射等信息共享,有助于各国吸取经验教训,提高疫情防控能力。

二、国际合作机制的运行特征

国际合作机制具有全球性、普遍性和多样性等特征,具体如下:

(一)国际合作机制具有全球性

国际合作机制的全球性特征可以从新冠疫情的应对中得以体现。新冠疫情作为全球性的公共安全卫生事件,给全球国家的公民都带来严重灾害,因此疫情国际合作的关键是有效开展国际联防联控,加强国际疫情防控多领域的交流、合作。病毒无国界,疫情是我们的共同敌人。各国必须携手拉起最严密的联防联控网络。以中国为例,中国曾建立新冠疫情防控网上知识中心,向所有国家开放。全球国家要相互合作,共同合作加快药物、疫苗、检测等方面科研攻关,力争早日取得惠及全人类的突破性成果,还要探讨建立区域公共卫生应急联络机制,提高突发公共卫生事件应急响应速度等。

(二)国际合作机制具有普遍性

国际合作机制具有普遍性。以突发公共安全事件为例,国际合作机制涵盖了突发公共安全事件期间各国合作的多个领域,如药物、疫苗、检测等方面的科研攻关合作,应急物资生产和供应合作,医疗人才培养国际合作,生物安全国际合作,农业科技国际合作,经济发展国际合作等。以中国为例,在具体的国际合作领域中,中国在自身疫情防控面临巨大压力的情况下向世卫组织提供了5 000万美元的援助,向200多个国家和地区提供和出口了防疫物资,同二十国集团成员一道落实"暂缓最贫困国家债务偿付倡议",向80多个国家和3个国际组织提供疫苗援助,向50多个国家出口疫苗。中国是向发展中国家提供疫苗最多的国家,中国援助的疫苗是许多国家获得的第一批疫苗。

(三)国际合作机制具有多样性

国际合作机制具有多样性,以疫情突发公共安全事件为例,主要体现在以下几个方面:一是战"疫情"国际合作可以是国家与国家之间的合作,如中国为赤道几内亚、津巴布韦、菲律宾、玻利维亚等国家提供疫苗,成为战"疫情"国际合作的典范。二是战"疫情"国际合作可以是组织与组织之间的合作,如上海合作组织和"一带一路"沿线国家之间展开疫苗、物资等多方面的合作。三是战"疫情"国际合作可以是国家与组织之间的合作,如中国向国际世卫组织提供了

5 000万美元现汇援助。四是战"疫情"国际合作载体的多样性,如利用"一带一路"、上海合作组织、金砖国家、东盟、非盟、阿盟、拉共体、二十国集团等多边或区域性国际机制,积极推动疫情防控的地区合作。一些发达国家为发展中国家提供资金、技术、资源、信息、人力支持,帮助这些国家开展疫情防控,有效应对疫情,共同维护地区和全球卫生安全。

三、国际合作机制的运行作用

国际合作是实现双赢的必然选择,也是构建人类命运共同体的必然要求,国际合作机制的运行具有积极的作用,以新冠疫情防控过程中的国际合作为例,国际合作机制运行的作用主要体现在以下几个方面:

第一,有利于建立新冠疫情全球防线。疫情给全人类的生命健康安全造成了严重威胁。疫情不是单个国家存在的问题,而是涉及全球各个国家的共同问题,它严重威胁人类生命健康。解决这一重大问题,同时也是全球治理的重要内容,是需要国际社会共同努力的方向。正因为新冠疫情具有跨国性质和高传染性质,疫情防控并非一国之力所能解决的,需要全球范围内的国家或国际组织加强公共安全卫生领域的合作,完善全球治理体系,提高全球治理能力,形成全球疫情治理防线,最大限度保障全世界人民的生命健康安全。新冠疫情发生以后,我国政府多次强调"国际合作""全球抗疫""人类命运共同体"的主张。中国在国内疫情防控任务十分繁重的情况下,两次邀请世界卫生组织专家来华开展溯源研究。世界卫生组织专家组在华工作期间,中国始终秉持实事求是、公开透明合作的态度提供必要协助。中外联合专家组以只争朝夕的责任感、紧迫感率先完成了全球溯源研究的中国部分,公开、透明、全景地呈现了溯源研究的工作方法、主要发现和对下一步全球溯源工作的建议。面对突如其来的新冠疫情,中国举全国之力,新冠疫情得以快速控制,在此过程中,中国积累了宝贵经验。当新冠疫情在全球范围内蔓延后,中国积极加强与国际组织和其他国家的合作,向国际社会捐赠防疫物资,全面深入参与相关国际标准、规范、指南的制定,分享中国方案、中国经验,同时承诺将新冠疫苗列为全球公共卫生产品,助力建立新冠疫情全球防线。

第二,有利于加速疫情科研攻关。作为一种新发传染病,我们对新冠的认识还比较粗浅,因此要综合多学科力量开展科研攻关,加强传染源、传播致病机理等理论研究,为复工复产复课等制定更有针对性和操作性的防控指南。要加大药品和疫苗研发力度,同临床、防控实践相结合,注重调动科研院所、高校、企业等的积极性,在确保安全性和有效性的基础上推广有效的临床应用经验,力争早日取得突破。要加强病例分析研究,及时总结推广有效诊疗方案。要充分运用大数据分析等方法支撑疫情防控工作。抗击疫情的方案选择必须始终坚持科学的态度,疫情防控中的病毒溯源、药物研制、疫苗研发及检测试剂生产等也同样离不开科技的支撑。人类同疾病较量最有力的武器就是科学技术,人类战胜大灾大疫离不开科学发展和技术创新。要把新冠防控科研攻关作为一项重大而紧迫任务,综合多学科力量,统一领导、协同推进,在坚持科学性、确保安全性的基础上加快研发进度,攻克疫情防控的重点难点问题,为打赢疫情防控人民战争、总体战、阻击战提供强大科技支撑。新冠疫情的科技攻关需要国家之间展开合作,国际合作的领域可以涵盖确定临床救治和药物、疫苗研发、检测技术和产品、病毒病原学和流行病学、动物模型构建五大主攻方向,组织跨学科、跨领域的科研团队,科研、临床、防控一线相互协同,产学研各方紧密配合,尽快形成科技协同合力,加速新冠肺炎疫情科技攻关。

第三,有利于构建人类卫生健康共同体。继"人类命运共同体"理念之后,2020年在全球合作抗击疫情的背景下,中国首次提出"人类卫生健康共同体"的理念。[①] 人类卫生健康共同体理念是以人类命运共同体为理论基础,以增进人类健康福祉为目标,以完善全球卫生治理体系为基本路径,是构建人类命运共

---

① 李丹,罗美.构建人类卫生健康共同体的中国经验与合作方案[J].武汉科技大学学报:社会科学版,2021,23(1):17—24.

同体的重要维度和内涵延伸。① 人类卫生健康共同体理念不仅是中国的外交战略，也是中国向世界提供的公共产品，人类命运共同体理念为全球公共卫生安全治理国际合作提供了思想基础。新冠疫情发生后，国际合作较为混乱，尤其是当我国采取封城、封路等居家隔离举措后，遭到了西方国家的污蔑和议论，国际合作形式更为严峻，国际合作难以开展。当我国新冠疫情得以控制后，疫情在世界范围内多个国家迅速蔓延，中国积极展开国际援助，提供应急物资、新冠疫苗等，为国际合作树立了榜样和典范。因此，各国之间加强合作，能够相互学习疫情防控经验，进一步提高自身的疫情防控能力，完善疫情防控体系。总之，加强国际合作有利于加速全球卫生健康体系的建设和完善。

第三节　国际合作机制的组织活动

本节以新冠疫情为例探讨国际合作机制的组织活动。疫情发生后，中国始终以负责任大国的形象积极展开国际救援和合作，为世界疫情防控胜利注入了一剂强心针。中国率先加入世界卫生组织"全球合作加速开发、生产、公平获取新冠肺炎防控新工具"倡议，积极同10多个国家开展疫苗研发合作，加入并支持"新冠肺炎疫苗实施计划"，促进疫苗公平分配；应世卫组织方面请求，向"实施计划"提供1 000万剂国产疫苗，主要用于满足发展中国家急需；参加维和人员新冠疫苗之友小组，并向联合国维和人员捐赠疫苗。我国还向意大利、塞尔维亚、柬埔寨、巴基斯坦、委内瑞拉等国家派出了医疗专家组。中国向非洲国家派遣援外医疗队已经有57年历史，现在有近千名医疗队员长期在非洲工作。新冠疫情发生以后，国家卫健委指导医疗队支持驻在国开展疫情防控，开展各类培训和健康教育活动250余场，培训1万多人，发布了多语种的公告和防控

---

① 武晟,谢剑澍. 人类卫生健康共同体的理念蕴含和实践路径[J]. 特区实践与理论,2021,249(4): 38—43.

指南800多份。中国还建立了国际合作专家库,已经与100多个国家和地区举办了40多场视频交流,分享中国在新冠应对方面的经验。

一、中国成功典范:国际合作机制的组织活动

(一)抗疫疫苗援助解急难

在新冠疫情期间,首先,中国不仅实现抗疫斗争和经济恢复"双领先",还开展了新中国成立以来援助时间最长、涉及范围最广的紧急人道主义救援行动。2021年以来,中国已经向106个国家和4个国际组织提供了超过15亿剂疫苗,为防控疫情、引领抗疫国际合作发挥了重要作用。

其次,中国及时启动"抗疫紧急支持计划",协调各方紧急向疫情大幅反弹的南亚、东南亚多国提供救急物资,定向向缅甸北部地区提供紧急疫苗和抗疫物资援助,推动防疫关口前移……中方及时、高效的抗疫援助,为相关国家保障民众生命安全、降低财产损失发挥了重要作用,有力策应了国内外防输入、内防反弹大局,让中国同周边的传统友好、民间友好得到进一步升华。

(二)力邀世卫组织专家来华开展溯源

中国在国内疫情防控任务十分繁重的情况下,两次邀请世界卫生组织专家来华开展溯源研究。

2020年7—8月,世界卫生组织和中国着手开展病毒溯源研究的前期工作。商定了工作范围,其中确定了分阶段工作方法、研究范围、主要指导原则和预期成果,并确定开展第一阶段短期研究方法,以更好地了解该病毒可能如何引入并开始传播。7月11日—8月2日,中方专家同世界卫生组织专家共进行了16次会议交流,中方专家介绍了早期病例的流行病学调查结果、动物和环境样本检测情况、野生动物监测检测数据分析、食品安全监管工作情况、对于病毒传播的主要假设、最初聚集性病例的传染源和潜在未知因素等,其间应世界卫生组织专家要求,安排中科院武汉病毒研究所石正丽团队与世界卫生组织专家进行专场视频交流。双方就《世界卫生组织召集的全球新冠病毒溯源研究中国部分

工作任务书》达成一致。10—12月,中方专家同世界卫生组织国际团队举行了4次视频会议,交流全球新冠病毒溯源进展和联合溯源工作方法。

2021年1—2月,世界卫生组织专家组与中国专家组成联合专家组,按照前期制订的世界卫生组织召集的全球新冠病毒溯源研究中国部分工作任务书,开展中国部分工作。1月15日—27日,世界卫生组织专家在隔离期间与中方专家进行视频沟通,就相关学术议题进行专题交流。

二、中国与他国:国际合作机制的组织活动

(一)中俄国际合作机制的组织活动

1.俄罗斯对中国抗疫努力的支持

新冠疫情发生后,俄罗斯始终积极表态支持中国政府抗击疫情的努力。普京总统多次表态支持中国政府采取的抗疫举措,表明俄罗斯同中国开展防疫合作的意愿。俄罗斯外长拉夫罗夫多次与国务委员兼外长王毅通电话,赞扬中国抗疫成效,协调中俄抗疫防疫合作。俄罗斯赞扬中国政府的疫情防控做法,认为中国所采取的抗疫措施是防止新冠疫情蔓延的有效途径,为中国疫情防控经验在国际上的传播和复制提供了强有力的支持。

2.互赠医疗物资,互派医疗队

俄罗斯是最先帮助中国抗击疫情的国家,多次捐赠防护服、口罩等医疗设备及救援物资,并派遣由5人组成的防疫专家代表国帮助中国抗击疫情和研发疫苗。[①] 俄罗斯防疫专家代表团也是首个来华开展疫情防治合作的外国专家团。2020年2月9日,俄罗斯派遣伊尔—76运输机将总重23吨的医疗救援物资运抵武汉。同时,俄罗斯一些地方政府、社会组织和个人向中方捐助医用口罩等医疗防护用品。我国在防控国内疫情的同时,积极向俄罗斯提供医疗物资等援助。中国政府曾派遣抗疫医疗专家组携医疗援助物资到达莫斯科,与俄方

---

① 高原.基于人类命运共同体视角的中俄疫情防控合作思考——以牡丹江市输入性新冠肺炎为例[J].经济研究导刊,2020,448(26):145-146.

就疫情防控和临床诊疗等问题进行交流。中国不少地方政府、社会组织和个人向俄方捐献医疗防护用品，中国驻俄罗斯的机构与企业也纷纷向俄对口部门、企业或有关单位捐赠防疫物资。

3. 线上、线下开展经验交流

中俄两国专家、学者也进行了多次新冠疫情防控学术交流会议。2020年4月，中俄两国军队之间召开了疫情防控经验分享视频会议，会上中方分享了中国军队疫情防控工作总体情况和经验做法，两国专家围绕着新冠疫情防控、诊断、治疗、检测、临床救治等问题进行了深入的交流。2020年5月，中华医学会放射学分会、影像技术分会和俄罗斯的影像专家组织召开了线上新冠影像专家跨国经验交流与经验分享会。2020年7月，中国科学院微生物研究所组织的中俄多家科研机构共同参与的中俄新型冠状病毒学术研讨会在线上举行。2020年8月，中俄两国在广东药科大学采用线上线下相结合的方式举行了学术交流会议，对新冠疫情的防控经验进行了研讨。

4. 加强疫苗研发攻关

中俄两国在新冠疫苗研发上也进行了多方面的合作。2020年8月，两国在俄中科技创新年开幕式上签署了建设新型冠状病毒联合研究实验室的备忘录，携手解决这一全球性问题；中方还向俄罗斯提供了法匹拉韦等新冠药物的临床试验数据，以此加速俄方临床试验以及药物的研制。在疫苗推广方面，2021年我国康希诺生物与军事科学院陈薇院士团队合作研发的重组新型冠状病毒疫苗 Ad5－Cov(5型腺病毒载体)已经联合俄方 Petrovax 制药公司在俄罗斯完成多轮疫苗临床试验，试验数据非常理想，已经申请在俄注册；同时俄罗斯卫生部也授权我国阿兹夫定等药物在俄注册并进行Ⅲ期临床试验。[1]

(二)中巴国际合作机制的组织活动

新冠疫情发生之初，巴基斯坦短时间举全国之力，筹措了全国库存的30万

---

[1] 鄂立志,陈宏博.后疫情时代中俄疫情防控合作机制构想[J].上海预防医学,2022,34(12)：1192－1196.

只口罩、800套防护服、6 800副手套支援中国。

中国也积极援助巴基斯坦,巴基斯坦是得到中国援助最多的国家。巴基斯坦国家灾害管理局回应称,在疫情爆发期间,中国在向巴基斯坦提供医疗救助方面做出了巨大贡献,中国提供的援助占向巴基斯坦援助总额的80%。2020年2月初,中国政府紧急调运1 000份新冠试剂盒运往巴基斯坦;3月9日中国援助巴基斯坦抗疫的首批救灾物资抵达,这批物资包括灭虫设备14台,灭虫药剂250桶,新冠检测试剂盒1.4万份,合计重量69.91吨;27日,援助的20万只医用口罩、2000只N95口罩、2000件医用防护服、2400测试剂盒、5套呼吸机到达;4月6日,中巴军方卫生部门召开视频会议,中方向巴方介绍防疫经验,分享诊疗方案。据悉,该会议由中国和巴基斯坦军队卫生部门领导及临床、检测、防控等相关领域专家约20人在北京、武汉、拉瓦尔品第三地参加。会议中,中方分享了中国军队疫情防控工作的经验做法、新冠检测技术方法、要点以及诊疗方案。对此,巴方衷心感谢中方第一时间分享疫情防控和救治经验,高度评价中国军队参与疫情防控付出的积极努力,同时祝贺中国抗击新冠疫情取得重要阶段性成果,并赞誉中国在国际疫情防控中展现的大国担当。该次会议系中国军队组织的首场与外军新冠疫情防控经验分享视频会议。2020年4月24日,经中央军委批准,中国人民解放军派空军飞机向巴基斯坦援助核酸检测试剂盒、防护服等物资,并派遣了抗疫专家。

对此,巴基斯坦总理伊姆兰·汗当日发表声明表示,中国刚一控制住国内的新冠疫情,就优先向巴基斯坦提供了医疗援助。他对中国向巴基斯坦及时提供医疗援助和医疗物资、帮助巴基斯坦控制疫情的做法表示赞赏和感谢。

第四节 国际合作机制的现实挑战

国际合作是全球化趋势的重要表现形式,但目前暗流涌动的去全球化浪潮对国际合作机制提出了严峻考验。当面对突发公共安全事件时,国际合作机制仍面临诸多现实挑战。

一、国际合作机制缺乏文化认同

总体来看,当今世界存在资本主义国家和社会主义国家两大阵营,两大阵营在政治管理体制、经济发展水平、社会发展结构、国家文化环境等方面存在差异性。而资本主义国家和社会主义国家之间,不同民族与国家之间缺乏文化认同是阻碍国际合作的关键要素。

二、国际合作机制缺乏相互信任

合作的基础是信任,突发公共安全事件国际合作机制缺乏相互信任使得突发公共安全事件防控过程中各国不能深入合作。突发公共安全事件国际合作机制缺乏信任主要体现在以下几个方面:一是国家与国家之间不能及时做到信息公开,这可能是基于国家政治体制的不同,也可能是执政理念的不同。在突发公共安全事件防范中,国家与国家之间关于疫情危害程度和传播现状等并不能做到及时公开、交流和合作。二是国家与国家之间缺乏信任,导致合作无法真正实施。

三、国际合作机制利益分歧严重

国际合作的实施往往是基于利益的考量,即突发公共安全事件国际合作是否能给本国带来收益。国家与国家之间开展合作主要是为了实现共同的利益或目标追求。但在突发公共安全事件防控过程中国家之间的利益分歧较为严重。如新冠疫情发生初期,我国疫情较为严重,对我国公民的生命健康安全造成威胁,但其他国家可能会采取"事不关己高高挂起"的姿态,并不会对中国疫情防控进行援助,也不会开展疫情国际合作。由于新冠疫情传播地点的区别、传染范围的不同,各国对于危机本身的重视度也并不相同,各国之间对于合作可得的收益自然也有不同的看法。总之,突发公共安全事件防控国际合作机制的利益分歧使得危机防控面临严峻挑战。

四、国际合作机制领导者缺位

世界大国在全球性公共危机面前,应当承担起大国职责和担当,积极参与到公共危机治理中来。新冠疫情发生后,中国在国际社会上发挥着举足轻重的作用,积极倡导"公共卫生安全健康人类命运共同体"。但是与之相反,某些国家虽然是世界强国,对世界疫情防控具有关键性的作用,理应在新冠疫情防控中发挥领导者作用,但是其政府强调自己利益优先,回避领导者责任,不仅没有协调国际社会应对疫情,连应对本国疫情也是既没有准备,也没有思路,政策前后矛盾、一错再错,不仅给本国公民生命健康安全造成威胁,也给世界人民带来了灾难。

五、国际合作机制缺乏统一管理机构

国际合作机制呈现为一种结构体系,这种结构体系内的主体、客体和内容等相互作用、相互影响、相互制约、相互妥协,并在彼此的利益调试中形成一种利益共享的合作机制,而这种合作机制的形成需要统一于一个管理机构之内。这个管理机构需要为国际合作机制的开展制定一系列原则、规范、规则和决策程序,这些原则、规范、规则和决策程序聚集在某个国际关系领域内,行为体围绕它们形成相互预期。但是,如果突发公共安全事件防控国际合作机制缺乏统一的管理机构,无法将各个国家按照一些原则、规范、规则或程序组合在一起,也无法规范和约束各国的行为,这就会造成突发公共安全事件防控国际合作的"群龙无首"。突发公共安全事件防控国际合作如果缺乏明确统一的组织管理机构,就会导致各国不能发挥自身优势,也无法明确各国的责任和义务,各自为政,卫生资源浪费,最终造成全球公共卫生治理体系混乱的局面,甚至还可能会因为利益冲突而产生国际矛盾。

第五节　国际合作机制的改革创新

目前,国际合作机制面临诸多挑战,后疫情时代可以基于以下几个方面改革突发公共安全事件防控国际合作机制。

一、加强国际合作文化认同

加强突发公共安全事件防控国际合作的文化认同,强化人类命运共同体理念,协同防范,实现共赢。加强突发公共安全事件防控国际合作文化认同可以从以下两个方面着于:第一,摒弃传统认知理念,尊重他国制度选择,世界上没有绝对优越的制度,因此要尊重各个国家所实行的政治制度,尊重他国主权和内政,摒弃传统"零和博弈"思维,制度不同,文化不同并不影响其在突发公共安全事件防控中开展合作。第二,加强身份认同,巩固国际合作政治基础。突发公共安全事件防控合作要基于共同的利益,因为国与国之间没有永远的朋友,也没有永远的敌人,只有永恒的利益,这就需要各国加强公共利益认知的一致性,减少国与国之间的敌对性。敌对的状态会影响国家之间利益判断,也会阻碍国家之间开展合作,因此需要各国加强自身身份认同,适时调整或改变敌对的国际格局,加强国际合作。第三,加强观念认同,维护世界共同利益。中国传统文化始终倡导"以和为贵",合作共生、美美与共、人类命运共同体的理念深深嵌入中国的价值观,但是某些国家始终坚持着"本国优先""世界警察"的观念,这种观念不利于国际合作的开展,也是不尊重他国、不负责任的体现。

二、构建国际合作信任机制

在突发公共安全事件防控国际合作中,为加强国际合作的相互信任,各国之间应树立一种"信任红利"理念,建立一种合作信任关系,传达和反馈公共卫生事件防控需求和建议,最终实现合作双赢。第一,营造互惠合作的信任文化。

营造各国之间互惠合作的信任文化的过程是从"价值观导入"到"文化演变"再到"文化产生动力"依次递进的过程。首先,摒弃国家与国家之间、国家与国际组织之间、国际组织之间不合作、不信任的价值观念,树立"信任红利"理念,加强合作信任意识,为公共卫生事件国际合作机制植入信任文化元素。第二,大国应起到示范作用,发挥大国优势,承担自身的国际责任,为他国提供更多的援助,为信任文化营造良好的国际社会环境。第三,当基本的信任文化构建后,国家与国家之间应逐步完善信任文化建设机制,并进一步推进信任文化传播,进而产生文化生产力。第四,规范突发公共安全事件防控国际合作行为。各国之间在公共卫生事件的国际合作中,势必会产生利益博弈,这就需要协调各国的利益分配,实现帕累托最优。因此需要基于国际组织的权威性,加强对各个国家行为的规范,对于积极参与突发公共安全事件防控的国家加强国际宣传和认同,对于消极或阻碍突发公共安全事件防控国际合作的国家加大惩罚力度。第五,建立基于双向信任的评价机制。通过建立突发公共安全事件防控国际合作过程中国家与国家之间的信任评价体系,对各国政府突发公共安全事件防控行为进行评价,并以此作为国家可信度排名的重要来源。

三、发挥世卫组织的领导者作用

世界卫生组织在科学应对突发公共安全卫生事件,维护国际公共卫生安全方面发挥了重要的组织协调作用,得到了国际社会的广泛认可。相关国家在重大公共卫生事件的国际合作中,除应继续尊重世界卫生组织在全球公共卫生治理中的核心地位、坚定支持其发挥专业优势和重要主导协调作用之外,还要与世界贸易组织、世界银行、联合国开发计划署、联合国教科文组织、联合国危机管理小组、联合国艾滋病规划署等国际组织加强多边协调与合作,在制定"全球免疫系统"指导方针及标准、制定相关协议、监控疫情、提供信息数据、成员国协调沟通、有效利用国际资源、提供技术援助、评估事件的潜在经济影响、引导经济社会发展政策支持等方面发挥关键作用。

四、建议国际合作统一管理机构

以新冠肺炎疫情为例,世界卫生组织可以牵头,建立疫情防控国际合作统一管理机构,将各个国家置于疫情防控统一管理之下,并加强各个国家之间的疫情防控合作。疫情防控国际合作统一管理机构需要明确以下几个方面的工作:第一,完善疫情防控法律规范,制定专门的疫情防控管理法。国际卫生法律规范在国际法框架中少之又少,除《国际卫生条例(2005)》涉及全球公共卫生安全治理国际合作以外,几乎没有专门性的国际卫生条约。应依据现有的国际公共卫生法律规范制定出更具专业性、更加具体的国际条约,尤其是针对突发性、全球性的公共卫生安全事件的法律规范。同时,还要推动公共卫生安全治理区域合作条约的制定,补充软性法律规定。第二,构建疫情防控国际合作履约机制,建立联合调查制度,国际互助制度、监督评估制度等。第三,明确疫情防控国际合作的违约责任,增加国家责任承担条款,增加违约制裁措施[1],完善责任规则机制,扩大共同利益,促进多边发展,敦促大国承担责任,小国积极贡献力量。

---

[1] 刘慧敏. 全球公共卫生安全治理国际合作法律问题研究[D]. 大连:大连海洋大学,2022:31.

第十章　新时期行政管理体制机制改革创新

2003年非典事件之后，2020年爆发的新冠疫情严重威胁了我国公民的生命健康安全，对我国经济、政治、社会也造成严重冲击。全国上下万众一心、众志成城，取得了疫情防控的重大胜利，充分体现了我国的体制机制优势，但不可否认的是，如何创新后疫情时代行政管理体制机制仍然是摆在党和政府面前的一项重大课题。确保人民群众生命安全和身体健康，是我们党治国理政的一项重大任务，我们既要立足当前，更要放眼长远，总结经验、吸取教训，抓紧补短板、堵漏洞、强弱项，该坚持的坚持，该完善的完善，该建立的建立，该落实的落实，完善重大疫情防控体制机制，健全国家公共卫生应急管理体系。后疫情时代，我们需要将应急管理体制建设同行政管理体制机制创新结合，在国家行政管理体制机制大框架之下，深化应急管理体制改革，而应急管理体制的改革与深化会促进行政管理体制机制改革的进一步深化。

"凡事预则立，不预则废。"在后疫情时代，我们应该加强国家行政管理体制机制创新，健全和完善应急管理体系，逐步建立起与中国特色社会主义市场经济体制相适应的行政管理体制，这对于推进国家治理体系和治理能力现代化具有重要的理论和现实意义。

第一节　行政管理体制机制改革的内涵

一、行政管理体制的内涵

一般而言,行政管理体制是行政责任与权力划分、行政组织机构、行政制度与方式以及行政运行机制的总和。① 行政管理体制是"体(行政主体)"与"制(行政制度)"的组合,是国家政治体制的重要组成部分。② 所以,从本质上看,行政管理体制就是一个国家的政体及其管理制度的集中反映;从运行状态上看,行政管理体制就是行政管理机构、管理权限、管理制度、管理工作、管理人员等有机构成的一个管理系统。

因此,行政管理体制的内涵可以从以下几个维度理解:

第一,行政管理体制的载体是行政机构。行政管理体制是由个体"人"建立、推行和完善的,而由多个个体"人"在共同目标的支撑下联合行动而形成的合法的统一集合体就组成了行政机构。因此,行政机构是行政管理体制存在的基础,只有行政机构的存在,才有行政人员依法行使行政权力,发挥行政职能,并由个体"人"和整体"行政机构"共同承担起行政职责。此外,行政管理体制的建立、改革和完善,总是伴随着行政机构的建立、改革和完善而进行的。

第二,行政管理体制的核心是行政责任与权力划分。任何行政管理体制的建立、改革与完善,都是围绕着行政职权的划分或分配进行的。行政管理体制建立的过程就是在行政机构内划分各行政主体的行政责任以及所拥有的行政权力,从而形成权力上相互制约、责任上合理分配的权责体系。此外,行政管理

---

① 李宇. 深圳市交通行政管理体制改革研究[D]. 大连:大连海事大学,2012:17.
② 蒋硕亮,徐龙顺. 中国行政体制改革的逻辑、样态与趋向——基于新中国成立70年来的经验分析[J]. 江汉论坛,2019(10):13—19.

体制改革和完善的过程就是进一步明晰各行政主体的行政责任和行政权力的过程,目的是避免权责不一、责任不明、各行政主体之间相互推诿、相互扯皮,从而进一步完善权责配置体系,有效提高行政管理效率。

第三,行政管理体制的保障是法律法规。行政管理体制的建立、改革和完善必须依靠一定的法律法规,如果说行政管理体制内的契约、文化、观念、价值等是对行政管理主体、客体等的软约束,那么法律法规就是对行政管理主体、客体等的硬约束。法律法规保障了行政管理体制的强制性、权威性及规范性,保障了各行政机构的正常运行及各行政主体的权责配置,这也与我国依法治国、依宪治国的理念相得益彰。因此,建立健全必要的规章制度和法律程序是建立和完善行政管理体制不可缺少的一环。

二、行政管理体制与机制的关系

体制,可分为"体"和"制"两项内容。"体"可视为能够容纳一定对象的空间,"制"则是控制空间中的对象合理运行的方法与规则。[①] 根据中国古代文献《琴赋》《史通·六家》《穆天子传》与《列子》等的记载,体制具有多重含义,包括组织方式、组织结构,文章中的结构、体裁,国家机关、企业和事业单位的机构设置、管理权限,诗文书画等的体裁、格调、格局、规格,特别是指结构,组织制度,礼制、规矩等。

机制,可分为"机"和"制"两项内容。"机"可以指机器,指有机体的构造、功能及其相互关系以及机器的构造和工作原理。生物学和医学通过类比借用此词,指生物机体结构组成部分的相互关系以及其间发生的各种变化过程的物理、化学性质和相互关系。机制一词现已广泛应用于自然现象和社会现象,扩展到经济、社会、管理领域,如经济机制、管理机制等,指其内部组织和运行变化的规律。

---

① 杨月巧.新时代应急管理体制机制关系分析[J].中国安全生产,2019,14(9):26-29.

体制和机制二者关于"制"的内容是一致的,都是运行的方法与规则,而差异之外在于"体"和"机"。"体"与"机"就像人体骨架与肌肉,骨架提供人体的支撑,肌肉保持骨架的稳定性。因此,体制和机制是一体的。体制决定机制,又体现在机制里,机制则按照体制要求运转。[①] 行政管理体制主要指行政管理的实体机构之间运行的方法和规则及行政管理实体机构的组织结构。行政管理机制主要指行政管理的运行过程、行政管理的具体工作方法等,机制要在体制的约束下运行,二者互为依托。[②]

三、行政管理体制机制改革的内涵

十九大报告指出,中国特色社会主义已进入新时代,我国社会的主要矛盾已经转化为人民日益增长的美好生活需要和不平衡不充分的发展之间的矛盾。这个主要矛盾,贯穿于我国社会主义初级阶段的整个过程和社会生活的各个方面。2020年新冠疫情在中国及全球范围内蔓延,对中国经济发展形成巨大的冲击,对中国应急管理体制机制、应急管理部等都提出了严峻挑战。时代在发展,社会矛盾在变,社会问题也在变,已有的行政管理体制机制要适应新的社会形势,也必须进行相应的调整。改革开放没有完成时,只有进行时,同样,行政管理体制机制并非一成不变、一劳永逸的,而是要随着时代的发展,随着新的社会问题的出现与时俱进,因此这也决定了我们必须进一步改革行政管理体制机制,以适应新的社会发展要求,行政管理体制机制改革永远在路上。

行政管理体制机制改革的内涵可以从以下几个方面理解:

第一,行政管理体制机制改革的逻辑基础是解决社会主要矛盾、提高行政效率。社会矛盾引发行政管理体制机制改革,我们需要从组织形式、政府机构、权责配置等方面改革现有的行政管理体制机制,以解决新的社会矛盾。随着社会风险与自然灾害的不确定性的增加,我们急需在行政管理体制机制框架下进

[①] 杨月巧. 新时代应急管理体制机制关系分析[J]. 中国安全生产,2019,14(9):26-29.
[②] 张海波. 新时代国家应急管理体制机制的创新发展[J]. 人民论坛·学术前沿,2019(5):6-15.

一步改革应急管理体制,提高应急管理能力。此外,行政管理体制改革的最终目的是提高行政管理能力及行政管理效率,推进治理体系和治理能力现代化。因此,面对新形势、新任务、新问题、新要求,我们需要进一步改革国家行政管理体制机制。

第二,行政管理体制机制改革的内在逻辑是转变政府职能。改革开放以来,我国分别在 1982 年、1988 年、1993 年、1998 年、2003 年、2008 年、2013 年、2018 年和 2023 年进行了九次较大规模的行政体制改革。1988 年我国首次提出了"转变政府职能是机构改革的关键"这一论断,转变政府职能成为行政体制改革的内在逻辑基础,并支撑着行政管理体制机制的创新发展,2008 年的大部制改革、2018 年成立应急管理部等都是转变政府职能的重要表现。

第三,行政管理体制机制改革的外在表现是改革政府机构。1982 年邓小平同志指出"精简机构是一场革命"。[①] 每一次行政管理体制改革总会伴随着政府机构的精简或改制,但是由于多次进行的行政管理体制改革不彻底或者触碰到既得利益者的利益,政府机构改革出现"精简—膨胀—再精简—再膨胀"的往复循环。以改革政府机构为外在表征和突破口是行政管理体制机制创新的外在逻辑与主要变现形式。

第四,行政管理体制机制改革的程序逻辑是先经济体制创新再行政管理体制创新,先易后难到全面推进,由表及里到逐步深入。首先,经济基础决定上层建筑,因此在行政管理体制机制改革中要先进行经济体制机制创新,奠定经济基础,解决基本的经济问题,再精准蓄力,促进行政管理体制机制创新。经济体制机制创新是行政管理体制机制创新的基础。其次,行政管理体制机制创新要经历由表及里、由易到难的一般过程。这是解决问题的一般规律,前期的行政管理体制机制创新较易推进,而后期行政管理体制机制创新则进入了攻坚期和深水区,需要从多个方面持续推进。

---

① 邓小平.邓小平文选(第 2 卷)[M].北京:人民出版社,1994:396.

第五，行政管理体制机制改革的方向是建设服务型政府。服务型政府是以社会发展和人民群众的共同利益为出发点，以为人民服务为宗旨并承担相应服务职责的现代政府治理模式。建设服务型政府是我国行政体制改革的基本方向和重要内容。改革开放40多年来，我们党不断深化对服务型政府建设的认识，持续推进政府职能转变，取得了重大成就，积累了宝贵经验。特别是党的十八大以来，我国各级政府职能加速向服务型转变，大量减少对经济活动的微观管理和直接干预，更加注重加强宏观调控、市场监管和公共服务等职能建设，有力推动了改革开放向纵深发展，使人民群众在共享改革发展成果中拥有了更多的获得感、幸福感、安全感。

第六，行政管理体制机制改革的方略是依法行政。国家行政管理承担着按照党和国家决策部署推动经济社会发展、管理社会事务、服务人民群众的重大职责。创新行政管理方式，坚持依法行政是提高行政效能、建设人民满意的服务型政府的基本方略。因此我们要从完善国家行政体制、优化政府职责体系、优化政府组织结构、健全中央和地方体制机制等方面构建依法行政的政府治理体系。

第七，行政管理体制机制改革的支撑是建设中国特色社会主义。建设中国特色社会主义行政管理体制机制与中国特色社会主义建设相得益彰。中国特色社会主义行政管理体制机制是中国特色社会主义的重要组成部分，要在建设中国特色社会主义的体系框架下建设中国特色社会主义行政管理体制机制，建设中国特色社会主义行政管理体制机制必须符合建设中国特色社会主义的基本方针、政策、举措。

第八，行政管理体制机制改革的重点是要解决好结构和功能的关系问题。行政的组织结构决定了功能的发挥，功能在发挥过程当中又受到结构的影响，对结构起反作用。[①] 政府的职能决定了用什么样的机构履行职能，机构确定了

---

① 赫郑飞，文宏.创新行政管理机制 建设服务型政府——中国行政管理学会2012年会暨"行政管理机制创新"研讨会综述[J].中国行政管理，2013(4)：124-126.

之后,还需要确立相关的管理机制,也就是按照法律法规来管理机构和履行职能,以此界定行政机构的结构与功能的关系,从而形成结构有利于促进功能的发挥、功能有利于促进结构的完善的互补效应。

第二节 行政管理体制机制改革的外延

正如马克思所言:"安全是公民社会的最高社会概念,是警察的概念,在社会主义国家,整个社会的存在都只是为了保证它的每个成员的人身、权利和财产不受侵犯,保障每个公民自由而全面地发展。"①因此,安全性是社会主义国家行政管理的重要属性,而人民性是社会主义国家执政党的阶级本性。② 我国是一个社会主义大国,是一个突发事件多发、易发、并发的国家,加强危机管理意识、完善应急管理体制是中国各级党委和政府的重要职责。新中国成立以来,我国党政部门高度重视突发事件管理、自然灾害治理、公共安全建设,相继出台了《关于生产救灾的指示》《中共中央国务院关于推进防灾减灾救灾体制机制改革的意见》《突发事件应对法》《政府信息公开条例》《国家突发公共事件总体应急预案》等政策法规和指导条例,并于2018年组建了中华人民共和国应急管理部。2017年,党的十九大报告指出,"统筹发展和安全,增强忧患意识,做到居安思危,是我们党治国理政的一个重大原则,树立安全发展理念,弘扬生命至上、安全第一的思想,健全公共安全体系"。③ 应急管理是国家治理体系和治理能力的重要组成部分,承担着防范化解重大安全风险、及时应对处置各类灾害事故

---

① 中共中央马克思恩格斯列宁斯大林著作编译局.马克思恩格斯全集(第1卷)[M].北京:人民出版社,1956:439.
② 赵跃先.实践性、人民性、时代性:中国共产党理论创新的三维向度[J].政治学研究,2011(3):17—31.
③ 习近平.决胜全面建成小康社会 夺取新时代中国特色社会主义伟大胜利——在中国共产党第十九次全国代表大会上的报告[M].北京:人民出版社,2017:49.

的重要职责,担负着保护人民群众生命财产安全和维护社会稳定的重要使命。①因此,随着社会的发展,新的社会矛盾的变化,对于突发事件多发、易发、并发的我国而言,加强应急管理体制机制创新已成为新时代国家行政管理体制机制创新的关键,也是推进国家治理体系和治理能力现代化的关键一环。

新中国成立以来我国应急管理体系逐步完善、应急管理能力逐步提高,有效应对了各种公共治理风险。在实现国家治理现代化的过程中,我们必然面临着比任何传统社会更大的社会风险。②随着各种类型的流动性风险、冲突性风险、系统性风险叠加共生,显性风险趋于隐性化,隐性风险趋于复杂化③,在风险社会面对各种社会风险,我国应急管理体系还存在诸多不足。2003年"非典"后,我国打造了传染病疫情和突发公共卫生事件网络直报系统,这个系统进入了全国乡镇以上的卫生机构。④然而在实践中,网络直报系统的启动仍存在反应速度不够及时的不足。应急物资在应对突发事件中发挥着举足轻重的作用⑤,但在应对某些突发状况时也存在应急物资储备、应急物资基础数据信息、应急物资的供需平衡、调配运输、质量监管等方面的不足。由此可见,我国应急管理体系仍面临一系列挑战,后疫情时代,应加强和完善应急管理体制机制建设,将应急管理体制机制创新纳入行政管理体制机制创新的关键领域。

一、从"单灾害管理"到"综合应急管理":应急管理体系的情景变迁

随着政社关系、央地关系、政府部门之间关系的转变,国家应急管理体系也

---

① 习近平在中央政治局第十九次集体学习时强调 充分发挥我国应急管理体系特色和优势 积极推进我国应急管理体系和能力现代化[J]. 中国应急管理,2019(12):4—5.
② 高小平. 风险社会与危机治理理论的限度及其辩证思考——兼评《邻避冲突及其治理模式研究》对制度创新理论的贡献[J]. 中国行政管理,2019(5):124—130.
③ 徐龙顺,蒋硕亮. 大数据场域中社会治理现代化:技术嵌入与价值重塑[J]. 甘肃行政学院学报,2020(3):81—89.
④ 曾振. 传染病与突发公共卫生事件数据交换系统的设计与实现[D]. 济南:山东大学,2012:18.
⑤ 刘勇. 应急物资调运问题研究[D]. 长沙:中南大学,2012:21—23.

处于动态演化过程中[①],并呈现出以职能转变为内核、以机构改革为表征的应急管理改革逻辑。新中国成立以来,我国的应急管理体系在管理主体、管理内容、管理手段等方面发生了重大转变。综合来看,我国的应急管理经历了应急管理职能由战备到灾害管理,应急管理灾害由传统安全到非传统安全,应急管理模式由政府管控到多元共治,应急管理权力由中央集权到央地协作,应急管理体系由单一灾害管理到综合应急管理的历史性转变。从早期的"单灾害管理"到新时代"综合应急管理"的转变,体现了我国在应急管理理论和实践中的努力。从整体来看,厘清应急管理创新发展的演化过程和趋势,有利于丰富应急管理理论,推动应急管理实践。因此本书采用"结构－时间"的叙事方法将我国应急管理体系情景变迁划分为三个阶段。

(一)"权责独立"与"单灾害管理":应急管理体系的历史情景

1949 年新中国成立到 2003 年是我国应急管理以权责独立为主的单灾种管理时期,该时期的"应急管理"更多体现为"灾害管理"。这一时期为我国应急管理理论研究的萌芽期。此时期的应急管理体系呈现出以职能部门分类管理为主、非常设机构管理为辅的单灾害管理模式。[②] 新中国成立初期,我国主要面临着自然灾害、安全生产、社会安全和公共卫生等危机事件,因此国务院专门成立了水利部、气象局、地震办公室、卫生防疫站等专职机构或部门。此外还成立了中央防疫委员会、中央防汛总指挥部、中央地震工作小组等非常设机构。在1982 年我国第一次大规模的行政体制改革之前,国务院非常设机构就有 44 个,分别临时负责某项灾害管理事务。[③] 该阶段的应急管理体系主要呈现以下基本样态。

---

① Tierney K. Disaster Governance: Social, Political, and Economic Dimensions[J]. Annual Review of Environment and Resources, 2012(37): 341－363.
② 钟开斌.中国应急管理机构的演进与发展:基于协调视角的观察[J].公共管理与政策评论,2018,7(6):21－36.
③ 刘新萍,王海峰,王洋洋.议事协调机构和临时机构的变迁概况及原因分析——基于 1993－2008 年间的数据[J].中国行政管理,2010,303(9):42－46.

其一,在管理主体上实行不完整单部门负责制和重大自然灾害中央"兜底"机制。① 不完整主要是指灾害管理在制度上缺乏整体设计,各部门之间功能相对单一化、专门化。中央"兜底"是由于重大自然灾害发生时主要依靠中央政府权威和力量减灾救助,而地方政府开展减灾防灾动力不足、行动缓慢。其二,在管理内容上主要是针对自然灾害、社会安全、公共卫生的危机管理。其三,在管理方式上以中央威权管控、地方被动执行为主,这与早期的中央权力集中,地方缺乏自主性紧密相关。其四,在管理手段上以不计成本的大规模的人员投入为主,这是早期应急管理的鲜明表现。② 其五,在管理依据上主要依靠《防震减灾法》《防洪法》等专项法律法规。

早期"单灾害管理"体制针对特定的灾害具有专业化、针对性强的优势,该体制奠定了中国应急管理体系的基础,但是由于权力集中、部门间隙、信息孤岛等客观事实,加之危机风险的复杂化、叠加化和隐蔽性,早期的应急管理体系尚存在较多弊端。

(二)"一案三制"与"应急办成立":应急管理体系的过渡情景

应急管理的过渡情景可以细分为两个阶段:2003—2008 年以"一案三制"为核心的应急管理体系初步建设时期;2008—2014 年应急办推进"一案三制"应急管理体系的完善和反思时期。

2003 年"非典"事件后,我国逐渐建立起"一案三制"(应急预案、应急体制、应急机制、应急法制)的应急管理体系,实现了对突发事件的有据可循、有法可依。"一案三制"的建构过程主要表现为:2003 年应急管理工作启动,重点推进"一案三制"建设工作;2004 年十六届四中全会提出建立健全社会预警体系;2005 年国务院应急管理办公室成立,各级政府纷纷建立应急管理办公室;2006 年"十一五规划"首次增列应急管理规划;2007 年颁布实施《中华人民共和国突

---

① 张海波.新时代国家应急管理体制机制的创新发展[J].人民论坛·学术前沿,2019,165(5):6—15.

② 闪淳昌,周玲,秦绪坤,等.我国应急管理体系的现状、问题及解决路径[J].公共管理评论,2020,2(2):5—20.

发事件应对法》；2008年汶川大地震发生后，国家开始高度重视巨灾保险制度建设，并颁布实施《汶川地震灾后恢复重建条例》。截至2007年年底，所有的省级政府、96%的市级政府及81%的县级政府，都成立或明确了应急管理办事机构。[1] 截至2008年，我国基本建立了"统一领导、综合协调、分类管理、分级负责、属地管理为主"的应急管理体系。

以2008年"一案三制"为主要标志，全国应急管理体系基本建立。自此我国以"一案三制"为核心的应急管理体系进入了完善和反思期，2008年汶川大地震、南方雪灾，2010年玉树地震、特大旱灾，2013年雅安地震等特大自然灾害使得我国"一案三制"的应急管理体系面临了严峻考验。在此基础上，相关部门总结经验、吸取教训，使应急管理体系逐步完善。在国家政策层面，2009年审议通过了《生产安全事故应急预案管理办法》；2010年颁布实施了《突发环境事件应急预案管理暂行办法》；2011年通过了《交通运输突发事件应急管理规定》；2013年发布了《突发事件应急预案管理办法》，并再一次进行大部制改革，在政府部门中增设了应急办，将其作为应急体系中的重要部门。该时期的应急管理体系主要呈现出以下基本特征：

其一，在管理主体上实行中央应急办统一领导、属地管理为主的管理模式，同时非政府组织呈现爆发式增长态势，并成为应急管理的重要参与力量。其二，在管理内容上强调平战结合。其三，在管理方式上实行控制性放权和赋能型协调，突出全流程应急管理。其四，在管理手段上突出强调科技管理和技术治理。其五，在管理依据上依靠《突发事件应对法》及专项法律法规。"一案三制"为中国应急管理工作提供了明确的行动指南，推动了中国应急管理体系建设的全面发展。

（三）"总体国家安全观"与"应急部组建"：应急管理体系的现实情景

2014年至今为总体国家安全观视域下以应急管理部为组织核心的新时代

---

[1] 钟开斌. 回顾与前瞻：中国应急管理体系建设[J]. 政治学研究，2009，84(1)：78—88.

应急管理体系完善时期。2014年中央国家安全委员会第一次会议首次提出了"总体国家安全观",力图构建集政治安全、国土安全、军事安全、核安全等于一体的国家安全体系。自此,我国开启了以总体国家安全观的战略高度推进应急管理工作的新时期。

2018年通过的《深化党和国家机构改革方案》提出将国家安全生产监督管理总局的职责,国务院办公厅的应急管理职责,公安部的消防管理职责,民政部的救灾职责,国土资源部的地质灾害防治、水利部的水旱灾害防治、农业部的草原防火、国家林业局的森林防火相关职责,中国地震局的震灾应急救援职责以及国家防汛抗旱总指挥部、国家减灾委员会、国务院抗震救灾指挥部、国家森林防火指挥部的职责整合,组建应急管理部。应急管理部应担负多种职能,这些职能包括:组织编制国家应急总体预案,指导各地区各部门应对突发事件工作,推动应急预案体系建设和预案演练;建立灾情报告系统,统筹应急力量建设和物资储备,组织灾害救助体系建设;指导灾害防治、应急救援,担任国家应对特别重大灾害指挥部;负责安全生产监督管理等。应急管理部内设机构的运转遵循分级负责的原则,应急管理部代表中央统筹规划,地方政府负责管理一般性灾害;当发生重大、特大灾害时,应急管理部作为指挥部,协助中央指定的专职人员进行应急决策、应急执行和应急评估等工作,在此过程中要保证政令畅通、协调一致、指挥有效。因此,应急管理部的防灾工作较符合"条块结合"特性,由地方政府具体负责,上级政府监督和指导;应急管理部的救灾工作较符合"垂直管理"做法,中央统一指挥、协调调派。这些特性有助于推动形成统一指挥、专常兼备、反应灵敏、上下联动、平战结合的中国特色应急管理体制。从体制角度来看,以2018年组建应急管理部为开端,我国自此形成了强有力的应急管理组织核心,实现了应急管理的决策统筹核心。该时期的应急管理体系主要呈现出以下基本特点:

其一,在管理主体上形成了中央国家安全委员办公室和应急管理部等为主体统筹协调的应急管理组织核心,既有中央的顶层设计和统筹规划,也有地方的自主性和主动性，NGO 的作用日益突出。其二，在管理内容上统筹协调应急物资、应急力量、应急信息技术等调度，实现了应急事件的综合性管理。其三，在管理方式上建立了综合性、专业性、系统性的国家反应计划。其四，在管理手段上突出了科技支撑、法律保障。其五，在管理依据上依靠《国家安全法》《突发事件应对法》及专项法律法规。

2014年"总体国家安全观"的提出和2018年应急管理部的组建使得我国应急管理体系建设进入了新时代。

二、我国应急管理存在的现实问题

（一）应急管理部门设置及权责问题

如果管理部门设置混乱，就会造成职责不清，行政效率低下的问题。如今我国虽然设立了应急管理部，但是公安、农业、教育、工信、民政、交通、水利、卫生、国土、食药、地震等多个部门都是应急委成员单位，当面对重大突发事件时，各个部门需要联合行动，如果各部门之间的协调机制不健全，联合行动时就容易出现政出多门、政策相互打架的情况。虽然现在地方各级政府都相应设置了减灾委员会和应急办公室，但是各部门之间还是存在信息梗塞的问题，各自为政，各守一摊。这种部门分散、职能分散的情况，造成了权责不一、责任不明，进而导致懒政和庸政现象的产生，极大地影响了应急管理效率。

（二）应急管理规范化和统一性问题

规范统一的应急管理体制是有效应对突发事件的重要基础。虽然应急管理机构与应急管理措施在我国大部分城市均已普及，但是在具体的实施过程中存在着标准不统一、行动不规范的问题。在我国的现有行政体制下，各级政府应急办的规格差异较大，有的市一级政府没有专门的应急办，县一级基本没有应急办（往往是一个政府办副主任兼应急办主任）[1]，这说明一些地方政府对应

---

[1] 盘世贵.总体国家安全观视阈下的应急管理创新[J].学术交流,2018(9):83-89.

急管理的重视不足,缺乏应急管理意识。在发生重大危机事件时,有些地方政府只是临时成立应急办,这种临时性的机构设置和职能构建,很难形成标准、规范、统一的规则。此外,应急管理的规范化和统一性依赖于应急管理法律法规,而目前我国应急管理法律法规尚不健全,这也导致应急管理缺乏完善的标准。

(三)应急管理预警机制和响应机制的问题

完善的预警机制是发现危机、控制危机的关键,目前我国的危机预警机制尚不健全。由于长期实行单灾害应急管理模式,我国对单项危机事件的快速反应能力较强,而对复合危机事件的快速反应机制效率较低。[①] 一方面,我国的跨部门应急管理有待进一步提升协同能力,另一方面,应急管理技术水平和专业人才数量也有待提升。

(四)应急管理保障体制的问题

一是应急物资保障不足。在 2020 年新冠疫情防控初期就出现了应急物资储备、应急物资基础数据信息、应急物资的供需平衡、调配运输、质量监管等方面的问题。[②] 二是应急信息保障不足。在突发重大危机事件中,时常存在着信息不对称、信息流动不畅、信息不透明的问题,一些部门在缺乏信息支撑的情况下容易误判当前形势误判,从而做出不合时宜的决策。[③] 三是应急医疗保障不足。由于我国人口众多,社会保障制度尚不完善,城乡之间社会保障福利差异显著,这造成了城乡人员福利保障待遇不同。四是应急法律法规保障不足。虽然我国已经出台了一系列相关的法律法规,但是应对新的重大突发事件尚存在着不足之处,需要认真进行传染病防治法、野生动物保护法等法律法规的修改完善工作。

[①] 薛澜,张强. SARS 事件与中国危机管理体系建设 [J]. 清华大学学报:哲学社会科学版,2003,18(4):1-6.

[②] 英华. 新冠肺炎疫情防控应急管理的思考与启示[J]. 安全,2020,41(6):1-4.

[③] 包笑. 我国城市公共安全应急管理存在的问题与对策研究[J]. 中国管理信息化,2020,23(8):196-197.

第三节　行政管理体制机制改革的机遇与挑战

一、机遇：后疫情时代应急管理体系创新的"正"逻辑

（一）新冠疫情：应急管理体系创新的时代考验

2020年新冠疫情对我国应急管理提出了严峻考验，并成为检视我国应急管理体系的"机会窗口"。面对新冠疫情的危害性与人民群众对安全发展的需求冲突，我国应急管理体系创新迎来时代发展机遇。

新冠疫情是新中国成立以来传播速度最快、感染范围最广、防控难度最大的重大突发事件，对人民的健康生活和生命安全造成严重威胁，对国家的经济发展、社会稳定和政治和谐提出严峻考验，因此创新更为完善的应急管理体系，营造更为多元的应急管理文化成为应对新冠疫情威胁、保障公民安全和社会运行的理想蓝图。安全需求是公民最为基本的生产和生活需求，整个社会有机体是一个追求安全的机制，尤其是随着社会经济的发展，健康和安全已经成为公民日益增长的对美好生活向往的核心要素，因此对应急管理体系改革创新有了更为现实的场景。应急管理体系的理想蓝图与现实场景之间还存在较大鸿沟，在新冠疫情中总结经验、吸取教训，不断提高风险预警响应能力、风险评估能力、危机处理能力、临危决策能力、恢复重建能力，从整体上提高突发危机事件的"免疫效能"成为现实需要。

2003年非典事件直接促成我国建立了"一案三制"应急管理体制，2008年汶川地震后颁布实施了《汶川地震灾后恢复重建条例》，后疫情时代我国应急管理体系将迎来创新发展的新机遇。

（二）中国特色社会主义制度：应急管理体系创新的政治优势

新中国成立以来，我国应急管理经历了从"单灾害管理"到"一案三制"再到应急管理部组建的历程，体现了党和政府对应急管理体系改革的高度重视。一

方面,中国共产党是中国特色社会主义事业的领导核心,是国家管理、社会发展的核心力量,中国共产党掌握立法、司法、行政等横向政治权力以及从中央到地方的纵向国家权力,因此面对重大突发公共卫生事件时,我们能迅速部署,全面加强对事件的集中统一领导,积极开展工作。另一方面,在坚持分类管理的原则下,政党、国家能和社会密切合作互动,党中央决策指挥、上下联动、总揽全局,党政军、中央和地方紧急行动;社会组织积极响应,开展应急处置、物资筹措、道路执勤、社会救助、心理咨询、防疫宣传等工作;社区工作人员、物业管理人员、干部职工发挥模范作用,对小区实行封闭式、网格化管理;广大医护人员、公安民警成为最美"逆行者",奋斗在"战场"第一线。在决策认同、价值认同和情感认同的基础上,在中国共产党强有力的领导下形成抗击疫情的强大合力,这充分体现了中国特色社会主义制度命运共同体和责任共同体的重要特征及政治优势。因此,中国特色社会主义的制度优势将成为应急管理体系创新的关键政治基础。

(三)综合国力提升:应急管理体系创新的经济优势

我国综合国力的提升奠定了应急管理体系创新的经济基础。从国内看,改革开放以来我国经济发展质量和体量都取得了巨大成就,综合国力不断提升,强大的综合国力和雄厚的经济实力为应急管理的工程性建设(预防准备、监测预警、先进的应急救援装备等)和非工程性建设(科学技术研发、人才培养等)提供了充足的人力、物力和技术保障。① 从国际看,综合国力代表着世界政治话语权,强大的综合国力可以向世界传达中国声音,传播中国智慧,有利于加强国际应急管理合作,借鉴发达国家应急管理经验,从而构建协同高效、系统完备、动态发展的中国特色社会主义应急管理体系。因此,综合国力提升成为推进我国应急管理体系创新的经济优势。

---

① 滕五晓.新时代国家应急管理体制:机遇、挑战与创新[J].人民论坛·学术前沿,2019,165(5):36—43.

(四)科学技术进步:应急管理体系创新的技术优势

随着计算机技术的迅速发展,大数据、5G、区块链等新兴技术广泛运用于政务活动。在此背景下,我们要适应科技信息化发展大势,以信息化推进应急管理现代化,提高监测预警能力、监管执法能力、辅助指挥决策能力、救援实战能力和社会动员能力。科学技术应成为应急管理体系创新的重要推动力量。科学技术对应急管理创新的影响主要体现以下几个方面:一是政府应急管理思维的更新,应用新兴技术预测、管理和监督突发公共危机事件,同时实现技术赋权,促使公民参与应急管理过程;二是拓宽政府应急管理数据来源,运用大数据技术进行相关关系分析,打破信息垄断、信息孤岛现象,提升应急管理效率;三是提升决策主体的决策理性,促进决策的科学化、民主化与法制化;四是提高应急管理预警预测能力,实现预防为主、防救结合、关口前移,将突发事件抑制在萌芽中。

二、挑战:后疫情时代应急管理体系创新的"负"逻辑

(一)传统结构性缺陷:应急管理体系创新的反作用力

传统的应急管理体系在应急理念、应急规范和应急制度等方面还存在与现代社会主义市场经济体制不相适应的部分,这种传统结构性缺陷将是我国应急管理体系未来攻关的重要方向。其一,传统应急管理体系重"事后应急"轻"事前预警",如果对突发公共事件存在误判,致使信息闭塞、科学决策迟缓、应急预警滞后、网络直报系统启动不及时,可能会导致较为严重的后果。其二,跨部门协调机制不健全,跨部门、跨城市的应急管理协同机制不通畅成为联防联控的最大障碍,横向上部门联合行动容易出现政出多门、政策打架等现象,如应急管理部、医疗卫生部、公安部等不同部门各守一摊,部门和职能分散可能造成权责不一、责任不明;纵向上侧重领导命令层层下达,程序化决策过度依赖上级,致使"属地管理为主"处于"漂浮"状态,容易错失良机。其三,存在着应急物资储备供应、调配运输、质量监管等方面的不足。因此传统的应急管理理念和方法

都存在一定的结构性缺陷,传统结构性缺陷将成为新时代应急管理体系创新的反作用力,倒逼应急管理体系改革。

(二)现代大数据挑战:应急管理体系创新的方向选择

推进关键核心技术攻关的新型体制,构建数字化应急管理系统是大数据时代应急管理创新的重要方向。2020年以后,大数据技术推动了线上教育、线上医疗、线上办公等新经济新业态的发展,但大数据技术的运用尚存在不足,如数据收集意识薄弱、数据分析技术落后、技术队伍素质较低、数据预警预测能力欠缺等。如果网络直报系统启动不及时,应急管理数据预警响应滞后,会在一定程度上错过应对的最佳时期。因此,提升现代大数据技术也是数字化应急管理体系变革的关键领域。

(三)技术异化、风险集聚:应急管理体系创新的助催化剂

技术是把双刃剑,具有促进和抑制应急管理体系创新的双重效用,技术异化或运用不善可能会产生新的突发危机事件,因此需要启动应急管理机制应对技术的"恶"。一方面,技术本身同样会带来许多灾难性的非传统安全事件,一旦技术风险引发事故,将给人类带来巨大灾难,如日本福岛核电站泄漏事故。此外,技术支持应急管理创新的"过程安全""源头安全""信息安全"等领域也容易出现技术负效应。另一方面,技术在我国应急管理领域中的应用还不到位,缺乏规范化、制度化、法制化的约束效力。防止技术异化是我国应急管理体系创新需要认真对待的问题,而社会风险、自然风险集聚也是应急管理创新的重要催化剂。在高度连接的网络社会中,各种类型的流动性风险、冲突性风险、系统性风险叠加共生,国际社会环境不稳定,如果我们对社会规律、自然规律认识不足,会致使偶然事件转化为必然事件。自然风险、社会风险和认知风险集聚致使"天灾人祸"突发、易发、并发,严重挑战我国应急管理体系的权威性及有效性。

第四节　行政管理体制机制改革的基本思路

一、行政管理体制机制改革的总体目标

十七届二中全会通过的《中共中央关于深化行政管理体制改革的意见》指出：深化行政管理体制改革的总体目标是到 2020 年建立起比较完善的中国特色社会主义行政管理体制，通过改革，实现政府职能向创造良好发展环境、提供优质公共服务、维护社会公平正义的根本转变，实现政府组织机构及人员编制向科学化、规范化、法制化的根本转变，实现行政运行机制和政府管理方式向规范有序、公开透明、便民高效的根本转变，建设人民满意的政府。

十八大以来，党中央在坚持和发展中国特色社会主义、推进国家治理体系和治理能力现代化的伟大实践中，总结我国行政管理体系建设的成功经验，把握共产党执政规律、社会主义建设规律和人类社会发展规律，广泛吸收古今中外政府治理有益要素，形成了习近平新时代中国特色社会主义行政管理体系建设思想。[①] 党的十九大、二十大深化改革部署，继续深化行政管理体制改革，进一步推进中国特色社会主义行政管理体系建设。

构建完善的中国特色社会主义行政管理体制机制是后疫情时代国家行政管理体制机制改革的总目标，也是适应我国社会主义初级阶段特征的必然要求，有利于推进国家治理能力和治理体系现代化，适应社会主义市场经济发展的客观规律，因此构建完善的行政管理体制具有一定的必然性。

第一，它是中国特色社会主义基本国情的必然要求。目前，我国仍然处于并将长期处于社会主义初级阶段，该阶段我国经济社会发展仍然存在诸多不足之处，政治体制、经济体制、社会体制、文化体制、生态文明体制等不完善，民主

---

① 王浦劬,鲍静,孙响.习近平新时代中国特色社会主义行政管理体系建设思想研究[J].中国行政管理,2018(6):6—12.

建设、法制建设等不健全,贫富差距较大,在社会发展的过程中仍存在人民日益增长的美好生活需要和不平衡不充分的发展的矛盾。总体而言,我国的基本国情仍然是人口多、底子薄、地区发展不平衡,生产力发展水平还落后于发达国家。[①] 因此,我国必须以经济建设为中心,大力发展生产力,坚持完善中国特色社会基本制度,持续推进行政管理体制机制改革创新。

第二,它是推进国家治理体系和治理能力现代化的必然要求。党的十九届四中全会强调,我们既要坚持和巩固制度,又要完善和发展制度,既要着力固根基、扬优势,也要聚焦补短板、强弱项,根据国家治理现代化的规律不断完善制度。构建完善的中国特色社会主义行政管理体制是实现国家治理体系和治理能力现代化的基础。以好的制度为支撑,才能实现好的国家治理,因此我国在推进现代化的过程中,必须构建完善的政治制度,坚持制度自信,坚持和完善中国特色社会主义行政管理体制,持续转变政府职能,持续完善行政决策、行政执行、行政监督体制机制,持续优化政府组织结构、央地权责关系,持续建设人民满意的服务型政府。持续推进我国行政管理体制机制改革创新,有助于促进全面深化改革,推进国家治理体系和治理能力现代化,不断革除体制机制弊端,持续提高治理能力建设。

第三,它是适应中国特色社会主义市场经济的客观需要。新中国成立至改革开放之前,我国实行的是高度集中的计划经济体制,这种经济体制一定程度上促进了我国经济的发展,但是随着社会的进步和国际形势的变化,高度集中的计划经济的弊端逐步暴露出来,已经不适应社会形势的发展。因此,以邓小平同志为核心的第二代领导集体高瞻远瞩,提出了中国特色社会主义市场经济体制,确立了以公有制为主体、多种所有制经济共同发展的基本经济制度及以按劳分配为主、多种分配方式并存的基本分配制度。经济基础决定上层建筑,中国特色社会主义市场经济的发展进步,必然要求中国的政治体制有所改变,

---

[①] 唐铁汉,李军鹏.加快行政管理体制改革的战略思考[J].国家行政学院学报,2007(6):11—16.

也就要求中国行政管理体制进行改革创新,否则就会违背中国特色社会主义市场经济发展规律。①

二、行政管理体制机制改革的基本原则

(一)坚持党的全面领导的根本原则

党的十九大报告明确指出,"党政军民学,东西南北中,党是领导一切的",旨在强调要坚持党对一切工作的领导,新时代中国特色社会主义行政管理体系建设必须在党的统筹规划和坚强领导下进行。中国共产党是中国特色社会主义事业的领导核心,必须坚持党对国家行政管理体制改革的领导,只有坚持党的领导,才能始终保持行政体制改革的社会主义方向,才能为行政体制改革创造稳定的政治环境,才能调动各方面的积极因素共同推进行政体制改革深入发展。

(二)坚持必以人为本、执政为民的原则

十九大报告指出:"必须坚持以人民为中心的发展思想,不断促进人的全面发展、全体人民共同富裕。"②历史是由人民群众创造的,在社会主义国家,人民是国家的主人,政府的一切权力都是人民赋予的,政府一切活动的出发点和落脚点都是维护人民群众的根本利益。想人民之所想、急人民之所急、谋人民之所谋。要充分尊重人民群众的主体地位,在行政体制改革的过程中,在社会主义建设的过程中,广泛听取人民群众的呼声,尊重人民群众的意愿。

(三)坚持与社会主义市场经济体制相适应的原则

我国经济体制改革的逐步深入,也对政治体制改革提出了更高的要求。党的十一届三中全会后我国进行了多次行政体制改革。建立社会主义市场经济体制这一目标的提出为我国行政体制改革指明了方向,行政体制改革创新必须

---

① 雷荣.论中国特色社会主义行政管理体制的构建[J].人民论坛,2014(20):51—53.
② 习近平.决胜全面建成小康社会 夺取新时代中国特色社会主义伟大胜利[N].人民日报,2017—10—18(1).

符合社会主义市场经济发展的客观规律,必须与完善社会主义市场经济体制相适应。因此我们要调整和优化行政权力结构,建立科学的行政决策体制、行政执行体制、行政评估体制、行政监督体制,建立精简、高效、运行协调的组织机构等。

(四)坚持依法治国的原则

我们要推进科学立法,完善以宪法为统领的中国特色社会主义法律体系。我国宪法以国家根本法的形式,确立了中国特色社会主义道路、中国特色社会主义理论体系、中国特色社会主义制度的发展成果,反映了我国各族人民的共同意志和根本利益,成为历史新时期党和国家的中心工作、基本原则、重大方针、重要政策在国家法制上的最高体现。我们要坚持中国行政体制机制创新的法治原则,完善行政体制改革的法律法规,做到有法可依、有法必依,防止行政体制机制改革创新过程中出现形式主义、官僚主义,杜绝奢靡腐败之风。

(五)坚持优化协同高效的原则

注重系统性、整体性、协同性是全面深化改革的内在要求,也是推进改革的重要方法。后疫情时代国家行政管理体制机制创新是一项复杂的系统工程,需要顶层设计和总体统筹,在改革思路上坚持积极稳妥统筹推进,坚持通盘考虑、左右衔接、上下联动,坚持立足当前、放眼长远;在改革任务中明确党政职能部门分工、明确行政机关横向功能权责划分、纵向财权事权配置;在改革进程中协调各方面协同推进、协同动作、共同努力、形成合力。[①]

(六)坚持发挥中央和地方两个积极性的原则

后疫情时代国家行政体制机制创新要求在中央的统一领导下,鼓励地方结合实际改革创新。一方面,要调整中央和地方的组织结构,切实转变中央政府和地方政府的行政职能。中央政府主要负责顶层设计和统筹规划,加强中央政府的监督机构建设,主要发挥对地方政府的监督、评估功能。地方政府主要负

---

① 王浦劬,鲍静,孙响.习近平新时代中国特色社会主义行政管理体系建设思想研究[J].中国行政管理,2018(6):6—12.

责落实执行,加强地方政府的执行机构建设,提高行政执行能力。另一方面,要调整中央和地方的权利结构,进一步推进行政体制改革,推进简政放权,赋予地方政府更多的自主权,发挥地方政府的积极性。

(七)坚持积极稳妥、循序渐进的原则

行政体制改革是一项复杂的系统工程,不能一蹴而就,而是要随着社会的发展逐步推进。改革初期只是简单的精简机构,无论是改革的广度还是深度均处于浅水区。随着改革的持续推进,行政体制改革被赋予了更高的使命,改革也进入了攻坚期和深水区,当前改革需要解决的问题格外棘手,都是难啃的硬骨头。后疫情时代行政体制机制改革创新必须坚持积极稳妥、循序渐进的原则,避免改革的过程中催生不稳定因素,产生国家动荡及社会秩序混乱的消极影响,避免急功近利的改革,可以由浅及深、由表及里、层层递进。后疫情时代行政体制机制改革创新必须要做到长远目标与阶段性目标相结合、全面推进与重点突破相结合,处理好改革发展与稳定的关系。

三、行政管理体制机制改革的主要内容

新中国成立以来,我国先后进行了八次大规模的行政体制改革,基本树立了责任政府、法治政府、廉洁政府、服务型政府的理念,基本实现了科学化、民主化、法治化的行政方式,基本形成了日趋规范化的行政权责配置,基本建立了全新的现代政府组织体系。[1] 但现行的行政管理体制机制与建立完善的中国特色社会主义行政体制的目标和要求还有一定差距。目前我国行政体制的不足之处包括应急管理体制、监督评估机制不完善,政府职能不清晰,党风廉政建设和反腐败体系建设还须加大力度等。我们应从以下几个方面强化国家行政管理体制机制改革。

---

[1] 蒋硕亮,徐龙顺.中国行政体制改革的逻辑、样态与趋向——基于新中国成立70年来的经验分析[J].江汉论坛,2019(10):13—19.

(一)加快政府职能转变

1988年我国首次提出"转变政府职能是机构改革的关键",1988年后的历次行政体制改革都围绕着"转变政府职能"这一核心,经过改革,全能型政府、管制型政府的理念被冲破,取而代之的是有限型政府和服务型政府。但是围绕着政府职能转变的改革仍然不彻底,尚存在许多需要持续深入的改革。行政体制机制改革创新需要进一步加快推进政企分开。政资分开、政事分开、政府与市场中介组织分开。在政治活动中,政府的市场监管、社会管理和公共服务等职能还比较薄弱,需要进一步完善社会治理体系,提高社会治理能力。各级政府要按照加快职能转变的要求。中央政府要加强经济社会事务的宏观管理,进一步减少和下放具体管理事项,把更多的精力转到制定战略规划、政策法规和标准规范上。地方政府要确保中央方针政策和国家法律法规的有效实施,做好面向基层和群众的服务与管理。此外,还要合理界定政府部门职能,明确各部门权利与义务,确保权责一致,加强各部门的协同配合,健全部门间协调配合机制。

(二)推进政府机构改革

要按照精简、统一、高效的原则和决策权、执行权、监督权既相互制约又相互协调的要求,进一步优化政府组织结构,规范机构设置,探索实行职能有机统一的大部门体制,完善行政运行机制。其一,深化国务院机构改革。改革开放以来,中国已进行了7次国务院政府机构改革,国务院组成部门已由1982年的100个削减为2018年的26个,但目前的国务院机构仍存在政出多门的情况,比如国家卫生健康委员会和应急管理部存在一定的职责交叉。其二,推进地方政府机构改革。根据各层级政府的职责重点,合理调整地方政府机构设置。其三,优化部门的内设机构。在中央政府部门内部,司局的设置要少而精,特别是负责机关内部事务的内设司局要尽可能合并设置。[①] 其四,推进事业单位分类

---

① 王澜明.努力实现到2020年建立起我国行政管理体制的总体目标[J].中国行政管理,2012(10):7—10.

改革。按照政事分开、事企分开和管办分离的原则,对现有事业单位分类进行改革。其五,建立健全机构编制管理与财政预算,加强对机构编制执行情况的监督检查,加快推进机构编制管理的法制化进程。

(三)加强依法行政和制度建设

完善的行政法制体系是行政体制改革的重要保障。建设法治国家、法治社会、法治政府与行政体制改革相互促进、相互适应。后疫情时代我们要坚持用制度管权、管事、管人,健全监督机制和奖惩机制,切实做到有法可依、有法必依、违法必究、执法必严。未来需要进一步加快建设法治政府,用法律法规调整政府、市场、企业的关系,依法管理经济和社会事务,推进政府工作制度化、规范化、程序化。[1] 此外,要进一步健全对行政权力的监督制度。要充分发挥监察、审计等专门监督的作用,高度重视新闻舆论监督和人民群众监督,扎实推进惩治和预防腐败体系建设。

(四)完善应急管理体系

我国的传统应急管理模式还存在不足。大数据的发展正在深刻地嵌入社会生活的各个领域,也引发了政府管理职能的变革。在这种背景下,应急管理体制的建设不可能置身事外,创新应急管理理论与实践应对能力是适应新时期数字化政府的需要。[2] 应急管理体制的建设应该将大数据植入其管理的范畴,形成应急管理数字化平台,让信息在政府系统内部自由流动,改变政府体制中信息阻塞的现象,最终建立以数据和信息为基础的应急管理系统,切实转变政府在应急管理体系中的职能。

第五节 行政管理体制机制改革路径

国家行政管理体制机制创新作为一项系统工程,涉及方方面面的改革创

---

[1] 魏礼群.构建中国特色社会主义行政体制的理论与实践[J].毛泽东邓小平理论研究,2011(8):1—7.

[2] 蒋硕亮.新中国行政体制改革70年[M].上海:上海人民出版社,2019:201.

新,虽然新中国成立 70 年多来已进行多次行政管理体制机制改革,并取得了显著成就,但仍然有一些领域存在改革相对滞后或改革不充分的问题。行政管理体制改革是一个为不断适应时代发展需要而持续调整的过程,不会一蹴而就,也不会一劳永逸。因此,后疫情时代需要在推进国家治理体系和治理能力现代化的背景下,持续优化和创新行政管理体制机制。继 2003 年"非典"事件和 2008 年"汶川大地震"事件后,2020 年"新冠疫情"事件对我国行政管理体制机制(应急管理体制机制)提出了新的考验,我们要健全国家应急管理体系,提高应对突发重大事件的能力水平。因此,改革应急管理体制机制成为后疫情时代创新国家行政管理体制机制的关键性组成部分。

一、行政管理体制机制改革

体制是权力在不同体系中分配而形成的工作制度、流程和规范等的总称。[①] 行政管理体制贯穿于国家政治活动的全过程,行政管理体制不健全会导致国家政务活动难以开展,甚至会导致国家政治动荡,社会秩序紊乱;完善的行政管理体制,会形成政治稳定、社会和谐、经济增长、廉洁清明的国家生态。客观地讲,自 2008 年大部制改革以来,在党的坚强领导下,我国行政管理工作在应对各种社会问题时(如汶川大地震、新冠疫情等)取得了非凡的成就,但也暴露出了一些问题,因此应进一步改革行政管理体制机制。

(一)改革行政决策体制机制

当前我国行政决策体制尚存在着决策权限划分模糊、行政决策责任机制不健全、行政决策技术落后等问题。[②] 少数机构仍然是在没有掌握准确信息,没有经过专家论证和咨询的情况下,根据长官意志和自我经验"拍板"。这种行为违背了行政决策的正常决策程序,主观随意性大,屡屡导致主观决策、草率决策、

---

① 盘世贵.总体国家安全观视阈下的应急管理创新[J].学术交流,2018(9):83—89.
② 于志善.行政决策体制改革:必要、挑战与应对[J].学术交流,2014(5):40—44.

重复决策、错误决策的情况。[①]

一般而言,行政决策体制主要由中枢系统、信息系统、咨询系统、监督系统和反馈系统组成,改革行政决策体制机制也可以从这几个方面入手。其一,创新中枢系统。中国目前实施的是首长负责制,行政首长的执政能力至关重要,因此要严格实行行政首长的晋升机制,提高行政首长的决策素养。此外,2005年国务院《政府工作报告》提出,要加快建立和完善重大问题集体决策制度,所有重大决策,都要由集体讨论决定。其二,创新信息系统。信息是一切党政活动的起点,因此需要建立专门的信息情报机构,做好数据信息的智能筛选与集成归并处理。其三,创新咨询系统,保证咨询系统的稳定性、独立性强,构建专家咨询联接机制,充分利用现代信息技术,保证决策问题的精准捕获与推理能力的升级迭代。其四,创新监督系统,加强对决策、执行等过程的监督,保证程序内容的有效审查与决策执行的实时监控。其五,创新反馈系统,通过监督与评估,反馈政策执行情况,对于决策不当、执行不到位的情况进行反馈再决策、再执行。

(二)改革行政执行体制机制

重决策轻执行是我国行政体制一直存在的现象。行政执行是将政策目标转化为政策现实的唯一途径,是推进政策落地生根的唯一手段。虽然我国进行了多次行政体制改革,但对于行政执行体制改革的重视程度还有待提升,政府在履行自身的职能上还存在不到位的区域,公共服务的职能也不够突出,政府执行力还需加强,决策-执行难以分离,行政执行法制化建设也不太完善。这些方面实际上也是我国行政体制改革的重点。一般而言,行政执行包括的主要环节有执行的准备、执行的实施、执行的监控,因此需要从以下方面创新行政执行体制:其一,创新执行的准备机制。一方面要完善行政执行的法律法规,行政机关的一切活动都必须依照法律、法规的要求进行,行政执行的法治化必然意味着政府组织的职能、数量、编制、岗位设置、职数指标及工作程序的制度化与

---

① 莫勇波.我国行政决策体制存在的问题及对策探析[J].广西教育学院学报,2004(4):67-71.

规范化。① 另一方面要完善现代技术,现代行政既是专业行政,更是技术行政,应该预先为行政执行任务配备适当的技术人员,促使行政执行任务迅速有效地完成。其二,创新执行的实施机制。加强对行政执行人员业务能力培训,提高行政执行素养,构建行政执行机构的沟通协调机制,强化行政执行机构及人员之间的信息共享。其三,创新执行的监督机制。强化对行政执行人员、行政执行程序、行政执行内容、行政执行目标的监督。

(三)改革行政组织体制机制

要解决一些领域党政机构重叠设置、权责脱节、机构设置和职责划分缺乏科学性、政府效能低下的问题,可以从以下几点入手:其一,要按照优化协同高效的原则,强化机构整合和职能配置,对分设过细、职责相近的党政机关合并设立或合署办公,精简机构数量,优化部门职责,推行扁平化管理,科学、合理设置和配置职能,发挥党组织总揽全局的作用,使各类机构协调发展、有机衔接,增强机构的战斗力。其二,进一步统筹规划党政机构布局,深化人大、政府和政协机构改革,推进群团组织、社会组织、事业单位及其他领域的改革。② 其三,培育市场和社会组织。政府组织是行政管理的主要力量,随着我国社会主义市场经济的发展,市场逐渐在资源配置中起到了决定性作用。为更好地发挥政府的作用,应积极培育市场组织和社会组织,积极鼓励和充分发挥社会组织的社会服务功能,增加社会组织数量,激发社会组织活力,形成政府组织-市场组织-社会组织的共治合力,优化组织治理格局。

(四)改革行政协调体制机制

坚持优化协同高效原则是新时代构建系统完备、科学规范、运行高效的党和国家机构职能体系的内在要求,但是在一些重大突发事件的处理过程中,部门之间很难做到协同统一,创新行政协调机制仍然是一个重要任务。其一,强化行政

---

① 朱立言.政府组织适度规模研究[M].北京:中国人民大学出版社,2007:78.
② 蒋硕亮,徐龙顺.中国行政体制改革的逻辑、样态与趋向——基于新中国成立70年来的经验分析[J].江汉论坛,2019(10):13-19.

协调思维,减少行政命令。各职能部门间的职责不清、推诿扯皮、效率低下、信息不对称的主要原因一是职能交叉重叠,二是缺乏部门间的沟通协调机制,因此应强化行政协调思维,加强行政部门间的沟通协作。其二,设置专门的协调机关,在国家治理层面建立专门协调机构,主要包括两个层次:一是连接各主体、不同部门之间的横向协调机构;二是同一主体内部上下级间的纵向协调机构。其三,促进协调制度化,设置具体的规范调整协调机构的设置原则、组织原则、人员配置和职能发挥。行政协调机构设置、行政协调组织形式、行政协调行政过程应遵循一定的程序,这个程序应以法律的形式固定,并严格按照既定规范执行。

(五)改革行政监督体制机制

重决策轻监督是制约我国行政体制改革的一大障碍,所以要着力创新行政监督体制机制。其一,改变和创新监管方式,强化事中事后监管,对中央和地方已经取消和下放的行政审批项目实施监督管理,严格规范和管理"放大不放小、放虚不放实"的现象。其二,用现代技术手段规范行政权力,建立数字化政务平台,使相关的行政审批事项联动出现在平台上,将行政权力的运行置于阳光下,使权力的变异可能性大大降低,监督的效率也随之上升。其三,建立健全事中事后监管综合执法体制机制,将执法体系建设同改革结合起来,让行政权力在法律框架内运行。其四,完善监管链条,加大对重要资源、行业、国有资产等的监管,维护公平竞争的市场秩序,建立健全统一、开放、竞争、有序的现代市场体系。

二、应急管理体制机制改革

各种重大突发事件是国家发展中的一种常态。随着社会风险的复杂性和不确定性愈发突出,创新应急管理体制机制逐渐成为实现国家治理体系和治理能力现代化的时代任务,也成为后疫情时代中国特色社会主义建设的时代使命,更是后疫情时代创新国家行政管理体制机制的应有之义。在突发事件频发的现代社会,构建完善的应急管理体制、创新应急管理机制是行政管理体制机制创新的重中之重。

2008年的大部制改革是我国行政体制改革的一次伟大创举，2018年成立应急管理部则是我国行政体制改革的一项重要举措，自此我国应急管理进入新时代，迎来了战略发展机遇。随着应急管理部的创建，我国应急管理从非常态协同应对体制转化为常态化职能部门日常管理体制，顺应了时代的发展。① 虽然应急管理驶入了快速发展的轨道，并取得了显著成效，但是在重大突发事件中仍暴露出一些不足。针对应对重大突发公共事件暴露出来的短板，我们要抓紧补短板、堵漏洞、强弱项，该坚持的坚持，该完善的完善，该建立的建立，该落实的落实，从总体国家安全观的高度改革国家应急管理体制机制。②

（一）应急管理体系改革的结构指向：理顺关系结构

"一案三制"应急管理体系得以顺利实施的前提是构建科学完备的关系结构。纵向来看，要做到中央统一领导、综合协调，做好顶层设计和统筹规划，地方分级管理、因地制宜、属地管理；横向来看，要做到各部门分类管理、权责分明、协同配合，因此新时代应急管理体系需要理顺以下两个关系结构。

1.理顺"上"与"下"的关系结构

"上"，即中央政府或上级政府，"下"则是地方政府或下级政府。其一，明确上级与下级政府的职能和关系，上级政府应做好全局性部署，协调指挥、监督有效；下级政府认真落实上级政府的统一部署，执行上级政府的决策命令，防止出现职能交叉、权责不明。其二，进一步理顺央地关系，赋予省级及以下政府更多自主权，给予地方政府更多的弹性选择和创造空间，强化对地方政府应急管理活动的评估和监督，健全"属地管理为主"实施机制，提高"属地管理为主"落地实效，健全"属地管理为主"的激励与容错机制，防止应急管理的"一刀切"，加强在突发事件中非程序性决策对程序性决策的补充作用。其三，地方政府应具有担当精神，承担起突发事件"属地管理为主"的责任，做好突发公共危机事件的

---

① 滕五晓.新时代国家应急管理体制：机遇、挑战与创新[J].人民论坛·学术前沿，2019(5)：36—43.
② 习近平主持召开中央全面深化改革委员会第十二次会议强调完善重大疫情防控体制机制 健全国家公共卫生应急管理体系[J].中国行政管理，2020(2)：2.

预警和研判,杜绝侥幸心理,实事求是。总之,需要理顺"上"与"下"的关系结构,明晰权责配置。

2. 理顺"左"与"右"的关系结构

"左"与"右"即职能相近的部门。要处理好职能相近部门之间的权责关系和统筹协调关系,构建各部门间沟通协调机制,形成运行顺畅、协同高效的应急管理体系。在应对重大突发事件时,部门配合、区域联合、军地融合、资源整合等机制衔接还存在一些问题,我国应急管理部、国家安全部、交通运输部、国家卫生健康委员会等部委机构同级部门应急管理中需要联合行动。目前我国的应急管理过程中还存在一些系统不配套、标准不统一、行动不协调,职能交叉、政出多门的现象。面对一些职能交叉地带容易出现的管理真空,如果相关职能部门相互推卸责任,就会严重削弱政府的决策职能,因此要处理好各部门之间的权责配置体系,明确各部门的职责,加强统筹协同。

(二)应急管理体系改革的制度指向:完善体制机制

应急管理是国家行政职能的重要组成部分,我们要从体制机制上创新和完善国家应急管理体系,提高应对突发公共事件的能力水平。

1. 完善监测预警体制机制

预防是最经济有效的策略,要围绕"早发现、早报告、早处置"的目标,健全舆情监测、预防预警、网络直报应急管理体系,实现关口前移和重大疫情风险监测预警信息数据共享。可以从以下几个方面着手:其一,树立底线思维,加强对突发公共事件萌芽期和防控前期的预警和治理,坚持对灾害"灭早灭小"的原则,将突发公共事件抑制在萌芽状态,防止小病酿成大疫。其二,转变传统的重危机处置、轻危机预警的应急管理理念,加强预警平台和应急管理平台的有效衔接,实现信息资源共享。其三,设置专家咨询系统,依靠专家评估预测危机的等级风险,并及时制定科学的应急预案。其四,完善预警信息透明机制,畅通信息传播渠道,防止信息垄断,谣言和信息瞒报、虚报、误报。

2. 完善应急响应体制机制

由于我国长期实行单灾害应急管理模式,对单项危机事件的快速反应能力较强,而对复合危机事件的快速反应机制效率相对较低。[①] 一方面,跨部门应急管理有待进一步协同,另一方面,应急管理技术水平和专业人才数量有待提升。需要从以下方面着手完善应急响应体制机制:其一,建立集中统一高效的领导指挥体系,充分发挥上级政府的统一领导、统一指挥作用,做到指令清晰、系统有序、条块畅达、执行有力。其二,强化应急响应中的社会动员基础,规范应急响应中的社会动员流程和内容,保证应急响应的合法性和合理性,防止无序、盲目动员响应,避免应急响应机制的朝令夕改。其三,发挥 NGO 在应急物资分配、灾害防控救助、伤员心理治疗等方面的专业性优势。

3. 完善协调联动体制机制

后疫情时代应协调好"上"与"下"、"左"与"右"之间的协调联动关系,创新应急协调联动机制。其一,创新不同部门的横向协调联动,如加强应急管理部、卫健委、公安部、水利部等不同部门之间的协同,应对重大突发事件,快速响应,联合行动。其二,创新部门内部的横向协调联动,应急管理部各内设机构应加强信息沟通,明确权责关系。其三,创新跨区域横向联动机制,如"泛珠三角应急联动""长三角城市群应急联动""京津冀一体化应急联动"等,进一步拓展跨区域协同的广度和深度。其四,健全科学研究、疾病控制、临床治疗的有效协同机制,实现疾病救治的全链条服务。其五,创新国家联合应急管理机制,构建人类命运共同体,统筹国内安全和国际安全,加强国际合作,建立"上合组织""亚投行"等国家合作组织应急协调联动机制。

4. 完善多主体参与体制机制

应构建涵盖政府、企业、社会公众、救援力量、专家与科研机构五大核心主体的应急管理体系。[②] 其一,于政府而言,应发挥统筹规划、总揽全局的作用。

[①] 薛澜,张强. SARS 事件与中国危机管理体系建设[J]. 清华大学学报:哲学社会科学版,2003(4):1—6.

[②] Kapucu N, Hu Q. Understanding Multiplexity of Collaborative Networks: A Social Network Analysis Perspective[J]. American Review of Public Administration,2014,46(4):399—417.

一是加强各行为主体的协作,组织和指挥各行为主体有序参与危机治理;二是构建应急管理网格化防控体系;三是推进应急管理相关的法律法规建设。其二,于企业而言,应鼓励创新型科技企业积极参与应急管理,鼓励企业承担起应急管理系统开发、安装调试、人员培训、日常维护、保养检查、版本升级等责任。其三,于社会公众而言,应强化应急预警和应急响应,参加志愿组织,强化自身防护。其四,于救援力量而言,应强化救援人员的救援能力,加强救援能力培训,协调各救援主体之间的密切配合,提高救援效率。其五,于专家和科研机构而言,应发挥人才储备和智库组建功能,积极展开产学研合作。总之,要充分发挥"集中力量办大事"的体制优势,但也不能绝对化、片面化,而要充分调动社会力量参与应急管理活动。

5.完善应急保障体制机制

建立完备的应急保障体系,强化应急管理的公共卫生服务、医疗保险救助、应急物资保障、法律法规规范功能。其一,完善公共卫生服务体系,优化医疗卫生资源投入结构,加强公共卫生队伍建设,完善考核评价和激励机制。其二,完善重大疾病医疗保险和救助制度,加大对重大疾病的医疗费用报销力度,强化医疗救助的人本主义精神,促进基本医疗服务的均等化和普惠化。其三,优化统一的应急物资保障体系,提高应急物资供应和贮备能力。其四,强化水利、电力、交通、网络基础设施建设,畅通应急物资供应绿色通道。其五,完善应急管理法律法规,推动《突发事件应对法》及相应配套法规改革,提高应急预案的科学性、有效性,将应急管理置于"依法治国"和"以德治国"的框架体系下,实现"硬约束"和"软约束"相结合,提高应急管理体系和能力的"硬实力"和"软实力"。

(三)应急管理体系改革的技术指向:规范数字技术

在应急管理的具体实践中,要鼓励运用大数据、人工智能、云计算等数字技术,在疫情监测分析、病毒溯源、防控救治、资源调配等方面更好发挥支撑作用。因此,规范数字技术是推进应急管理体系创新的关键环节。

1.构建数字化应急管理系统

大数据、区块链等数字化技术为危机预警、危机决策、危机管控、危机评估和危机监督等环节提供了科技支撑,在应急管理过程中充分利用"治理技术"实现"技术治理"可以避免突发公共危机事件治理的被动性和盲目性。在新时代,应依托数字技术构建日常防控、应急预案、应急联动和事后恢复等数字化应急管理系统。其一,在获取端,充分利用大数据、5G、云计算、区块链等技术构建网络信息资源共享平台,如开发政务微信、政务微博,迅速实现信息资源的搜集备份。其二,在报送端,整合机构职能,实现突发事件信息的多渠道、单渠道报送的目标,设置重大突发事件专门信息传播渠道和直报系统,扩大专门信息传播渠道的社会效应,使得除政府之外的社会群体可以及时反馈突发危机事件。其三,在传播共享端,以信息资源共享平台为依托,畅通信息共享渠道,完善信息公开机制,鼓励科技人员快捷、免费、公开发表科学发现并分享数据,推动建立突发事件国际科技合作网络系统。

2. 规避"技术异化"和"技术利维坦"①

技术赋权应急管理促进应急管理绩效的同时,应防止"技术异化"和"技术风险",规避应急管理从"技术民主"滑向"技术利维坦"。特别需要强调的是,技术应该服务于应急管理,但不能凌驾于应急管理之上,应急管理的主体是"人",而技术只能是"人"进行应急管理的工具或手段,应急管理是技术价值的导向引领。其一,科学使用技术,保证技术安全性,防止技术风险事故发生,规避技术本身的负效应。其二,强化对技术的管理和约束,防止技术的乱用和盲用,实现技术的规范化和制度化。其三,数字是重要的生产资料,技术是重要的生产手段,不同群体对数字技术资源的占有差异进一步分化了社会阶层,技术边缘化群体进一步沦为"技术奴隶",所以政府应引导数字技术发展,促进数字技术"下沉",调节技术不平衡不充分的发展。其四,技术强调"功利性"和"效率至上",

---

① "利维坦"(Leviathan)的英文字意为"裂缝",在《圣经》中是指上帝创造出的一种海上巨兽,是一种象征邪恶的海怪,在基督教中利维坦被引申为恶魔、罪恶。而"技术利维坦"又称"数字利维坦",是指在信息化、数字化时代技术双刃剑中"恶"的一面,人类要防止技术异化为不受人们控制的威胁人类生存、危害公民权益、激化社会风险的恶魔。

而忽视应急管理的"权利观"和"公平正义",因此需要合理协调技术的效率理性和应急管理的人本价值取向。

举国体制的制度优势、强大的综合国力和科技支撑,使得我国应急管理体系经受住了考验,疫情防控取得重大胜利,这也与我国应急管理体系的逐步完善紧密相关,是"总体国家安全观"视域下以"应急管理部"为组织核心的新时代"一案三制"应急管理体系功用的集中体现。

不可否认的是,随着社会风险、自然风险的集聚,突发公共危机事件愈发复杂性和多样性,应急管理体系和能力暴露出些短板和不足:第一,对突发危机事件的"防患于未然"意识薄弱,预防预警理念淡化,使得"小病酿成大疫";第二,部门条块分割、职能交叉、权责不明、信息梗塞,跨部门跨地区综合协调、分类管理、物资调配困难;第三,"属地管理为主"的激励与容错机制不完善,属地责任"漂浮",助推危机"黑天鹅"和"灰犀牛"事件发生;第四,应急管理的"硬约束"不完善、"软实力"较薄弱,应急管理队伍能力和素质急需强化。因此,传统的结构性缺陷,现代大数据挑战,技术异化和风险集聚成为新时代应急管理体系创新的"负"逻辑和反作用力。中国特色社会主义制度、综合国力提升和科学技术进步为应急管理体系创新奠定了政治基础、经济基础和技术支撑。因此,机遇与挑战的并存推动我国应急管理体系创新进入了黄金期。

新时代需要总结经验、吸取教训,抓紧补短板、堵漏洞、强弱项,该坚持的坚持,该完善的完善,该建立的建立,该落实的落实,加大应急管理改革力度,健全应急管理体系,提高应急管理能力。因此,新时代我们需要从理顺关系结构、完善体制机制和规范数字技术等方面创新应急管理体系,从而推进国家治理体系和治理能力现代化。

参考文献

[1]邓小平.邓小平文选(第2卷)[M].北京:人民出版社,1994.

[2]包笑.我国城市公共安全应急管理存在的问题与对策研究[J].中国管理信息化,2020,23(8):196-197.

[3]曾振.传染病与突发公共卫生事件数据交换系统的设计与实现[D].济南:山东大学,2012.

[4]陈锦华.中国模式与中国制度[M].北京:人民出版社,2012.

[5]陈朋亲,张潇.国际合作机制与"一带一路"机制化建设研究——以中国—葡语国家经贸合作论坛(澳门)为例[J].学术探索,2023,279(2):57-68.

[6]陈重喜,王芳.疫情防控中行政检察监督工作的重点与指向[J].人民检察,2020(7):31-33.

[7]程荃.突发公共事件中我国部际协调机制的比较研究——以新冠肺炎疫情为例[J].中共石家庄市委党校学报,2021,23(2):18-22.

[8]褚松燕.我国政府信息公开的现状分析与思考[J].新视野,2003(3):31-33.

[9]邓泽球,肖行.论以人为本的行政决策之三大原则[J].福建工程学院学报,2006(2):103-106.

[10]狄金华.农村基层政府的内部治理结构及其演变[J].北京大学学报:哲学社会科学版,2020(2):87-98.

[11]翟笑霞.习近平关于抗疫国际合作重要论述研究[D].大连:大连理工大学,2022.

[12]丁婕.我国地方行政监督体制研究[J].市场论坛,2019,181(4):9-10.

[13]杜春秋,梁蓉.关于我国行政监督体制的完善[J].法制与社会,2020(32):85-86.

[14]鄂立志,陈宏博.后疫情时代中俄疫情防控合作机制构想[J].上海预防医学,2022,34(12):1192-1196.

[15]高小平.风险社会与危机治理理论的限度及其辩证思考——兼评《邻比冲突及其治理模式研究》对制度创新理论的贡献[J].中国行政管理,2019(5):124-130.

[16]高原.基于人类命运共同体视角的中俄疫情防控合作思考——以牡丹江市输入性新冠肺炎为例[J].经济研究导刊,2020,448(26):145-146.

[17]郭钟辉,杨芳.应急管理中公共政策的有效执行[J].理论导刊,2010(11):13-14.

[18]何文盛,李雅青.突发公共卫生事件中信息公开共享的协同机制分析与优化[J].兰州大学学报:社会科学版,2020,48(2):12-24.

[19]贺煜.论我国行政决策体制的改革与完善[D].西安:西北大学,2004.

[20]赫郑飞,文宏.创新行政管理机制 建设服务型政府——中国行政管理学会2012年年会暨"行政管理机制创新"研讨会综述[J].中国行政管理,2013(4):124-126.

[21]黄伟力.正确的政治方向是新时代党的政治建设的灵魂[J].马克思主义研究,2018(8):99-104.

[22]黄梓良.美国电子政府的政府信息公开服务[J].情报杂志,2003(3):96-97.

[23][英]吉登斯.社会的构成[M].李猛,译.北京:生活·读书·新知三联书店,1998.

[24]姜长云,姜惠宸.新冠肺炎疫情防控对国家应急管理体系和能力的检视[J].管理世界,2020,36(8):8-18.

[25]蒋硕亮,徐龙顺.中国行政体制改革的逻辑、样态与趋向——基于新中国成立70年来的经验分析[J].江汉论坛,2019(10):13-19.

[26]蒋硕亮.新中国行政体制改革70年[M].上海:上海人民出版社,2019.

[27]金江峰.服务下乡背景下的基层"治理锦标赛"及其后果[J].中国农村观察,2019(2):123-133.

[28]纪萌萌.宏观经济政策的动态协调机制[D].哈尔滨:哈尔滨工业大学,2000.

[29]孔凡义,施美毅.联防联控和群防群控:我国应急管理中的控制和动员机制——基于新冠肺炎公共卫生危机事件的分析[J].湖北行政学院学报,2020,110(2):40-47.

[30]蓝瑞金.如何提高行政指挥能力[J].当代广西,2006(7):41.

[31]雷荣.论中国特色社会主义行政管理体制的构建[J].人民论坛,2014(20):51-53.

[32]李晨.论我国行政决策体制存在的问题及对策[C].湖北省行政管理学会.湖北省行政管理学会——2004年年会论文集.湖北省行政管理学会:湖北省行政管理学会,2004:175-177.

[33]李丹,罗美.构建人类卫生健康共同体的中国经验与合作方案[J].武汉科技大学学报:社会科学版,2021,23(1):17-24.

[34]李峰.整体性治理:应对我国社会组织治理碎片化的新范式[J].学习与探索,2020(12):57-62.

[35]李璘倩,方怡,刘迅,等.突发事件应急指挥系统在新型冠状病毒肺炎应急救援中的应用[J].职业卫生与应急救援,2021,39(1):110-113.

[36]李妙颜.武汉市抗击新冠肺炎疫情指挥体系的经验、问题与启示[J].中国应急管理科学,2020(7):43-51.

[37]黎民.公共管理学[M].北京:高等教育出版社,2003.

[38]李琪.略论现代行政协调[J].北京行政学院学报,1999(2):19-21.

[39]李彤,杨伟锐,郑夏兵,等.突发事件中医疗救援队伍的全方位心理支持措施[J].中山大学学报:医学科学版,2020,41(2):174-179.

[40]李勇坚."化危为机"之经验研究 政企合作如何有效提升社会治理能力[J].人民论坛,2020,668(14):30-33.

[41]李宇.深圳市交通行政管理体制改革研究[D].大连:大连海事大学,2012.

[42]梁仲明,王建军.论中国行政决策机制的改革和完善[J].西北大学学报:哲学社会科学版,2003(3):90-95.

[43]林光彬,徐振江.中国政企合作的政治经济学分析[J].教学与研究,2020,503(9):15-25.

[44]林海彬.应急管理中地方政府与社会组织协调的张力及其弥合[J].广东行政学院学报,2021,33(2):31-36.

[45]刘恒.政府信息公开制度[M].北京:中国社会科学出版社,2004.

[46]刘慧敏.全球公共卫生安全治理国际合作法律问题研究[D].大连:大连海洋大学,

2022.

[47]刘萍.行政管理学[M].北京:经济科学出版社,2008.

[48]刘新萍,王海峰,王洋洋.议事协调机构和临时机构的变迁概况及原因分析——基于1993－2008年间的数据[J].中国行政管理,2010,303(9):42－46.

[49]刘学彬.论完善行政决策问责制[J].四川行政学院学报,2007(6):32－35.

[50]刘勇.应急物资调运问题研究[D].长沙:中南大学,2012.

[51]刘志东,马龙.应急指挥信息系统设计[M].北京:电子工业出版社,2009.

[52][美]罗伯特·基欧汉.霸权之后:世界政治经济中的合作与纷争[M].苏长和,信强,何曜,译.上海:上海人民出版社,2012.

[53]马奔,王郅强.突发事件应急现场指挥系统研究[J].山东社会科学,2011,189(5):48－52.

[54]马彦涛.基层应急执行力的特点及提升路径[J].中国领导科学,2020(3):104－107.

[55]孟子超.马克思主义群众观及其重要价值[J].公关世界,2021,503(12):166－167.

[56]莫勇波.我国行政决策体制存在的问题及对策探析[J].广西教育学院学报,2004(4):67－71.

[57]倪世雄.当代西方国际关系理论[M].上海:复旦大学出版社,2001.

[58]聂辉华.从政企合谋到政企合作——一个初步的动态政企关系分析框架[J].学术月刊,2020,52(6):44－56.

[59]盘世贵.总体国家安全观视阈下的应急管理创新[J].学术交流,2018(9):83－89.

[60]彭国甫.中国行政管理新探[M].长沙:湖南人民出版社,2008.

[61]平健.突发公共卫生事件预警信息传递制度优化策略——基于整体性治理理论[J].重庆理工大学学报:社会科学版,2022,36(11):122－130.

[62]乔德福,米多.构建重大公共突发事件防控监督工作常态化机制——基于新冠肺炎疫情防控监督工作的分析[J].廉政文化研究,2022,13(3):46－55.

[63]荣敬本,崔之元,王拴正,等.从压力型体制向民主合作体制的转变:县乡两级政治体制改革[M].北京:中央编译出版社,1998.

[64]闪淳昌,周玲,秦绪坤,等.我国应急管理体系的现状、问题及解决路径[J].公共管理评论,2020,2(2):5－20.

[65]石亚军,程广鑫.优化部门协同:理顺部门非对称协调配合关系的应对——以防控新冠疫情为例[J].政法论坛,2021,39(1):81—88.

[66]史瑞丽.行政协调刍议[J].理论探索,2002(4):51—54.

[67][美]W.理查德·斯科特,杰拉尔德·F.戴维斯.组织理论:理性、自然与开放系统的视角[M].高俊山,译.北京:中国人民大学出版社,2011.

[68]宋英华.新冠肺炎疫情防控应急管理的思考与启示[J].安全,2020,41(6):1—4.

[69]苏萌.论我国行政监督体制的缺陷及其完善[D].武汉:华中师范大学,2015.

[70]谭宇斌.大数据时代行政决策机制优化研究[D].湘潭:湘潭大学,2016.

[71]唐铁汉,李军鹏.加快行政管理体制改革的战略思考[J].国家行政学院学报,2007(6):11—16.

[72]滕五晓.新时代国家应急管理体制:机遇、挑战与创新[J].人民论坛·学术前沿,2019(5):36—43.

[73]王刚,王宇.王守清:PPP必须遵循四个相关联核心原则[J].交通建设与管理,2016(19):43—45.

[74]王宏伟.构建应对非常规突发事件的常态化统筹协调机构[J].南京社会科学,2020(10):71—79.

[75]王敬波.政府信息公开:国际视野与中国发展[J].行政法学研究,2017,101(1):145.

[76]王澜明.努力实现到2020年建立起我国行政管理体制的总体目标[J].中国行政管理,2012(10):7—10.

[77]王鹏,邝倩.我国行政决策体制的两种模式分析[J].江西行政学院学报,2004(2):12—14.

[78]王少辉.迈向阳光政府——我国政府信息公开制度研究[M].武汉:武汉大学出版社,2010.

[79]王万华.知情权与政府信息公开制度研究[M].北京:中国政法大学出版社,2013.

[80]尉松明.加强党的领导,改进工作方法——学习毛泽东《党委会工作方法》一文的体会[J].甘肃理论学刊,2001(4):22—25.

[81]魏礼群.构建中国特色社会主义行政体制的理论与实践[J].毛泽东邓小平理论研究,2011(8):1—7.

[82]魏莲芳.当前群防群治工作存在的问题及对策探究[J].湖北警官学院学报,2011,24(3):102—104.

[83]吴兴军.公共危机管理的基本特征与机制构建[J].华东经济管理,2004(3):53—55.

[84]武晟,谢剑澍.人类卫生健康共同体的理念蕴含和实践路径[J].特区实践与理论,2021,249(4):38—43.

[85]习近平.全面提高依法防控依法治理能力 健全国家公共卫生应急管理体系[J].求是,2020(5):4—8.

[86]习近平.为打赢疫情防控阻击战提供强大科技支撑[J].求是,2020(6):4—8.

[87]习近平.决胜全面建成小康社会 夺取新时代中国特色社会主义伟大胜利——在中国共产党第十九次全国代表大会上的报告[M].北京:人民出版社,2018.

[88]习近平在中央政治局第十九次集体学习时强调 充分发挥我国应急管理体系特色和优势 积极推进我国应急管理体系和能力现代化[J].中国应急管理,2019(12):4—5.

[89]习近平主持召开中央全面深化改革委员会第十二次会议强调完善重大疫情防控体制机制 健全国家公共卫生应急管理体系[J].中国行政管理,2020(2):2.

[90]谢微,张锐昕.整体性治理的理论基础及其实现策略[J].上海行政学院学报,2017,18(6):31—37.

[91]奚望.突发公共卫生事件应对中政府信息公开机制研究[D].扬州:扬州大学,2021.

[92]徐柳怡,汪涛,胡玉桃.后疫情时代韧性社区应急管理的思路与对策——基于武汉市社区应急管理的实践探索[J].领导科学,2021,801(16):35—38.

[93]徐龙顺,蒋硕亮.大数据场域中社会治理现代化:技术嵌入与价值重塑[J].甘肃行政学院学报,2020(3):81—89.

[94]薛洁.突发公共事件应对中我国行政协调机制研究[D].北京:首都经济贸易大学,2016.

[95]薛澜,张强.SARS事件与中国危机管理体系建设[J].清华大学学报:哲学社会科学版,2003(4):1—6.

[96]闫乃慈.完善我国行政监督体制的路径选择[J].青年文学家,2012(26):248.

[97]杨月巧.新时代应急管理体制机制关系分析[J].中国安全生产,2019,14(9):

26—29.

[98]姚坚.政府信息公开原则与公开限制[J].广东社会科学,2017,188(6):239—248.

[99]易申波,聂平平.当代中国公民政治参与 70 年回顾:发展历程、逻辑与动力[J].上海行政学院学报,2019,20(4):33—43.

[100]于永富.行政决策的基本原则及其应用[J].理论观察,2004(1):46—47.

[101]于志善.行政决策体制改革:必要、挑战与应对[J].学术交流,2014(5):40—44.

[102]张成福.公共管理导论[M]3 版.北京:中国人民大学出版社,2007.

[103]张旻.发挥信息公开在疫情防控中的显政功能[J].群众,2020(7):20—21.

[104]张海波.新时代国家应急管理体制机制的创新发展[J].人民论坛·学术前沿,2019,165(5):6—15.

[105]张杰,耿玉娟,王喜珍,等. 政府信息公开制度论[M]. 长春:吉林大学出版社,2008.

[106]张维平.论中国行政战略体系下行政决策机制的改革与完善[J].中国行政管理,2008(3):110—113.

[107]张玉磊.整体性治理理论概述:一种新的公共治理范式[J].中共杭州市委党校学报,2015(5):54—60.

[108]张振中.突发疫情信息公开制度研究[J].医学与法学,2021,13(5):20—23.

[109]赵宏.我国疫情信息公开机制以及问题——基于法规范的分析[J].东南法学,2020(2):19—37.

[110]赵跃先.实践性、人民性、时代性:中国共产党理论创新的三维向度[J].政治学研究,2011(3):17—31.

[111]郑春勇,朱永莉.论政企合作型技术治理及其在重大疫情防控中的应用——基于中国实践的一个框架性研究[J].经济社会体制比较,2021,214(2):57—66.

[112]中共中央马克思恩格斯列宁斯大林著作编译局. 马克思恩格斯全集(第 1 卷)[M].北京:人民出版社,1956.

[113]王浦劬,鲍静,孙响.习近平新时代中国特色社会主义行政管理体系建设思想研究[J].中国行政管理,2018(6):6—12.

[114]钟开斌. 回顾与前瞻:中国应急管理体系建设[J]. 政治学研究,2009,84(1):

78—88.

[115]钟开斌.中国应急管理机构的演进与发展:基于协调视角的观察[J].公共管理与政策评论,2018,7(6):21—36.

[116]周黎安.行政发包制[J].社会,2014,34(6):1—38.

[117]周庆山.政府应急管理的信息治理机制建设问题与思考[J].文献与数据学报,2020,2(1):13—22.

[118]周雪光.基层政府间的"共谋现象"——一个政府行为的制度逻辑[J].社会学研究,2008(6):1—21.

[119]朱立言.政府组织适度规模研究[M].北京:中国人民大学出版社,2007.

[120]邹焕聪.社会合作规制与新行政法的建构——从疫情群防群控切入[J].政治与法律,2022,322(3):2—14.

[121]邹焕聪.社会合作规制在突发公共卫生事件防控的运用[J].法学,2022,491(10):3—17.

[122]高宇婷.陈越良.恳请腾讯、阿里巴巴开发社区公共软件,比捐十亿管用[EB/OL].[2020—02—10]. https://www.thepaper.cn/newsDetail_forward_5896831.

[123]廖可.鄂东公司收费管理部.政企"一条心",联控"一盘棋"[EB/OL]. https://www.sohu.com/a/373330662_99898772,2020—02—15.

[124]习近平:在统筹推进新冠肺炎疫情防控和经济社会发展工作部署会议上的讲话[EB/OL].[2020—02—23]. http://www.gov.cn/xinwen/2020—02/24/content_5482502.htm.

[125]张连春.政企合力战疫情促发展[EB/OL]. https://www.fx361.com/page/20200906/7006593.shtml,2020—09—06.

[126]政企合作七种"武器"应对疫情:江苏星源新材料公司订单利润双增长[EB/OL].[2022—05—26]. http://js.ifeng.com/c/8GK7WVYSUaM.

[127]Aligica P D, Tarko V. Polycentricity: From Polanyi to Ostrom, and Beyond[J]. Governance,2012,25(2):237—262.

[128]Almond G, Verba S. The Civic Culture: Political Attitudes and Democracy in Five Nations[M]. Princeton: Princeton University Press,1963.

[129] Andersson K P, Ostrom E. Analyzing Decentralized Resource Regimes from a Polycentric Perspective[J]. Policy Sciences, 2008, 41(1):71—93.

[130] André R. da Silveira, Richards K S. The Link Between Polycentrism and Adaptive Capacity in River Basin Governance Systems: Insights from the River Rhine and the Zhujiang (Pearl River) Basin[J]. Annals of the Association of American Geographers, 2013, 103(2): 319—329.

[131] Berelson B R, Lazarsfeld P F, McPhee W N, et al. Voting: A study of Opinion Formation in a Presidential Campaign[M]. Chicago: University of Chicago Press, 1954.

[132] Bevir M. Decentering Governance: A Democratic Turn? [M]. London: Palgrave Macmillan UK, 2014.

[133] Bevir, Mark, Richards, David. Decentering Policy Networks: Lessons and Prospects[J]. Public Administration, 2009, 87(1): 132—41.

[134] Bouckaert G, Peters B G, Verhoest K. The Coordination of Public Sector Organizations The Coordination of Public Sector Organizations[J]. Hampshire:Palgrave Macmillan, 2010(10):97—108.

[135] Brzel T A. Organizing Babylon-On Different Conceptions of Policy Networks[J]. Public Administration, 1998, 76(2):253—273.

[136] Cheng Z, Wang H, Xiong W, et al. Public-private Partnership as a Driver of Sustainable Development: Toward a Conceptual Framework of Sustainability-oriented PPP[J]. Environment, Development and Sustainability, 2021(23): 1043—1063.

[137] Cropanzano R, Mitchell M S. Social exchange theory: An interdisciplinary review [J]. Journal of management, 2005, 31(6): 874—900.

[138] Dong L. Holistic Governance: Integration of Value and Instrumental Rationalities [M]. London: Palgrave Macmillan US, 2015.

[139] Dowding K. Model or Metaphor? A Critical Review of the Policy Network Approach[J]. Political Studies, 1995, 43(1):136—158.

[140] Scharpf F W, Sabatier P A. Games Real Actors Play: Actor-Centered Institutionalism in Policy Research[M]. Colorado: Westview Press, 1997.

[141]Duit A, Galaz V. Governance and Complexity—Emerging Issues for Governance Theory[J]. Governance, 2008, 21(3): 311—335.

[142] Loorbach D. Transition Management for Sustainable Development: A Prescriptive, Complexity—Based Governance Framework[J]. Governance, 2010, 23(1):161—183.

[143]Erasmus E. Games and Information : an Introduction to Game Theory[J]. St. ewi. tudelft. nl, 1990, 9(3):841—846.

[144]Galaz V, Crona B, Oesterblom H, et al. Polycentric Systems and Interacting Planetary Boundaries-Emerging Governance of Climate Change-ocean Acidification-marine Biodiversity[J]. Ecological Economics, 2012(81):21—32.

[145]Andersson K P, Ostrom E. Analyzing Decentralized Resource Regimes from a Polycentric Perspective[J]. Policy Sciences, 2008, 41(1):71—93.

[146]Harvey D. Challenging Institutional Analysis and Development: The Bloomington School[J]. Journal of Agricultural Economics, 2010, 61(1):199—201.

[147]Hindmoor A. The Importance of Being Trusted: Transaction Costs and Policy Network Theory[J]. Public Administration, 2010, 76(1):25—43.

[148]Homans G C. Social Behavior as Exchange[J]. American Journal of Sociology, 1958, 63(6): 597—606.

[149]Huang X, Li G, Wang Y, et al. Research on the Influence Mechanism of Epidemic Information Disclosure on Screening Authenticity information[J]. Procedia Computer Science, 2021(187): 109—115.

[150]Jensen J L. Political Participation Online: the Replacement and the Mobilisation Hypotheses Revisited[J]. Scandinavian Political Studies, 2013,36(4): 347—364.

[151]Kapucu N, Hu Q. Understanding Multiplexity of Collaborative Networks: A Social Network Analysis Perspective[J]. American Review of Public Administration, 2014, 46 (4): 399—417.

[152]Kickert W, Klijn E H, Koppenjan J. Managing complex networks: strategies for the public sector[M]. London: Sage Publications, 1998.

[153]Koop, C, Lodge, M. Exploring the Co-ordination of Economic Regulation[J].

Journal of European Public Policy,2014, 21(9):1311—1329.

[154]Krasner S D. Structural Causes and Regime Consequences: Regimes as Intervening variables[J]. International Organization, 1982, 36(2): 185—205.

[155]Mcginnis M D. Polycentric Governance in Theory and Practice: Dimensions of Aspirations and Practical Limitations[J]. SSRN Electronic Journal, 2016(2):1—28.

[156]Milner R. International Theories of Cooperation Among Nations: Strengths and Weaknesses[J]. World Politics, 1992, 44(3):466—496.

[157]Nice D C. The Intergovernmental Setting of State-Local Relations[M]. Boulder (CO): Westview Press, 1998.

[158]Norris P. Digital Divide: Civic Engagement, Information Poverty, and the Internet worldwide[M]. Cambridge: Cambridge University Press, 2001.

[159]Osborne S. The New Publish Governance[M]. London: Routledge, 2009.

[160]Ostrom E. Beyond Markets and States: Polycentric Governance of Complex Economic Systems[J]. American Economic Review, 2010, 100(3):641—672.

[161]Ostrom E. Polycentricity, Complexity, and the Commons[J]. Good Society, 1999, 9(2): 37—41.

[162]Oye K A. Explaining Cooperation under Anarchy: Hypotheses and Strategies[J]. World Politics, 1985, 38(1): 1—24.

[163]Pahl-Wostl C, Knieper C. The Capacity of Water Governance to Deal With the Climate Change Adaptation Challenge: Using Fuzzy Set Qualitative Comparative Analysis to Distinguish between Polycentric, Fragmented and Centralized Regimes[J]. Global Environmental Change, 2014(29):139—154.

[164]Perri, Diana L, Kimberly, Gerry S. Towards Holistic Governance: the New Reform Agenda[M]. New York: Palgrave, 2002.

[165]Pierre J. Introduction: Understanding Governance[M]. Oxford: Oxford University Press, 2000.

[166]Repenning A, Ambach J. The Agentsheets Behavior Exchange: Supporting Social Behavior Processing[M]//CHI97 Extended Abstracts on Human Factors in Computing Sys-

tems. 1997: 26—27.

[167]Ribot J C, Agrawal A, Larson A M. Recentralizing While Decentralizing: How National Governments Reappropriate Forest Resources[J]. World Development, 2006, 34(11): 1864—1886.

[168]Ruggie J G. International Responses to Technology: Concepts and Trends[J]. International organization, 1975, 29(3): 557—583.

[169]Sigel, R S, Barnes, Samuel H, et al. Political Action: Mass Participation in Five Western Democracies. [J]. Political Science Quarterly, 1979, 95(3):539.

[170]Srenson E, Torfing J. Theories of Democratic Network Governance[M]. Basingstoke: Palgrave Macmillian, 2007.

[171]Srenson E, Torfing J. Theories of Democratic Network Governance[M]. Basingstoke: Palgrave Macmillian, 2007.

[172]SUSAN M,BRIGGS. The ABCs of Disaster Medical Response:Manual for Providers [A]. Cambridge:International Trauma and Disaster Institute, 2006.

[173]Tierney K. Disaster Governance: Social, Political, and Economic Dimensions[J]. Annual Review of Environment and Resources, 2012(37): 341—363.

[174]Winslow C E A. The Untilled Fields of Public Health[J]. Science, 1920, 51(1306): 23—33.

[175]Zhang W, Wang M, Zhu Y. Does Government Information Release Really Matter in Regulating Contagion-Evolution of Negative Emotion during Public Emergencies? From the Perspective of Cognitive Big Data Analytics[J]. International Journal of Information Management, 2020(50): 498—514.

后　记

行政管理体制机制改革不仅仅是精简机构和人员编制,其更深层次的目标是建立办事高效、运转协调、行为规范、逐步适应社会主义市场经济体制且具有中国特色的行政管理体制机制。为给进一步推进行政管理体制机制改革提供学理上可供参考的建议,我们特撰写了此书,希望对理论界和实务界有所裨益。

本书是我们对行政管理学理论与实践进行探索研究的初步成果。本书试图结合突发公共安全事件,在借鉴国内外已有研究的基础上,从行政决策体制、行政执行体制、行政指挥体制、行政协调体制、行政监督体制、政府信息公开机制、群防群控机制、政企合作机制、国际合作机制等行政管理学的核心内容出发,分析行政管理体制机制的内涵、原则、特征、作用、挑战和改革。

本书在写作过程中遇到很多学理上和实践上的问题,但我们最终攻坚克难,成功让此书与读者见面。虽然过程艰辛,但这本书的完成,让我们收获了许多,我们将永远记住这段刻骨铭心的经历,深深感激这段旅程中给予我们帮助的每一个人,对他(她)们表示诚挚的谢意!

最后,我们希望这本书能够帮助读者更好地了解行政管理学的相关核心议题,并对读者的知识积累起到辅助作用。我们还希望这本书能够为相关部门行政管理体制机制改革提供些许可供参考的建议,特别是明确后疫情时代我国行政管理体制机制改革的目标和路径。

作者
2024 年 8 月